Les Français, les Québécois
et la langue de l'autre

© L'Harmattan, 2009
5-7, rue de l'Ecole polytechnique, 75005 Paris

http://www.librairieharmattan.com
diffusion.harmattan@wanadoo.fr
harmattan1@wanadoo.fr

ISBN : 978-2-296-07476-7
EAN : 9782296074767

Pierre Larrivée

Les Français, les Québécois et la langue de l'autre

L'Harmattan

Espaces Discursifs
Collection dirigée par Thierry Bulot

La collection *Espaces discursifs* rend compte de la participation des discours (identitaires, épilinguistiques, professionnels...) à l'élaboration/représentation d'espaces – qu'ils soient sociaux, géographiques, symboliques, territorialisés, communautaires,... – où les pratiques langagières peuvent être révélatrices de modifications sociales.

Espace de discussion, la collection est ouverte à la diversité des terrains, des approches et des méthodologies, et concerne – au-delà du seul espace francophone – autant les langues régionales que les vernaculaires urbains, les langues minorées que celles engagées dans un processus de reconnaissance ; elle vaut également pour les diverses variétés d'une même langue quand chacune d'elles donne lieu à un discours identitaire ; elle s'intéresse plus largement encore aux faits relevant de l'évaluation sociale de la diversité linguistique.

Derniers ouvrages parus

Valentin FEUSSI, *Parles-tu français ? Ça dépend... Penser – agir – construire son français en contexte plurilingue : le cas de Douala au Cameroun*, 2008.
Jan Jaap de RUITER (Sous la dir.), *Langues et cultures en contact. Le cas des langues et cultures arabes et turques en France et aux Pays-Bas*, 2008.
Patrick MATHIEU, *La double tradition de l'argot*, 2008.
Claudine MOISE, Nathalie AUGER, Béatrice FRACCHIOLLA, Christina SCHULTZ-ROMAIN, *La Violence verbale. Tome 2 : Des perspectives historiques aux expériences éducatives*, 2008.
Claudine MOISE, Nathalie AUGER, Béatrice FRACCHIOLLA, Christina SCHULTZ-ROMAIN, *La Violence verbale. Tome 1 : Espaces politiques et médiatiques*, 2008.
Karima ZIAMARI, *Le code switching au Maroc*, 2008..
Didier de ROBILLARD, *Perspectives alterlinguistiques, Tome 2. Ornithorynques*, 2008.
Didier de ROBILLARD, *Perspectives alterlinguistiques, Tome 1. Démons*, 2008.
Laurent PUREN et Sophie BABAULT (Sous la direction de), *L'Education au-delà des frontières*, 2007.

INTRODUCTION

La construction des États-nations occidentaux a été légitimée par les arguments de la langue et de la culture. C'est parce qu'un peuple parle la même langue et a une culture commune sur un territoire continu qu'on s'est autorisé à en faire un État. La langue et la culture se trouvent ainsi associées par un lien qui soulève plus d'un paradoxe. Une même culture devrait être commune à tous les citoyens des États multilingues, transcendant donc l'appartenance linguistique. Une culture helvète réunirait les Francophones et les Germanophones de Suisse. Une même langue peut se retrouver dans plusieurs États, transcendant l'appartenance nationale. Une bonne partie de la Suisse parle une variété d'allemand. Une culture germanophone réunirait donc les Germanophones de Suisse et d'Allemagne. La tension entre ces propositions qui ne peuvent être vraies toutes les deux se reporte aux langues de grande communication, comme l'arabe, l'espagnol ou l'anglais. Les anglais américain, britannique et canadien ne sauraient être sérieusement qualifiés de langues différentes. Pourtant, cette même langue se trouve bien associée à des cultures différentes : la culture américaine est significativement différente de la culture britannique, c'est ce qu'essaient de caractériser des travaux récents (par exemple Barron et Schneider 2005, Bayard, Weatherall, Gallois et Pittam 2001) à la suite des intuitions de Gumperz (1982, Gumperz, Jupp et Roberts 1979).

La question des rapports entre langue et culture suppose

qu'on puisse dire ce qu'est une langue et ce qu'est une culture. La première question a trouvé une réponse de la part de la sociolinguistique. Elle pose que ce sont non pas des pratiques et des règles identiques, mais le partage de jugements sociaux qui définit une langue. Telle forme est réputée élégante, telle construction est à éviter. La valorisation, la condamnation peut porter sur l'ensemble d'une pratique régionale ou sociale. Le français de la région de Lille connu sous le nom du chtimi est considéré comme peu recevable par la France entière. Les Français que sont les Lillois partagent ce jugement et hésitent à utiliser le chtimi en dehors du cercle étroit de leurs proches. La honte de sa propre variété est l'effet singulier qui résulte de jugements partagés par la communauté linguistique plus large à laquelle appartiennent les locuteurs de cette variété. Ce sont donc des connaissances sur la recevabilité de formes et de pratiques qui fondent une communauté linguistique. Ces connaissances se déploient en discours conventionnels. Ces discours qui se cristallisent dans les stéréotypes se retrouvent dans les raisonnements ordinaires et les œuvres littéraires.

Les stéréotypes et les discours conventionnels sur la langue constituent ainsi une partie de la culture. Celle-ci comprend l'ensemble des jugements et des pratiques discursives conventionnelles des membres d'une communauté. Ainsi, les Lillois et les Parisiens appartiennent à une même culture française, puisqu'ils partagent des discours sur la logique du français et des stéréotypes sur les Belges leurs voisins. Ce partage permet ainsi d'évaluer l'appartenance à une même culture pour les sujets d'une Nation multilingue ou pour les locuteurs d'une même langue dans différents pays. La référence à un même ensemble de discours permettrait d'envisager que les Américains anglophones et hispanophones ont une culture convergente. Les Francophones nord-américains et européens partagent-ils une même culture du fait qu'ils parlent le français ? Telle est la question qui se trouve posée par cette étude.

Une façon de répondre à la question de la convergence culturelle est de considérer l'articulation et les causes des discours par

Introduction

les Québécois et les Français sur la langue de l'autre. Les discours ne sont pas de simples commentaires transparents sur des états de fait, ils construisent la réalité culturelle en proposant des réseaux de valorisation qu'il faut expliciter. La valorisation de certains rapports à l'économique a des répercussions sur le monde qu'on ne saurait sous-estimer, et il en va de même des jugements sur la langue. Cette explicitation doit permettre d'identifier les causes des discours. Ces causes comprennent le jeu des intérêts que manifestent les apologies du capitalisme comme la valorisation d'une variété particulière de français. L'intérêt n'explique cependant pas les dimensions symboliques de la légitimité et de la solidarité qui génèrent des discours sur les français de France et du Québec, et la perception des pratiques d'un premier groupe à partir des normes d'un second pour rendre compte des sujets de ces discours. Ainsi, c'est contribuer à décrire ces normes que d'identifier les sujets conventionnels des discours. Certains discours sur la langue de l'autre se conventionnalisent en stéréotypes. Ces derniers permettent à la fois d'évaluer l'appartenance à une même communauté, la différence entre les pratiques des groupes, et le degré de convergence culturelle de ces groupes. La question du rapport entre langue et culture semble donc pouvoir être élucidée par l'étude des stéréotypes et des discours conventionnels sur la langue de l'autre.

Une telle étude se situe dans un cadre qui reste à fonder, les travaux interculturels n'ayant pas encore réussi à se créer un espace disciplinaire propre entre le microlinguistique, l'analyse de discours, l'anthropologie culturelle pour ne citer que ceux-là. La linguistique en reste néanmoins le point de départ, tant par son objet que par une méthode comparative qui classe les observables et en recherche les causes. La recherche des causes pour des effets caractérisés selon des critères formels et substantiels correspond à la démarche de la sémantique linguistique notamment.

La recherche des causes des discours des Français et des Québécois sur la langue de l'autre est poursuivie en six chapitres. Le chapitre un propose de cerner la notion de culture, suivant un parcours historique qui illustre à quel point sont solidaires à chaque époque le sens commun, les outils d'analyse et les théories résultantes. La culture est envisagée comme un ensemble conventionnel de pratiques susceptibles de varier à travers les communautés. Le développement des communautés gallicane et québécoise s'inscrit dans une histoire concrète que résume le chapitre deux. Il montre comment la conception de la langue reflète l'évolution de chaque groupe. La construction de l'État français est un processus de centralisation par des élites dont la langue deviendra la seule recevable dans la sphère publique. La langue vernaculaire du Québec est le symbole de la survie d'un peuple en dépit de la subordination politique aux Anglo-Saxons et de la sujétion culturelle à la France. Les différences entre la variété de langue servant d'étendard à chaque groupe expliquent certaines difficultés de leurs rapports. L'affirmation d'une langue de prestige comme référence gallicane ne prédispose pas à la reconnaissance d'autres variétés. L'affirmation d'une langue vernaculaire comme référence québécoise rend la demande de reconnaissance que constitue l'affirmation d'une identité distincte peu susceptible d'être entendue.

Ces rapports trouvent une actualisation discursive dans les pratiques langagières de l'autre. Ce sont en effet essentiellement les différences entre les formes de la langue et les façons d'en user qui font l'objet de discours conventionnels. Ces conventions s'appréhendent dans le métadiscours littéraire, qui a l'avantage d'offrir une expression axiologique stable et comparable. Les témoignages que donne ce métadiscours peuvent révéler plusieurs dispositifs discursifs, ce qui justifiera l'apparition des exemples à différents moments de la discussion. Ils présentent des jugements et des explications, qui ne nous arrêteront qu'en ce qu'ils révèlent des formations discursives ; il ne s'agit ni d'approuver ni de blâmer les propos, mais de comprendre leurs causes. Le classement de ce métadiscours fait apparaître les thèmes de l'intercompréhension, de l'accent, de certains étendards lexicaux et grammaticaux. Les marques liées de façon privilégiée à l'interaction comme les jurons, le tutoiement et les registres montrent comment la prééminence dans un groupe de la familiarité ou de la formalité peut définir le déploiement de discours conventionnels sur l'autre. Ces discours se reportent à l'emprunt à l'anglais et à la féminisation des titres, où interviennent des dimensions idéologiques supplémentaires qui justifient les développements particuliers que donnent les chapitres quatre et cinq, après l'analyse plus générale du chapitre trois. Le dernier chapitre concerne non plus les formes particulières de chaque variété, mais les façons d'utiliser la langue pour exprimer un propos. Ce sont en particulier les normes qui régissent la prise de parole en situation de désaccords ou de conflits qui sont abordées à travers les jugements portés par une communauté sur le discours de l'autre. Ces normes discursives montrent que le rapport à l'autre et la possibilité de s'affirmer contre lui séparent les locuteurs français et québécois et expliquent leur métadiscours.

Ainsi, l'ouvrage présente un ensemble d'hypothèses sur la nature et l'origine de représentations des groupes gallican et québécois telles que les rendent accessibles les discours publics sur le français de l'autre. Son ambition est de contribuer à la coalescence d'une discipline d'analyse de l'interculturalité dans une perspective explicative. L'objectif aura été atteint s'il est montré comment les valeurs qui constituent une culture expliquent les axiologies se déployant dans des données discursives richement contextualisées. Des outils conceptuels et méthodologiques nouveaux auront ainsi été élaborés pour l'analyse du rapport entre langue et culture dans d'autres contextes.

Cette étude a connu une histoire plus longue que je ne l'aurais voulu. Elle part d'un questionnement personnel, et ne saurait entièrement échapper à mes propres axiologies : une mise à distance entre langue et nation est faite par le choix du terme de *gallican* pour parler de la variété de langue reçue en France. J'espère néanmoins que cette axiologie ne détourne pas l'étude de son ambition explicative. Elle a été lancée par une longue discussion avec Jean-Philippe Warren dans un restaurant portugais à l'été de 2001. L'entreprise a été inopinément encouragée par la légation de la part de Sue Wright d'un corpus d'articles de la presse française de 1987-1988 sur le Canada. La discussion s'est continuée avec Chantal Gagnon, Ruth Kircher, Dominique Lagorgette,

Leigh Oakes, Claude Poirier, Claude Verreault et Diane Vincent, qui m'ont beaucoup donné à réfléchir ; de même avec les publics de présentations à la University of Cambridge, à l'Université de Nantes, à l'Université Laval, à l'Université Paul-Valéry. Une version antérieure du chapitre sur la féminisation a été relue par Pierrette Vachon-L'Heureux. Jean Derive, Chantal Gagnon et Steve Oswald ont considéré l'entier du manuscrit et m'ont communiqué leurs riches observations. Sa publication a été rendue possible par l'assistance de Françoise Dufour, le soutien de Thierry Bulot et de l'équipe de L'Harmattan. Un parcours moins long m'aurait privé du plaisir de ces échanges pour lesquels je témoigne à chacun de ma vive reconnaissance.

CHAPITRE 1

LANGUE ET CULTURE

Introduction

La notion de culture est au cœur des réflexions des sciences humaines et avant elles de la philosophie. Ces réflexions se doivent de cerner le contenu de ces notions, de préciser leur condition de fonctionnement et d'éclairer les effets de leur mise en œuvre. Le contour de ces objectifs est esquissé dans le présent chapitre. Il se donne pour tâche primordiale de fournir une caractérisation de la notion de culture. La culture est envisagée comme un ensemble de pratiques conventionnelles qui informent le rapport du sujet à son expérience. Ces pratiques donnent lieu à des évaluations traditionnellement ethnocentristes qui constitueront une barrière au développement de l'étude du culturel. Les différentes conceptions de la culture et les notions analytiques qui en découlent sont évoquées suivant un parcours historique. Il mènera à des notions qui depuis la valeur culturelle de Weber trouveront leur raffinement par les études linguistiques de la politesse, des normes d'interaction et de la structure du discours. La notion de face permet en particulier de lier les besoins du sujet à l'évaluation qu'il donne de ses pratiques dans les sociétés contemporaines, à la défense de son image à l'origine de l'argumentation et aux normes sur les modes d'interaction que conventionnalisent les cultures.

La notion de culture

L'être humain est un animal social capable de raison. Animal, il a des besoins, alimentaires et sexuels par exemple. Animal social, ses besoins l'amènent notamment par le langage au commerce avec ses semblables. Animal rationnel, ce commerce l'amène à interpréter le monde d'expérience selon les normes et les valeurs de sa communauté. L'ensemble des normes et des valeurs prédiquant le comportement d'un membre d'un groupe constitue ce qu'on appelle la culture, ce que rend tangible la comparaison avec les animaux, les êtres humains hors de la socialisation, et ceux hors de son groupe.

La notion de culture est notoirement difficile à définir, et cette difficulté est coutumièrement illustrée par le fait des 164 définitions que recueillent les anthropologues Krœber et Kluckhohn en 1952. Le mouvement vers une définition peut se faire à partir des points d'accord sur la notion, le premier d'entre eux étant que la culture est le propre de l'homme. L'être humain s'élève au-dessus de ses besoins au niveau desquels demeurent les animaux. Ceux-ci sont parfois privés de socialité, souvent de raison et d'émotions, toujours de conscience et d'âme, pour arriver à en être réduits chez Descartes à l'état de machines. Ce sont des êtres d'instinct qui se reproduisent, se nourrissent et jamais ne parlent. Cette perspective se trouve modifiée par l'étude des comportements animaux qui donnent lieu à l'émergence de la discipline de l'éthologie. Les grands singes font montre d'une variété de comportements de communication (Tomasello et Zuberbühler 2003). Une trentaine d'émotions sont rendues par des vocalisations suivant les travaux de Jane Goodall. Ces vocalisations sont des pratiques sociales conventionnelles puisque enregistrées et rejouées, elles sont reconnues par les membres de l'espèce qui adoptent le comportement attendu. Rejouer le cri avertissant de la présence d'un serpent amène tout singe vervet à se dresser sur ses pattes de derrière pour identifier le reptile (Seyfarth, Cheney et Marler 1980). Le signal n'est pas la seule forme de communication sociale, qui inclut des pratiques de pacification, de bluff,

1 Langue et culture 15

d'alliance et d'intimidation (de Waal 2000). La communication est conventionnelle chez les grands singes, comme la recherche de nourriture qui fait appel à l'utilisation d'outils – des brindilles pour capturer des fourmis et des termites, des sondes pour pêcher, des pierres pour casser les noix. Ils ont des rituels de cour et la reproduction obéit à des normes sur les partenaires, le moment et l'endroit dont les contraintes ne s'expliquent pas par les besoins biologiques.

Avant qu'ils ne soient documentés à un degré qui ne permet plus guère de doute, ces comportements pouvaient être considérés comme des manifestations de l'instinct. L'instinct ne peut cependant pas être invoqué là où les manifestations sont apprises ou connaissent des variations à l'intérieur de la même espèce. Un exemple d'apprentissage est donné par l'orang-outan Wattana du Jardin des Plantes de Paris ; ayant été socialisée avec des bonobos, elle a appris d'eux différentes mimiques, lesquelles ont beaucoup surpris les autres orangs-outans avec qui elle a ultérieurement co-habité et qui sont généralement moins expressifs. Les différences de pratiques dans la même espèce sont illustrées par l'observation selon laquelle les mâles orangs-outans de Bornéo savent amplifier leurs baisers sifflants en plaçant leurs mains autour de leur bouche, ce qu'ils apprennent à leurs petits, façon de faire inconnue chez les orangs-outans de Sumatra (van Schaik *et alii* 2003). Cette variation suffirait à donner à la pratique un caractère culturel, conclusion que renforcerait l'observation de l'enseignement ou l'acquisition par des individus d'une communauté des pratiques de l'autre. C'est de culture qu'il s'agit quand les communautés de chimpanzés utilisent des outils de différentes façons pour pêcher les termites ou casser les noix, alors que c'est l'instinct qui est concerné quand les corbeaux dès le plus jeune âge, et de la même façon dans toutes les communautés, utilisent une brindille crochue pour pêcher des larves (Kenward *et alii* 2005).

La considération du monde animal montre que la culture est une convention sociale apprise et donnant à une action une forme susceptible de variation selon les communautés. Ces dimensions sont illustrées par le contraste des enfants sauvages (Newton

2003). Les cas documentés d'enfants abandonnés ou séquestrés démontrent que leurs comportements communicatif et alimentaire ne s'assimilent pas aux comportements humains, mais éventuellement à ceux des animaux avec qui ils ont été élevés. Qui plus est, les comportements humains ne semblent être assimilés qu'à un degré minimal par ces individus malgré les efforts considérables de ceux qui les recueillent. Genie, Kamala ou Victor d'Aveyron restent largement en dehors de la convention sociale de la culture humaine par l'absence de socialisation.

Le caractère conventionnel de la culture est illustré par sa variation dans les communautés humaines. Le chien, le serpent et le homard sont aliments dans certaines cultures qui prescrivent leur préparation et les circonstances de leur consommation, laquelle est inhabituelle voire proscrite par d'autres cultures. Une extrême diversité est attestée à travers les communautés pour les modalités de communication verbale et non verbale. Le commerce sexuel suit différents rites dans les strictes limites du tabou de l'inceste.

C'est dans le rapport avec d'autres communautés que les êtres humains prennent conscience de la différence de pratiques, dont l'évaluation varie avec la structure de la société (Moreau 2001). Une société traditionnelle à faible démographie et à différenciation sociale élémentaire amène chacun à tenir sa propre pratique pour normale. La pratique de certains ruraux âgés occupant des activités traditionnelles peut être indiquée comme meilleure, sans que cette qualité soit liée à un statut socio-économique précis ou à des critères discernables. Les discours normatifs, s'ils existent, sont limités à la socialisation des enfants et des étrangers.

Les pratiques étrangères se trouvent marquées du signe de l'anormalité. La preuve s'en trouve dans les dénominations de groupes, entre l'allonyme *gitan* et l'autonyme *rom* 'homme', de l'allonyme *eskimo* supposé stigmatiser la consommation de viande crue à l'autonyme *inuit* 'homme' (voir aussi Jenson 1993). L'anormalité de l'autre s'étend aux discours sur ses pratiques, alimentaires par exemple, que cristallisent des dénominations informelles – *frogs* '(cuisse de) grenouille' et *kraut* 'choucroute' désignent un Français et un Allemand en anglais britannique, *rosbif* et *macaroni* un Britannique et un Italien en français. Cette cristallisation peut passer par les jurons, les Mexicains désignant les touristes québécois *tabarnacos*, les *goddams* étant le surnom des Anglais en France pendant la guerre de Cent Ans. Les dénominations nationales ont servi en retour à référer à des pratiques jugées infamantes, la sodomie étant évoquée par un nom et un verbe dérivé de *Florentin* en allemand, et de *Bulgare* en anglais, le français ne retenant que le nom *bougre*.

Les pratiques sexuelles, alimentaires et linguistiques ne forment pas d'autonymes, qui ne sont jamais dépréciatifs à ma connaissance, et dont la connotation est celle de la *normalité*. La normalité de ses propres pratiques a la force d'une évidence, ce qui demande explication. Qu'est-ce qui amène généralement un individu à considérer ses propres pratiques comme la façon normale de faire les choses, que dénaturent les pratiques des autres groupes ? Qu'est-ce qui amène un groupe à se considérer comme le modèle de l'humain ? L'explication se trouve dans la façon dont sont acquises ces pratiques. Les pratiques culturelles dans leurs formes et leurs interprétations sont généralement acquises dans leur mise en œuvre même, propose Medina (2004) à partir de Wittgenstein. Cette mise en œuvre se fait en collaboration avec des membres d'une communauté dont la façon de faire sera suivie par le sujet. C'est ainsi que ce dernier acquérra les manières de table, la façon de formuler une demande et les rituels de séduction. Le processus d'acquisition des pratiques à travers leur mise en œuvre en collaboration se fait dans une communauté pendant une période souvent considérable. Ce sont ces conditions d'acquisition qui donnent aux pratiques l'impression de leur évidence. Ce n'est que si plusieurs façons de faire participaient de l'apprentissage que le sentiment du naturel pourrait être relativisé selon Medina. Ce sentiment suppose cependant une stabilité des pratiques elles-mêmes qui interroge. Pourquoi les pratiques sont-elles stables dans la communauté où les acquiert le sujet ? Cette stabilité semblerait devoir être contrariée par les variation même infimes dans la formes des pratiques. Ces variations sont cependant contingentes au sens où elles sont subordonnées à leur interprétation (Larrivée 2003b). Ces interprétations sont généralement d'autant plus stables que la communauté où se fait l'apprentissage est généralement restreinte, et qu'il y a tout simplement moins de possibilité de variation dans la forme et l'interprétation. Néanmoins, le constat de la stabilité n'en donne pas la cause. La raison s'en trouve dans le désir d'être reconnu par le groupe. Cette reconnaissance de la part du groupe immédiat de la famille est essentielle à la survie physique de l'être humain pour une partie significative de sa vie. La survie sociale dépend de la reconnaissance par des groupes que créent et définissent des pratiques communes qui assurent la collaboration. La notion de communauté de pratique (Lave et Wenger 1991, Wenger 1998) suggère qu'une communauté nationale, ethnique, linguistique, religieuse, sexuelle, professionnelle, une classe sociale ou un groupe d'âge se crée, se reconnaît et se définit par des pratiques qui guident la collaboration en vue d'objectifs communs. L'atteinte de ces buts et la collaboration sont rendues difficiles par des interprétations et des formes divergentes, et une telle différence risque d'amener à marginaliser, voire à exclure celui qui la démontre ; c'est pourquoi il y a le rapport consubstantiel entre le besoin d'appartenance à un groupe et les réflexes ethnocentristes selon les résultats psychosociaux de Sachdev et Bourhis (1991). L'individu tend donc à se conformer aux pratiques de la communauté, ce qui lui donne la sécurité de la reconnaissance par le groupe et au groupe la sécurité de pouvoir prédire la collaboration de l'individu (Givón 2003). La conformité aux pratiques du groupe semble d'autant plus forte que ce groupe est le lieu principal d'interaction de l'individu s'il faut en croire la théorie des réseaux élaborée en sociologie par J. A. Barnes, Max Gluckman et Mark Granovetter et appliquée à la linguistique par Lesley Milroy : un individu inscrit dans un réseau local a tendance à en adopter résolument les normes vernaculaires qui accentuent la solidarité et la réciprocité. C'est là que se joue la dimension de l'attachement affectif aux pratiques du groupe. Cette hypothèse est proche de celle (que m'a signalé Jean-Marc Dewaele) du contexte émotif

1 Langue et culture

de l'acquisition de Catherine Harris (Harris *et al.* 2006 : 277) : c'est quand le langage est acquis dans un contexte émotivement chargé qu'il deviendra émotif, non seulement pour l'enfant, mais pour les adultes dont la socialisation amoureuse s'est faite avec un partenaire étranger par exemple.

Cet attachement suscite les discours normatifs et les stratégies de naturalisation et de justification – alléguant le naturel, la pragmatique, la logique, l'esthétique, l'antiquité, la continuité à travers le temps, l'authenticité, la vérité d'une pratique. L'antiquité d'une pratique par exemple lui donne un caractère transcendant en la faisant échapper au soupçon d'une création contingente au service des intérêts d'un groupe, comme le propose Bouchard à propos de l'ancienneté des Nations (2001 : 33). L'homosexualité est dite contre nature, la consommation d'aliments inédits peut inspirer le *dé*goût et les langues exotiques semblent irrationnelles. Ces discours renforcent la stabilité des pratiques en encourageant la conformité suivant le désir d'être reconnu par le groupe comme membre de la communauté et les modalités mêmes de leur apprentissage.

Les pratiques partagées ont donc un caractère résolument concret. Ce ne sont pas des entités abstraites qui existeraient dans un quelconque inconscient collectif et caractériserait l'*essence* d'un groupe qui définissent une culture ; ce sont des pratiques acquises à partir de celles que manifestent les membres de la communauté. Que ces pratiques aient un objectif commun et une interprétation partagée explique que leurs manifestations se ressemblent : point n'est besoin de supposer une entente explicite sur des objectifs prédéfinis. La perpétuation de ces ressemblances est encouragée par un apprentissage souvent long et dans une communauté dont on désire être reconnu. Ces conditions d'apprentissage justifient la dimension affective attachée à la culture première, qui elle-même contribue à la continuité de ses formes et interprétations.

Ce caractère concret explique en même temps la possibilité du changement culturel. Le changement culturel peut passer par la modification progressive des formes des pratiques que rend possible leur contingence. L'emprunt de formes étrangères (Spencer-Oatey : section 10) se fait selon l'utilité de la pratique et la valeur accordée à la culture d'origine dans le groupe cible. La culture d'adoption l'intègre à son propre système de pratiques et de valeurs plutôt qu'il n'importe celui du groupe prêteur, qui n'a aucun droit de regard sur le processus contrairement à ce que suggère la métaphore de l'emprunt. Enfin, le changement culturel peut être amené par un changement de la structure de la société (Moreau 2001). Une société démographiquement plus importante structurée par une spécialisation du travail donne lieu à la diversification des groupes. Cette diversification est corrélative à celle des pratiques, lesquelles se trouvent hiérarchisées. La hiérarchisation a la conséquence révolutionnaire qu'un groupe dominé peut porter un regard défavorable sur ses propres pratiques. Les pratiques des classes dirigeantes acquièrent un prestige proportionnel à leur pouvoir : leurs rituels de mariage, leur gastronomie, leur usage langagier constituent la norme à l'aune de laquelle se mesurent les pratiques des autres groupes. Un exemple frappant de hiérarchisation est donné par la standardisation à laquelle donne lieu l'introduction de l'écrit :

> D'un travail accompli sur le palikur (langue arawak parlée en Guyane et au Brésil) en 2000-2002 dans la collecte de documents sonores destinés à établir une orthographe, demeure le sentiment d'un malaise devant les exclusions à quoi contraignent des choix obligés par l'homogénéisation scripturale. Chaque distinction validée par un sous-ensemble de la communauté palikurophone, selon qu'elle est abandonnée ou retenue, équivaut à la stigmatisation ou à la légitimation de la production orale de tels ou tels locuteurs contre tels ou tels autres, locuteurs qu'on connaît personnellement. (Bergouniowx 2004 : 123)

Le prestige de la variété de référence est défendu par le processus de scolarisation, un discours normatif élaboré qui l'impose comme langue de l'espace public, dans le commerce, dans le gouvernement, la justice et l'administration, dans l'éducation. Ces appareils permettent la perpétuation des valorisations et des déva-

1 Langue et culture 21

lorisations reproduisant les inégalités sociales (Bourdieu et Passeron 1964). Les États stratifiés ainsi constitués peuvent étendre leur autorité pour accorder un statut subsidiaire à des périphéries. Les différences entre les peuples que la politique, la religion, le commerce et l'éducation conjoignent sont considérées par les récits militaires, les chroniques historiques, les documents commerciaux et légaux, les rapports des administrations, les échanges épistolaires privés de l'antiquité occidentale. La redécouverte de la pensée antique et la rencontre subséquente du Nouveau Monde (Todorov 1991) forcent à se poser la question de ce qu'est la nature humaine face à la diversité des pratiques à travers les communautés. La prégnance de ces questions est attestée par l'intérêt croissant pour les récits de voyage – qui passent pour le français de 21 ouvrages au seizième siècle et 78 au dix-septième à 250 au dix-huitième (Goddard 2005). Cette réflexion n'empêche pas la reconduction de la valorisation des pratiques des puissants. Cette valorisation est illustrée par l'émergence durant la Renaissance de la notion de culture physique puis intellectuelle qui, comme la culture agricole, consiste en un travail pour faire fleurir et fructifier les activités de l'esprit (Goddard 2005). De même que le travail agricole est attribué aux classes paysannes, les classes dirigeantes se réservent le travail de la culture qui devient un étendard démontrant leur pouvoir sur les autres groupes de la société et sur les autres sociétés.

Il reste que tout groupe est constitué par une culture. La culture est donc un mode de représentation de l'agir humain avec une fonction référentielle – elle a pour but de faire réussir l'interaction avec le monde – et identitaire – elle a pour but de rendre possible la collaboration avec les autres agents sociaux reconnus comme membres du groupe. À travers le désir de se voir reconnu comme appartenant au groupe, la dimension identitaire assure l'acquisition et la stabilité des pratiques dans leurs formes et interprétations : on trouve là l'idée de Labov (1972) selon laquelle une même culture est celle dont les membres font référence aux mêmes normes (voir également Avruch 1998 : 18-20). En donnant généralement plus de valeur à la réussite d'une action qu'à la reproduction des formes d'une pratique, la dimension référentielle rend possible la variation culturelle. Cette variation ne rend pas les cultures incommensurables, du fait de la stabilité relative de la visée référentielle, de la valeur interactionnelle et des besoins. Il faut donc rejeter l'idée de Quine selon laquelle les mots de différentes langues comme les concepts de différentes cultures sont incommensurables à cause de l'impossibilité d'établir leur sens avec certitude.

Le caractère également humain des cultures est interrogé par une réflexion ancienne tentant de résoudre la contradiction apparente entre diversité des cultures et stabilité présumée de la nature humaine. La résolution passe généralement par l'évocation de trois déterminismes, à savoir l'environnement, la biologie et la psychologie. Les trois facteurs se trouvent mêlés dans la théorie des humeurs avancée par Hippocrate vers 180 avant notre ère. Cette théorie suggère que l'état physique et mental des individus est influencé par la proportion des quatre humeurs : un excès de sang rouge, de bile jaune, de bile noire ou de flegme donne des individus de tempérament sanguin, colérique, mélancolique et flegmatique. Le tempérament d'une nation s'explique de même par la prépondérance d'une humeur dans l'environnement qu'elle habite, et on parle encore aujourd'hui de flegme anglais. Relayée par Galien, cette perspective se retrouve dans des réflexions médiévales sur l'influence du climat chez Alexandre de Rœs, Albert le Grand, Philippe de Commynes, parfois subordonnées à un cadre astrologique. Ces réflexions sont élaborées en une théorie des climats par Montesquieu et Madame de Staël. *L'Esprit des lois* propose que le climat influence la physiologie et la psychologie, et détermine ainsi la disposition des habitants, les peuples du Nord ayant une confiance en eux qui leur donne un esprit de liberté et d'indépendance, là où les peuples du Sud sont animés par la crainte, le soupçon et la ruse. Ces caractérisations se trouvent en butte au problème de la variation des langues et des coutumes sous les mêmes cieux ; les aléas de la puissance politique ne peuvent dépendre d'un caractère qui devrait être aussi constant que le climat.

L'environnement social joue un rôle dans l'évolutionnisme historique. Cet évolutionnisme remonte à l'idée que toute société est amenée à passer par différentes étapes : l'âge divin, l'âge des héros et l'âge humain pour Giambattista Vico (correspondant à la langue divine des hiéroglyphes, symbolique des héros, épistolaire des hommes), l'âge théologique, l'âge métaphysique et l'âge positiviste pour Auguste Comte, régime de la contrainte précédant l'âge de la liberté chez Thomas Spencer et la solidarité mécanique suivie de la solidarité intérieure d'Émile Durkheim. Ces étapes marquent toutes les sociétés sans égard à leurs différences matérielles chez Vico et aussi chez Johann Gottfried van Herder. Pour d'autres, cette différence dénonce l'inscription des sociétés à des étapes distinctes. Succédant à l'idée d'un mouvement de dégradation depuis un âge d'or primitif, une histoire envisagée comme une marche cumulative vers le progrès en arrive au présent des sociétés des commentateurs, ou à un avenir prochain dans la téléologie de Auguste Comte et de Karl Marx. L'état de civilisation que représentent ces sociétés ne s'étend pas aux sociétés primitives, dont les lacunes justifient l'esclavage comme les missions civilisatrices du missionnariat, du colonialisme, de l'impérialisme.

L'impératif moral de cette justification amène à l'affirmation que la différences entre civilisations a un fondement biologique. De même que les représentants les mieux adaptés d'une espèce survivent selon une interprétation un peu courte de Charles Darwin, seules progressent les meilleures des civilisations qui démontrent par le fait même leur supériorité. La qualité des civilisations remonte à celle de la race, et Varouxakis (2002) montre comment l'Angleterre victorienne réfléchit sur l'incapacité de la France de se doter d'un gouvernement démocratique en termes de ses origines celtes (voir également Claret 1998), l'infériorité de la race celte libérant de la recherche d'une solution au problème irlandais. L'infériorité biologique des autres races donnera lieu à une activité prétendument scientifique qui veut établir les limitations intellectuelles par des travaux sur la taille de la boîte crânienne et le poids du cerveau.

L'explication de la différence culturelle en termes biologiques persistera dans certains régimes politiques, mais laisse sa place à une explication psychologique à mesure que se développe cette discipline. La psychologie sociale trouve ses origines dans une psychologie des foules de Gustave Le Bon fascinée par l'inquiétante violence des manifestations populaires. La géographie sociale émerge du travail de Friedrich Ratzel. La psychologie des peuples est fondée par Moritz Lazarus, Herrmann Steinthal et Wilhelm Wundt, qui, dans la tradition relativiste allemande, s'interrogent sur les causes des différences de mœurs, de coutumes, de culture matérielle et de tendances collectives entre sociétés. Elle influence l'anthropologie, la sociologie et l'histoire culturelles, dont la tradition universaliste reconduira la distinction entre sociétés civilisée et sauvage. Ce qui caractérise la pensée primitive interroge Marcel Mauss, Lucien Lévy-Bruhl, Ernst Cassirer, Henri Bergson. Cette primitivité n'est pas l'apanage des peuplades éloignées, mais caractérise la pensée commune du peuple, des femmes, des enfants, les élites représentant la civilisation elle-même.

Ce n'est que tardivement que l'ethnocentrisme de classe, de genre, de race est dissocié de l'étude de la différence culturelle. Il faut attendre Edward Taylor pour qu'émerge une notion anthropologique de culture caractérisant toute communauté. L'étude en elles-mêmes et pour elles-mêmes des normes et des valeurs d'une société trouve un exemple dans le travail du sociologue allemand Max Weber. Ce dernier s'intéresse au rôle des valeurs religieuses dans la structuration et le développement des sociétés. Ce rapport est posé dans sa célèbre étude de 1904 *L'Éthique protestante et l'esprit du capitalisme*, première d'une série de monographies liant l'économie d'une société et sa religion (*Confucianisme et taoïsme* et *Hindouisme et bouddhisme* en 1916, *Le Judaïsme antique* en 1917-1918). Cette étude initiale entend élucider le paradoxe apparent entre le détachement des biens matériels que prêche le Christianisme et le développement du capitalisme dans les sociétés protestantes. C'est l'éthique du protestantisme qui aurait rendu possible le développement du capitalisme occidental.

Cette éthique tient à l'idée calviniste que l'accumulation de biens matériels rend manifeste la grâce divine dont est récipiendaire un individu. Se trouvant reformulée dans le cadre qu'elle semble contredire, l'idée peut ainsi être acceptée et influencer les comportements. Ayant comme arrière-fond la question des conditions de la supériorité économique et politique de l'Occident qui pourraient servir l'expansion de l'Allemagne, ce travail lie de façon convaincante l'organisation économique d'un ensemble de sociétés à des valeurs qui leur seraient communes. La description de ces valeurs permet ainsi d'envisager la culture de chaque société et de dépasser le jeu des jugements de valeur.

Ce relativisme scientifique est encouragé par les combats pour la reconnaissance des droits des prolétaires, des femmes, des groupes ethniques, religieux et linguistiques. La violence des conflits militaires et l'importance de l'immigration engagent à une réflexion sur la différence culturelle. La considération des communications interculturelles est motivée par les relations diplomatiques entre les États-Unis et une Europe à reconstruire. Cette motivation anime l'anthropologue Edward T. Hall, qui publie en 1959 *The Silent Language*. Cet ouvrage montre que la gestion de l'espace, du temps, la conception du public et du privé n'est pas identique à travers les sociétés, mais est au contraire soumise à des différences culturelles considérables. Une différence culturelle paradigmatique est celle de la gestion de l'espace entre Américains et Latino-américains : les premiers, qui attendent une distance plus grande entre interlocuteurs que les seconds, s'éloignent quand les autres s'approchent pour donner lieu à une espèce de danse jamais terminée. Cet exemple permet d'affirmer la variation nationale des contenus culturels et l'impact de cette variation sur les communications entre les membres de différentes communautés. Ces variations ne peuvent plus être ignorées avec la contestation de l'ordre socio-politique traditionnel par les communautés ethniques, de genre ou d'orientation sexuelle, qui donne lieu aux études culturelles et à celles sur le genre ; le mouvement de décolonisation est accompagné par la discipline du post-colonialisme dont les études dénoncent les stéréotypes sur les sociétés *exotiques* comme signes de la domination occidentale (Saïd 1978). L'émergence des communautarismes et des multiculturalismes s'associe à l'acception actuelle du mot culture qui peut référer à la culture de l'église catholique, de la contestation ou des armes à feu (Goddard 2005). Le champ d'étude de la communication interculturelle s'institutionnalise dans les années 1970, avec ses anthologies, ses manuels, ses conférences, ses revues et ses sociétés savantes. Cette institutionnalisation qui reste encore en deçà de la formation d'une discipline distincte réunit des études provenant de la pragmatique linguistique et de l'analyse de la conversation, de la communication,de la psychologie sociale, de la sociologie dont la sociologie de la connaissance, de l'histoire culturelle et sociale (Gœtschel et Loyer 1994, Ory 1989, Tombs et Tombs 2006), de l'anthropologie culturelle, des sciences de l'éducation, de l'étude des affaires, des études politiques et des relations internationales.

L'étude des affaires voit l'intégration des relations économiques occidentales poser la question des relations multinationales. Les différences entre les individus et les organisations à travers les cultures sont abordées dans le célèbre travail de Geert Hofstede. Ce dernier recourt pour expliquer ces différences à des paramètres généraux, l'importance de la distance hiérarchique entre les membres d'un groupe, la préférence pour l'individualisme ou le collectivisme, l'importance du contrôle de l'incertitude, l'accent sur des valeurs masculines ou féminines, la perspective à long ou à court terme (Gruère et Morel 1991). Populaire en anthropologie, le recours à de telles étiquettes générales a l'avantage de permettre la justification des comportements et leur comparaison entre différentes cultures. Leur défaut est leur caractère potentiellement axiologique et relativement vague.

Une caractérisation plus circonscrite peut être amenée par les études de l'interaction développée en linguistique. L'étude de la conversation ordinaire a été particulièrement privilégiée comme illustration du principe de compétence communicative de Chester Hymes selon lequel la conversation est structurée par des règles au même titre que la grammaire. Ce principe est soutenu par

1 Langue et culture

les études en ethnographie de la communication instaurée par Harold Garfinkel, la sociolinguistique interactionniste de John J. Gumperz et la sociologie interactionniste d'Erwin Goffman. Cette dernière s'est particulièrement intéressée à l'organisation séquentielle de la conversation à travers les travaux de Harvey Sacks, Emmanuel Schlegoff et Gail Jefferson. La conversation suppose des ouvertures et clôtures qui peuvent définir la valeur des expressions : la formule américaine *Come and see us* constitue une invitation à l'intérieur de l'échange, mais non en clôture, où elle constitue une formule signalant la fin de l'interaction. Elle emporte un système de tours de parole, avec des règles sur la durée attendue des interventions, leur alternance, avec chevauchements, interruptions ou silences. Les tours de parole peuvent comprendre des paires adjacentes qui sont des interventions s'appelant l'une l'autre comme la question entraîne la réponse. Cette perspective mène à une analyse de la structure de la conversation qu'avance le modèle hiérarchique de l'École de Genève animée par Eddy Roulet (1985).

Cette structure de la conversation repose sur des actes de langage. La notion d'acte de langage associée aux figures de John L. Austin puis de John Searle remonte à l'observation que les phrases ne servent pas uniquement à décrire le monde, mais qu'elle peuvent également agir sur le monde. Le monde d'expérience se trouve modifié par une phrase comme *Je vous déclare mari et femme* prononcée dans les circonstances rituelles attendues. Les phrases servent donc à accomplir des actes au même titre que les gestes par exemple : autant un geste qu'une parole peuvent constituer une insulte. Un acte peut cependant varier dans les modalités gestuelles ou linguistiques de sa réalisation à travers les communautés. Cette variation est appréhendée par des études contrastives, la pragmatique contrastive (*constrastive pragmatics*) comparant sur la base de données attestées les ressources disponibles dans les langues pour accomplir des actes (Held 1996, Márquez-Reiter 2000, Bayraktaroglu et Sifianou 2001, Hong 2002, Cheng 2004). La typologie pragmatique (*cross-linguistic pragmatics*) confronte des données élicitées en demandant à des informateurs de compléter des séquences interactives fictives représentant l'accomplissement d'actes. Cette méthodologie remontant à l'étude de Blum-Kulka, House et Kasper (1989) amène à recueillir un large ensemble de données qui permettent de délimiter les variations culturelles dans l'accomplissement des actes de langage. L'acquisition des moyens d'accomplir des actes dans une langue autre que maternelle est l'objet des études de l'interlangue pragmatique (*interlanguage pragmatics*) (Bardovi-Harlig 1999, Barron 2003, Beebe, Takahashi et Ulisse-Weltz 1990, Müller 2005). Ces études veulent mesurer l'acquisition des conventions pragmatiques par les étrangers, dans le but de savoir s'ils peuvent atteindre une compétence pragmatique native, et si peut y contribuer quelque type d'enseignement (Kasper et Blum-Kulka 1993). Ces sous-disciplines peuvent recourir à d'autres données, recueillies par le biais de jeux de rôle entre des interactants de la même culture ou de cultures différentes (préconisés par Tran 2006, et actualisés par les reprises d'un même scénario de téléroman dans des contextes nationaux différents, Helguera 2004), ou des entrevues avec des sujets amenés à séjourner dans des cultures étrangères.

La recherche interculturelle sur les actes de langage et la structure de l'interaction est souvent faite sous le rapport de la politesse (Watts 2003). Empiriquement illustrée par le registre, les formules d'ouverture et de clôture, les termes d'adresse et l'usage de *tu* ou de *vous*, la notion de politesse a été particulièrement considérée à travers le concept de face. Ce concept renvoie dans la sociologie de Goffman (1974 : 9) au fait que toute interaction consiste normalement à préserver sa liberté d'action et sa propre dignité. La conversation présente le risque de donner une image négative de soi et de renvoyer à l'autre une image négative de lui-même. Cette façon de voir est élaborée par les pragmaticiens Penelope Brown et Stephen C. Levinson (1987). Ces derniers réfèrent à la tension entre des besoins contradictoires que suppose le rapport entre individus. L'interaction est motivée par le besoin de reconnaissance de chacun (déjà identifié par Hegel), et met en jeu leur face positive. En même temps, elle enfreint le besoin de liberté de chacun, et met en question leur face négative. Le cas paradigmatique d'attaque de la face est l'acte de demande. Prétendant obliger à faire, une demande enfreint la liberté de l'interlocuteur d'agir à sa guise. Cette liberté sera réaffirmée par des formulations interrogatives et conditionnelles des demandes *Pourriez-vous me dire l'heure, s'il vous plaît?*, *Si vous pouviez me dire l'heure qu'il est* qui mettent en scène un choix. La réaffirmation de cette liberté constitue donc un travail de face visant à réparer l'agression.

C'est essentiellement aux agressions à la face négative que le modèle est appliqué par Brown et Levinson. Les agressions à la face positive correspondraient à la violence verbale des insultes par exemple. Cependant, Kerbrat-Orecchioni (2002) propose que la conversation ne peut être qu'une série d'agressions et de compensations ; des actes flatteurs peuvent être appliqués à la face négative - les excuses par exemple - comme à la face positive - les remerciements.

Le besoin de reconnaissance que représente la face positive permet d'envisager les questions de validation symbolique à l'origine de la hiérarchisation des pratiques symboliques et linguistiques. Comme en argue Pierre Bourdieu, toutes les pratiques linguistiques ne sont pas égales sous le rapport de la considération qu'elles reçoivent. La reconnaissance ne manque pas à la langue officielle, qui a partie liée avec l'État : elle est obligatoire dans toutes les institutions et occasions officielles, et a son corps de juristes en la personne des grammairiens et des enseignants, leurs prescriptions allant jusqu'à faire l'objet d'arrêtés ministériels. Ce lien n'est pas que symbolique : la dimension économique de la pratique de la langue légitime est bien réelle, elle est une condition que vérifie l'éducation publique et les examens de corporations professionnelles et que suppose l'accès à des postes prestigieux. Il y a donc tout avantage à manifester la maîtrise de la variété légitime. Cette maîtrise donne le privilège de ne jamais se voir décompter une erreur (qui « n'est ni sanctionné[e], ni mesuré[e], ni même perçu[e] », Grignon et Passeron 1989 : 96), si ce n'est comme prise de distance de la règle qui n'est admise que pour ceux à qui est déjà prêtée la connaissance de cette règle. S'il est vrai que la variété légitime peut ne pas être attendue dans des situations informelles, elle n'y fait pas l'objet des sanctions dont seraient justiciables les variétés vernaculaires dans les situations officielles. Ainsi, l'usage linguistique suppose non seulement la capacité de produire des phrases susceptibles d'être comprises, mais surtout l'aptitude à produire des phrases susceptibles d'être écoutées (Bergounioux 2004 : 134). C'est là que se joue la notion du droit à parler, et à agir. La prétention à être entendu amène les groupes aspirant à l'ascension sociale à s'approprier la variété légitime. Cette appropriation est cependant inconfortable car le statut qu'elle garantirait peut toujours leur être contesté, les condamnant à un attachement inflexible à la règle par crainte qu'erreurs et hypercorrections ne donnent la preuve de l'irrecevabilité de leur prétention. Hors de la légitimité officielle se trouvent les pratiques vernaculaires en position dominée. Toute domination symbolique suppose de la part de ceux qui la subissent une forme de complicité qui n'est ni soumission, ni adhésion libre. Cette complicité se manifeste dans tout ce qui signale l'incertitude du droit à se faire entendre et perpétue l'infériorité des pratiques vernaculaires. Ces réactions dont la typologie reste à faire comprennent l'évitement par le repli sur soi, les tentatives de se faire oublier, le déni de ses origines, l'adoption par l'admiration déclarée ou le mimétisme, le rejet par la provocation, la dérision, le dénigrement, la contestation, l'ostentation d'une autre force. Cette dernière correspondant à la notion de *covert prestige* de William Labov et de Peter Trudgill pour rendre compte de la norme de *coriacité* que les hommes des classes populaires mettent de l'avant, associée à la valeur d'authenticité et au refus de l'apprêté. La contestation par coriacité n'en constitue pas moins une reconnaissance des normes dominantes. La complicité des dominés est établie par le travail de Michel Francard qui montre que les Belges manifestent une insécurité par rapport à leur variété nationale de français en l'absence même d'interventions extérieures. L'insécurité suppose qu'on ait une pratique à laquelle on est attaché et qu'on croit pourtant

1 Langue et culture

moins légitime tout en désirant la voir reconnue par la communauté propriétaire de la pratique légitime. S'il n'y a pas sentiment d'une source plus légitime, il n'y a pas insécurité, comme le montre l'anglais américain dont les locuteurs ne reconnaissent plus de légitimité particulière à l'anglais britannique. S'il n'y a pas d'attachement émotif fort, il n'y a pas plus d'insécurité, ce qu'atteste le rapport instrumental à l'anglais et au français des Créoles de l'Ile Maurice (Baggioni et de Robillard 1990). L'internalisation par les dominés de la domination est encore démontrée par la méthode psycho-sociale des faux couples. Des extraits sonores produits par une seule et même personne dans différentes (variétés de) langues sont présentés à l'évaluation de sujets. Ce sont des étudiants anglophones de première année de l'université McGill et des étudiants francophones d'un collège huppé à qui l'on demande de juger des productions en français et en anglais montréalais dans l'expérience initiale de Lambert, Hodgson, Gardner et Fillenbaum (1960). Les productions en français sont estimées plus défavorablement que celles en anglais, non seulement par les Anglophones, mais aussi par les Francophones, qui allèguent le degré moindre d'honnêteté, de sérieux, de compétence à commander du locuteur français, bien que ce soit le même que celui des messages en anglais. Ce qui est en jeu n'est donc pas le locuteur, ni la langue elle-même, mais le statut des locuteurs de la langue : les Francophones québécois ont un statut socio-économique subordonné dans le Québec des années 1960, associé à une dévalorisation que relaient les jugements des Francophones mêmes. Ces évaluations constituent le point de départ de la dialectologie perceptuelle fondée par Dennis R. Preston, qui entend mesurer les dimensions de la légitimité (par les jugements quant à la correction) et de la solidarité (par les jugements esthétiques) pour une (variété de) langue.

Ainsi, le droit d'être entendu sépare la langue légitime de la langue vernaculaire. La première s'associe à des valeurs de retenue – la correction, le soutenu, la distance et l'insincérité de la langue de bois. La seconde est celle du relâchement, du détendu, de la franchise libre, spontanée et authentique ; elle valorise la virilité, la violence animale du coup de gueule selon Bourdieu. Ces deux pôles rejoignent ceux que retient Anthony Lodge dans son analyse des registres en termes de faces (1997). Il associe la face positive à une éthique de la solidarité propre aux groupes dominés, les groupes dominants privilégiant une éthique du pouvoir. L'éthique de la solidarité serait marquée par l'affirmation des liens entre les membres du groupe. Cette affirmation expliquerait des phénomènes bien attestés pour l'argot. Son intervention dans certains champs sémantiques comme la sexualité, les parties de corps et l'argent s'explique par la proximité affichée ; les connaissances partagées permettent la multiplication des synonymes – divers récipients arrondis *bouillotte, bourriche, bourrichon, cafetière, carafe, carafon, fiole* servant de métaphore pour la tête – et des procédés de troncation. Les valeurs exprimées par les registres vernaculaires et légitimes peuvent ainsi être rapportées aux besoins évoqués par la notion de face. Cette notion est également considérée dans sa dimension sociale par Scollon et Scollon (1995). Ils envisagent non seulement la culture première (vernaculaire) et seconde (officielle), mais aussi le système de parenté, les relations internes et externes aux groupes de référence. La famille proche fait partie de la face telle que conçue dans les cultures collectivistes de l'Extrême Orient, par quoi elles se distingueraient de la culture individualiste occidentale où la face est celle du seul individu.

C'est la défense et la promotion de la face que Diane Vincent donne comme origine de l'argumentation (perspective également envisagée par Angenot 2008, et par l'*appraisal theory*). L'argumentation peut voir conventionnaliser les discours et les arguments qu'elle construit, dont il faut faire l'archéologie au sens de Michel Foucault. Laissant des traces dans le lexique (voir l'adjectif anglais *gallic* qui s'associe aux stéréotypes sur la France plutôt qu'il ne marque une appartenance nationale, Nunberg 2004) et dans les enchaînements qu'il permet (Anscombre 2001), ces discours marquent l'appartenance à une communauté, et être Français, c'est savoir quels topoï sont convoqués par un thème comme la mondialisation par exemple, qui sont significativement diffé-

1 Langue et culture 33

rents de ceux qu'on retrouve dans d'autres groupes, chez les Britanniques par exemple. Un cas particulier d'argumentation créative ou conventionnelle est celle de l'identité. L'identité est une réalité discursive qui constitue une demande de reconnaissance face à l'Autre. On est européen à Beijing, français à Londres, parisien à Carpentras, ou français à Carpentras, européen à Londres, citoyen du monde à Beijing, selon que l'on veut en appeler à ce qui distingue ou ce qui réunit. Ces jeux d'inclusion et d'exclusions sont marqués jusque dans la grammaire de certaines langues, que subsume la catégorie de *clusivité* de Filimonova (2005). Les demandes de reconnaissance varient selon les circonstances comme tout fait argumentatif. Heller (2004) montre comment les changements économiques reconfigurent le type d'arguments donnés dans la défense de leurs intérêts par les Francophones minoritaires au Canada. Le bilinguisme d'une partie des membres de cette communauté est utilisé comme argument pour le développement de l'industrie touristique et des centres d'appel téléphonique. Le développement de l'exportation des produits louisianais est soutenu par l'appel à une culture française par une bourgeoisie cajun anglicisée (Dubois 2004). La même logique préside à l'adhésion par le Vietnam et la Roumanie à la Francophonie par exemple. Ces cas n'impliquent pas une visée utilitariste pour toutes les réclamations identitaires, qui peuvent reposer sur un réel attachement.

Le concept de face permet donc de poser les besoins de reconnaissance et d'indépendance qui motivent l'interaction et l'argumentation. Les tentatives de lier pratiques et interprétations dans la théorie des faces, l'étude des actes de langage et de la structure de l'interaction ont été critiquées sous plusieurs rapports. Le premier est la nature des caractérisations offertes. On a pu caractériser la culture israélienne, américaine, grecque et polonaise comme étant directes, ce terme n'étant en lui-même guère transparent. Des différences marquent les diverses pratiques dites relever de l'intimité, de la proximité, de l'informalité, de l'harmonie, de la sincérité, de la solidarité, de la distance. Ces caractérisations peuvent ne pas s'appliquer dans tous les contextes. Le monde des affaires et l'administration publique français sont peut-être marqués par le sens de la hiérarchie que leur attribue Hofstede, mais ce ne serait pas le cas dans l'université selon Kerbrat-Orecchioni (2005 : 41) qui cite la disparition de l'usage d'un titre comme *Monsieur le Professeur*. Les Asiatiques sont dits plus déférents et relationnels que les Occidentaux, mais ils apparaissent brutalement utilitaristes dans certaines relations commerciales particulières comme l'achat d'un billet de métro qui se fait sans boujours, ni mercis (Scollons : 92, 279). Les situations d'emplois varient à travers les cultures pour les genres discursifs et les actes de langage dont les principes semblent souvent stables (Olshtain et Weinberg 1993 sur la plainte, Van Hecke 2003 sur le remerciement en roumain et en français, Weizman 1993 sur l'acte de donner des indices). Enfin, un même acte peut être accompli par des formes linguistiques variables. Wierzbicka montre que les structures linguistiques données comme marques universelles de la politesse ne font souvent que refléter les valeurs culturelles anglo-saxonnes favorisant la liberté individuelle et craignant les rapports interpersonnels. Le désir de réparer l'agression de la liberté individuelle posée par la demande amènerait à utiliser des interrogatives (*Would you like to go to the cinema with me?*) plutôt que des impératives (*Come to the cinema with me!*) en anglais. Or, l'impératif est fréquemment utilisé en polonais pour faire une demande ; une demande n'est pas accomplie par la question correspondant à *Would you go to the cinema with me?* (*Czy mialabys ochote pojsc ze mna do kina?*), et il apparaît particulièrement présomptueux de la part du locuteur de supposer que quelqu'un puisse avoir le désir de l'accompagner au cinéma. De plus, l'anglais utilise parfois l'impératif, dans les annonces publicitaires (*Drink Coca-Cola!*), les recettes et les instructions. Ces emplois sont acceptables puisqu'ils ne représentent pas une situation d'interlocution concrète entre un locuteur et un interlocuteur et n'enfreignent donc pas la liberté de ce dernier, sauvant la valeur d'indépendance individuelle. C'est donc à cette valeur culturelle anglo-saxonne qu'est liée la pléthore des moyens indirects en anglais pour accomplir une demande. Ces moyens ne

1 Langue et culture

relèvent pas de la politesse puisqu'une question traduisant une requête peut parfaitement être accompagnée d'une expression d'agression verbale (*Why don't you all go to hell?*, *Why don't you shut your mouth?*), dont la traduction française rend le caractère étonnant (*Pourquoi n'allez-vous pas tous au diable!* signifiant *Allez au diable!*, *Pourquoi ne fermez-vous pas votre gueule!* au sens de *Ferme ta gueule!*) ; il en va de même de l'utilisation des questions de confirmation (*You are a smart little prick, aren't you?* c'est-à-dire *T'es un vrai petit connard, n'est-ce pas?*). Ces moyens sont ignorés en polonais qui encourage l'affirmation des opinions du locuteur comme des vérités et l'expression d'un désaccord vigoureux, ce que montrent les interventions ouvertes par *mais* et des formules comme *Mais ne vois-tu pas?*, *D'où te vient cette idée?*. Reposant sur une éthique de la proximité plutôt que de la distance dans les relations interpersonnelles, ces rapports conflictuels permettent aux sujets de manifester leur intérêt pour l'interlocuteur, et la même conclusion est proposée par Peeters (2000) pour le style d'interlocution des Français. Ainsi, le polonais *nieugiety* 'inflexible' a la même valeur positive que l'expression d'une opinion sans compromis, la dévalorisation anglo-saxonne d'une telle prise de parole donnant une valeur péjorative à *inflexible* ; de même pour *emotional* péjoratif en anglais puisque l'émotion peut amener à enfreindre la liberté d'autrui, infraction valorisée qui donne sa valeur méliorative à l'équivalent polonais. L'étude des connotations, des mots-clés d'une culture, des proverbes, de la traduction et de la stylistique comparée (Vinay et Darbelnet 1958) peuvent ainsi informer sur les valeurs culturelles. Ces faits engagent donc à établir les valeurs culturelles qui déterminent les conditions d'application du modèle des faces et les maximes qui enjoignent selon Leech (1983) à manifester l'approbation des autres, à minimiser les éloges à soi-même (reprises par Kerbrat-Orecchioni) et à rechercher l'harmonie. L'actualisation des maximes et des valeurs dans la pratique doit en même temps être décrite dans les détails de son application concrète.

Ainsi, l'ensemble des pratiques d'une communauté peut être étudié en reliant leur forme à leur distribution et à leur interprétation. Des différences de pratiques entre communauté peuvent poser difficulté aux interactions entre leurs membres. Peeters (2000) distingue à cet égard entre normes pragmalinguistiques et normes sociopragmatiques. Donnant lieu à des incompréhensions, les premières s'attachent à des différences d'emplois de formes linguistiques ; on dit *merci* avec intonation tombante pour refuser une offre, mais *thank you* pour l'accepter, ce qui fait que le Francophone qui répondra *thank you* à l'offre d'un café supplémentaire en recevra un autre qu'il ne désirait pas. Les secondes concernent les intentions communicatives ; on répond de façon négative ou positive et en détail à un *Comment vas-tu ?*, mais pas à un *How are you ?* (Peeters 1999) ; une réponse détaillée à un *How are you ?* enfreint les attentes, et peut amener des malentendus plus délicats du fait que les normes en jeu sont implicites et plus difficiles à verbaliser. Les difficultés d'interaction linguistique peuvent se conventionaliser en clichés sur l'autre communauté. Ces écueils de la communication interculturelle peuvent ainsi révéler les différences de normes sur les formes et les contenus de chaque culture.

Conclusion

Comme le langage, la culture est un ensemble de pratiques conventionnelles dans une communauté. Contrairement au langage, ces pratiques concernent le rapport actif des sujets au monde, dans ce qui peut être fait, et dans la façon de faire. La culture est moins une façon passive de voir le monde qu'un mode d'action sur lui. Ce mode d'action prend pour le sujet qui le possède la couleur de la normalité, et les teintes de l'anormalité s'appliquant aux pratiques différentes des groupes autres. C'est que les normes culturelles sont acquises sur une longue période, dans une communauté réduite ; le désir d'être reconnu de cette communauté explique de plus l'attachement à ses normes. Cet attachement n'empêche que les normes associées aux groupes dominants de la même communauté puissent recevoir de la part du sujet une évaluation plus positive que les siennes propres. Ce décalage mène à une insécurité symbolique qui redéploie les besoins symboliques fondamentaux de la liberté et de la reconnaissance qui régissent les rapports entre les individus et les communautés. Ces besoins expliquent les demandes de reconnaissance ou les assertions d'indépendance qui marquent non seulement les formes de l'interaction mais aussi le déploiement même de l'argumentation. Le fait argumentatif de l'identité et le donné des pratiques et valeurs culturelles se trouvent ainsi réunis par les besoins fondamentaux représentés par la notion la face.

Cette perspective met à distance l'élégant sophisme des *memes* de Dawkins. Les memes correspondent aux notions de sens commun qui parasiteraient les individus au même titre que les gênes ou les virus. Le paradoxe de subordonner les êtres humains à leurs valeurs culturelles ne tient pas compte du fait que la culture est la réponse conventionnelle aux besoins des êtres humains vivant en société. Ces conventionnalisations ne sont donc ni des valeurs transcendantes ni des sur-ajouts contingents à la nature. La perspective qui cherche à faire une analyse concrète de conventionnalisations concrètes et à les relier à des valeurs culturelles plus larges guidera l'étude des particularités de l'identité des groupes francophones de France et du Québec qu'envisage le prochain chapitre.

CHAPITRE 2

Parcours historiques et variétés de langues

Introduction

Le développement des Nations française et québécoise passe par la langue. La représentation du français cristallise celles de l'identité et de la Nation. Les idées de la Nation et de l'identité sont des conventionnalisations de discours élaborés par l'appareil d'État dans son rapport avec le peuple et avec d'autres États. Le déploiement de ces discours ressort ultimement à des faits historiques particuliers auxquels il est impossible de rendre justice dans le cadre étroit de ce chapitre. Son but est de brosser à grands traits les paramètres idéologiques généraux qui ont animé la compréhension de la langue et son institutionnalisation. La conception du français comme langue une et indivisible reflète un État français fortement centralisé et la citoyenneté républicaine après la Révolution. Les évaluations superlatives de cette langue répondent à la place que la France s'accorde dans le concert des Nations. La Nouvelle-France puis le Canada français voient le français comme l'étendard d'un groupe colonial catholique avant qu'il ne devienne le vecteur identitaire premier au Québec. Le jugement négatif sur la pratique nationale du français québécois reflète le statut subsidiaire de la Nation dans le plan culturel face à un français gallican idéalisé et à la domination politique et économique anglo-saxonne. L'autonomie croissante de la Nation québécoise à date récente est reflétée par une atténuation sensible de l'insécurité linguistique.

L'extension d'une langue des élites

L'émergence de l'État français a connu des vicissitudes importantes. La mosaïque des États plus ou moins indépendants, les occupations étrangères ont fait que longtemps la France s'est limitée à la seule Île-de-France. Ces vicissitudes ont sans doute rendu d'autant plus pressants les discours sur l'antiquité, la pérennité et l'unité de la Nation, qui se reportent à la langue et à la littérature française. L'illustre le fantasme d'un francien construit délibérément par des lettrés soucieux de fonder une nationalité française déguisant le développement hasardeux d'un dialecte comme les autres (Lodge 2004) ; et la fiction d'une institution littéraire ancienne et continue gommant la réalité que la littérature française fut longtemps pour une bonne part anglo-normande, c'est-à-dire britannique. L'extension du royaume de France par François 1er se reporte à celle du français par l'édit de Villers-Cotterêts de 1539. L'édit affirme le français comme langue du politique et de la justice. Mouvement européen accompagné par les traductions de la Bible, l'affirmation de la langue vernaculaire se fait contre la langue de culture qu'est le latin. En même temps, la délimitation de la juridiction ecclésiastique se trouve opérée par le pouvoir temporel à travers cet édit. La promotion d'une langue vernaculaire posera bientôt la question de savoir quelle variété de cette langue sera retenue. L'idée d'une mosaïque de variétés semble intolérable : car elle symboliserait une mosaïque de pouvoirs locaux de qui le pouvoir royal pourrait ne pas être entendu. La variété de référence se doit donc d'être établie. C'est cette tâche qui détermine la production des premiers dictionnaires et celle de différents traités par des grammairiens prescriptifs comme Claude Favre de Vaugelas (Ayres-Bennett 1987). Surtout, c'est ce à quoi sera déléguée l'Académie française, qui en inspirera d'autres comme l'Académie royale espagnole. Il y a lieu de noter que le nom même de l'institution fondée par Richelieu en 1634 superpose la France et la langue française. Le mandat de l'Académie est de produire un dictionnaire, une grammaire, une rhétorique et une poétique. Il faut « donner les règles certaines à notre langue et [...] la rendre pure, éloquente et capable de traiter les arts et les sciences ». L'idée qu'une assemblée de 40 immortels puisse codifier une langue a soulevé toutes les moqueries, et la moquerie a empêché de voir à quel point l'entreprise était l'emblème d'une centralisation politique qui, elle, n'a rien de symbolique. La monarchie absolue de Louis XIII est imposée contre toute la noblesse par Richelieu. Il rend ainsi possible le despotisme éclairé du long règne de Louis XIV de 1660 à 1715. Réunissant la noblesse à Versailles, le roi soleil, qui a pu estimer qu'il était l'État et cela par la grâce de Dieu, n'a en rien négligé les symboles de son rayonnement : on lui crédite l'affirmation selon laquelle il faut savoir la grammaire quand on est roi de France. Il ne fait plus de doute dès lors qu'il n'y a qu'une seule façon de parler en France quand on y est un homme de qualité, et que tous les hommes de qualité de l'Europe voudront imiter : laissant ses traces dans toutes les langues du continent (Smith 2007), le français est la langue des belles-lettres, et c'est celle de la diplomatie. Les raisons de la prééminence du français en Europe est le sujet du concours de l'Académie de Berlin de 1782, que remportent ex-aequo Antoine de Rivarol (1753-1801) et le professeur Schwab. Le discours de Rivarol est remarquable moins dans la série des arguments spécieux sur la clarté et la logique de la langue française – la clarté et la logique pouvant caractériser *l'emploi* de n'importe quelle langue –, que par la fortune qu'il a eu de passer dans la conscience collective où on le trouve encore aujourd'hui. La légitimité conférée à la pratique du *bon usage* de l'infime minorité d'un royaume de langue romane mais pas encore française fait de cette variété la seule possible, dont la maîtrise est l'obligation qui s'impose à tous ceux qui veulent être quelque chose en France.

La centralisation linguistique et politique de la France est poussée encore plus loin avec 1789. La Révolution remplace l'idée du Roi par sa Majesté Marianne. Celle-ci affirme que ce sont tous les hommes qui sont susceptibles de lui plaire, pourvu que chacun parle la seule et même variété reçue, qui devient la langue de l'administration publique et de l'éducation en 1794.

Seul ce dialecte permet de participer pleinement à la Nation, de jouir des droits qu'elle confère et de remplir les devoirs qui découlent de ces droits. Lui seul permet d'être pleinement éclairé des lumières de la Raison. L'obscurantisme guette ceux qui parlent une autre langue, ou un *patois* dont la pratique est un héritage féodal faisant obstacle à l'égalité républicaine, quand elle n'en est pas l'ennemi. L'imposition du français suppose de mieux connaître la situation linguistique du pays, et c'est le but de l'enquête de l'Abbé Grégoire. Lancée en 1791, l'enquête conclut que sur les vingt-cinq millions de Français que compte la République, six millions ne connaissent pas cette langue, six autres millions la connaissent insuffisamment pour soutenir une conversation.

C'est de faire adopter le français et disparaître les patois qu'est tout entier occupé le dix-neuvième siècle. Le second projet est servi par les recueils d'expressions régionales à proscrire, par l'interdiction absolue d'utiliser les langues régionales à l'école sous peine de sanctions vexatoires. Le développement de l'école primaire publique (1832) et de la presse, les conscriptions qui réunissent les jeunes gens de toute la France contribuent au premier. Il est continué dans l'éducation primaire gratuite d'État de 1881, suivi en 1882 de l'éducation obligatoire et laïque. Désormais, la langue est aussi unifiée qu'est centralisé l'État, quelles que soient les variations que les conflits peuvent apporter aux extrémités du territoire de la France ou à son Empire. C'est par l'État même que passe toute modification au code orthographique et les tolérances grammaticales de 1901 sont une proclamation gouvernementale qui répond timidement aux demandes de réformes.

Les succès de la construction de l'État ne protègent pas des humiliations de la grande guerre, de la puissance américaine qui en sort toute armée, de la mortification de l'Occupation, de la perte de l'Empire et de l'émergence d'une mondialisation qui rend en partie inutile un appareil national si uniment élaboré. Ces difficultés se reportent au statut du français. Le français a perdu son statut de langue de culture, et le travail des Alliances françaises (fondées en 1883) et des Instituts français (analogues dans leur rôle de diffusion aux Instituts Camœns, Cervantes, Gœthe, au British Council) n'empêche pas l'Argentine, la Syrie ou le Portugal de lui préférer l'anglais, mouvement que n'arrive pas à renverser le prestige semblant moins brillant d'une littérature et d'arts qui se maintiennent sans plus s'imposer. Son rôle est encore important dans l'Union européenne, la diplomatie se fait encore parfois en français, mais il devient accessoire, aux Jeux Olympiques par exemple. L'histoire de ce déclin annoncé est marquée en creux par des déclarations de grandeur que symbolise le gaullisme, par l'appareil législatif de la fin du siècle dernier, et par une participation tiède à l'Organisation internationale de la Francophonie. Les discours saluant les *Français du Canada* doivent être compris comme motivés par une opposition au rayonnement américain qui fait de l'ombre à la République. C'est la même défense contre l'anglais qui motive les travaux prescriptifs sur le franglais (Étiemble 1964), et les lois de Bas-Loriol (1975) et Toubon (1994) sont nécessaires pour affirmer que les relations commerciales publiques se font dans la seule langue de la République. La réaffirmation en 1992 dans l'article 2 de la Constitution que « la langue de la République est le français » est un rappel adressé autant au monde des affaires, de la recherche qu'aux *immigrés* des banlieues. Que ce rappel soit nécessaire est parlant, et nous dit autant le déclin international du français que l'impossibilité de concevoir une quelconque diversité linguistique. Cette impossibilité n'est pas entamée par la reconnaissance tardive des langues régionales en déperdition qui pour le basque, le breton, le catalan et l'occitan deviennent objets d'enseignement en 1955 avec la loi Deixonne. La signature de la Charte des langues régionales et minoritaires du Conseil de l'Europe en 1999 rend possible l'usage des 75 langues recensées sur le territoire français dans la justice, l'administration, les médias et la culture, dans les limites strictes d'un nombre suffisant d'intéressés. Les variétés gallo-romanes restent marginales, sans présence autre qu'occasionnelle et folklorique, ayant échoué à imposer quelque présence que ce soit dans la littérature française (Balibar 1985) et ne faisant l'objet d'aucun travail conséquent de description, tant et si bien que les dialectes de France sont les moins bien connus de la Francophonie. Au résultat, hormis l'alsacien, le français est aujourd'hui la seule langue maternelle de la métropole, et ce n'est pas le soutien sans enthousiasme pour les langues régionales qui changera cet état de fait. Le manque d'enthousiasme semble avoir également présidé à la position française face à l'Organisation de la Francophonie. La création tardive inaugurée par le sommet de Paris de 1986 est souvent expliquée par la crainte d'accusations de néocolonialisme, quoiqu'elle ait été appelée des vœux des Léopold Senghor, Habib Bourguiba et Norodom Sihanouk. Elle s'explique peut-être aussi par l'inutilité de mettre en place une organisation multipartite là où un ensemble de relations bipartites servaient la France. L'entrée dans l'organisation suppose que la France y a une place égale à celle des autres membres, ce qui contredit l'idée que défendre le français, c'est illustrer la grandeur de la République (Parker 2002) :

(1)   Candidat à la mondialisation évincé, le français s'est mal remis de sa mésaventure. Ou plutôt ne s'en est pas aperçu. Il a gaillardement prospéré, en France même, où il a achevé l'éradication des parlers locaux, hors de France, où il a planté de vigoureux rejets. [...]. Ce qui s'est mal remis du triomphe de l'anglais, c'est le phantasme impérialo-franchouillard qu'on aurait tort de croire obsolète, celui-ci, et donc la « défense du français » figure dans la vulgate postgaulliste qui sert de consensus minimum à tous les partis politiques français, communiste compris.
(G. Dupuy. 2.9.1987. « Défenseurs déficients », *Libération*, 3)

La Francophonie conserve ainsi une place périphérique dans les préoccupations politiques françaises ; elle reçoit une couverture médiatique limitée ; ses mots sont enregistrés par les dictionnaires pour des raisons commerciales qui ne les font pas sortir du statut d'ornements occasionnels (Boulanger 2006) ; elle ne constitue pas un lieu d'identification pour les citoyens : Nadeau note que « [...] les Français n'aiment pas tellement qu'on parle d'eux comme de Francophones, alors que le terme est courant au Québec. » (2002 :115). La prise en compte de la diversité à travers la reconnaissance des langues régionales et du français hors de France amène Judge à parler d'une atténuation de la perspective jacobine (2002) ; il me semble qu'on pourrait aussi bien dire que la perspective jacobine demeure mais se trouve forcée de s'accommoder d'un rayonnement atténué. La politique de centralisation de la France se trouve reflétée dans l'élection d'une variété linguistique unique, à l'exclusion de toute autre, et de la moindre faute.

(2) a. L'autre objectif [prioritaire de l'Académie pour faire respecter la qualité de la langue] est de donner le sens du péché à ceux qui maltraitent la langue, délibérément ou non.
(A. de Penanster. 11.09.1987. « Druon : les trois cercles », *L'Express*, 53)

b. Le sujet est délicat. Selon Bernard Fripiat, qui anime des sessions collectives ou individuelles de remise à niveau en orthographe avec une méthode basée sur des moyens mnémotechniques, « c'est un sujet quasiment tabou ! Des cadres viennent me consulter dans la plus grande discrétion pour une remise à niveau de quelques jours. »
[...]
Reste qu'une mauvaise orthographe peut constituer un handicap dans une carrière. Certes, on ne licencie pas pour cause de fautes de français, mais un salarié peut-être déstabilisé si l'on pointe ses erreurs récurrentes.
(A. Sérès. 15.3.2007. « Les fautes d'orthographe inondent les entreprises », *Le Figaro*, 9)

Chacune de ces indignités entame les prétentions à des honneurs ou des postes publics que valident des concours dans la langue prestigieuse.

(3) a. Pas plus tard qu'hier soir, je suis invité chez mes voisins. Un des invités me raconte la chose suivante : « J'habite Béziers et ma nièce passait son examen d'entrée à l'école HEC (hautes études commerciales). Après avoir brillamment réussi son écrit, elle fut recalée à l'oral par son examinateur : "Vous ne pensez tout de même pas entrer à HEC avec cet accent ! ?"... »

[...] Déjà, Jacques Livchine, du théâtre de l'Unité de Montbéliard, m'avait invité à l'époque à une réunion nationale sur le sujet des accents. Et voilà qu'il y avait des acteurs, des gens de toute la France qui se plaignaient, ensemble, d'une norme imposée. Je croyais que c'était simplement réservé au Sud. En fait, c'était le même malaise pour tout le monde : l'Alsace, la Lorraine, bien sûr, le Nord, la Bretagne, le Centre, le Berry. [...]

Il est évident que quelqu'un qui s'exprime avec un accent fort est quelqu'un du peuple puisqu'il est acquis que les classes supérieures n'emploient plus cet accent. Encore que les médecins ou les scientifiques quelquefois le gardent sans problème. Cela dit, il n'y a pas simplement que les acteurs qui veuillent se débarrasser de leur accent. Il y a les avocats, et particulièrement ceux qui veulent faire une carrière nationale ou internationale, les professeurs de lycée, d'université...
(A. Minvielle. 10.8.2005. « Tribune libre ». *L'Humanité*, édition électronique)

b. Descendre du centre-ville au quartier du Clos-des-Parts, puis de la Corderie, c'est encore glisser d'un espace où l'on parle bien français à celui où l'on parle mal, c'est-à-dire dans un français mélangé à du patois dans des proportions variables selon l'âge, le métier, le désir de s'élever. Presque pur chez les vieilles personnes, comme ma grand-mère, le patois se limite à des expressions et à l'intonation de voix chez les filles employées de bureau. Tout le monde s'accorde à trouver laid et vieux le patois, même ceux qui l'emploient beaucoup, et qui se justifient ainsi, « on sait bien ce qu'il faut dire mais ça va plus vite comme ça ». Parler bien suppose un effort, chercher un autre mot à la place de celui qui vient spontanément, emprunter une voix plus légère, précautionneuse, comme si l'on manipulait des objets délicats. La plupart des adultes ne considèrent pas comme nécessaire de « parler français », seulement bon pour les jeunes. Mon père dit souvent « j'avions » ou « j'étions », lorsque je le reprends, il prononce « nous avions » avec affectation, en détachant les syllabes, ajoutant sur son ton habituel « si tu veux », signifiant par cette concession le peu d'importance qu'a le beau parler pour lui.

En 52, j'écris en « bon français » mais je dis sans doute « d'où que tu reviens » et « je me débarbouille » pour « je me lave » comme mes parents, puisque nous vivons dans le même usage du monde.
(A. Ernaux. 1997. *La Honte*. Paris : Gallimard. 57-58)

c. Qui parle la langue française sait fort bien que ça ne fait pas très sérieux de diriger des essais nucléaires avec l'accent de Toulouse. Il est toujours compliqué d'expliquer pourquoi le commandant du Concorde s'exprime avec l'accent de Kigali, de Pointe-à-Pitre ou de Rimouski.
(B. Arcand et S. Bouchard. 1998. « L'accent français ». *Des pompiers, de l'accent français et autres lieux communs.* Montréal : Boréal. 83)

d. In a deeply divided diglossic situation such as obtains in France, where most local 'dialects' have been rejected from formal, official and public domains, the use and transmission of the 'dialects' are limited to private, intimate and hidden situations. If one is not a member of circle, it is possible to live near speakers without ever hearing a single dialectal interaction. If enquiry is made of speakers whether they use such a language, they would answer 'no', simply because they do not wish to be regarded as 'old-fashioned uneducated peasants using a shameful *patois*' in front of a scholar.
(Blanchet et Armstrong 2006 : 254)

On comprend ainsi que la pratique d'une variété autre de français dans l'espace public serait une honte imbuvable, et l'exclusion du paysan, du populaire, de l'immigré et des autres Francophones est aussi accomplie par la dérision de leur variété de langue.

De la survie à l'affirmation d'une langue d'un peuple

La découverte d'un Nouveau Monde est la conséquence imprévue d'une aventure commerciale. La recherche d'une voie de passage vers les richesses des Indes amène à des terres nouvelles déjà entrevues par les guerriers scandinaves, les missionnaires irlandais et les pêcheurs basques. C'est dans la compétition avec l'Angleterre, les Pays-Bas, l'Espagne et le Portugal que se fait l'expédition qui portera Jacques Cartier de Saint-Malo jusqu'aux rives du Saint-Laurent en 1534. La terre réclamée au nom du roi de France ne donne pas accès aux Indes, n'offre pas de richesses immédiatement exploitables, et présente des difficultés qui repousseront tout projet de colonisation jusqu'au siècle suivant. La fondation de Québec par Champlain en 1608 est celle d'un poste de traite de fourrure de castor. La principale ressource économique de la colonie amène des hommes à la rechercher où elle se trouve – ce sont les coureurs des bois ; elle donne lieu à une intense activité d'exploration du continent nord-américain où l'on cherche sans relâche une autre source de richesse. Ces activités supposent des rapports plus étroits avec les Amérindiens que dans les colonies britanniques ou néerlandaises fondées sur une colonisation agricole répliquant le modèle du village européen. Ce sont les Amérindiens qui procurent la fourrure, c'est leur alliance qui permet de repousser les incursions étrangères qui menacent les comptoirs français. Les rapports nécessaires avec les Amérindiens auront des conséquences décisives sur les façons de faire. Si les langues indigènes laissent peu de traces dans le français d'Amérique en dehors du nom de quelques réalités inconnues en Europe, l'esprit d'indépendance des Amérindiens appartenant à des groupes faiblement hiérarchisés fait impression sur le caractère canadien. Ceux-ci seront plus enclins à délaisser les formalités de la vieille France que les Amérindiens ne le seront à en adopter les coutumes et la foi – l'objectif de conversion ayant motivé la fondation de la future Montréal en 1642 par des religieux ne ramenant que peu d'âmes à Dieu. Caractérisant la plupart des sociétés du Nouveau Monde suivant Bouchard (2001 : 87), le délaissement des formalités de la vieille Europe marque une société qui se dénomme elle-même canadienne dès 1660 (Carpin 1995).

Dès 1663, la couronne dépêche soldats, colons et jeunes filles à marier pour affirmer une présence bien fragile. Les nouveaux habitants sont des gens choisis, et non les prisonniers et les membres de groupes religieux dissidents qui peupleront les colonies anglo-saxonnes. Ils sont attirés par la perspective de posséder leur propre terre. Le peuplement de l'Acadie dès 1604 est le fait d'une population principalement poitevine et angevine dont la variété de français laisse des traces profondes dans le français acadien. Ce dernier se distingue du français québécois et des variétés associées (français d'Ontario notamment) dont le fond remonte à sa population d'origine poitevine et angevine certes, mais aussi normande, bretonne, saintongeaise, mainoise, perchoise et aunisienne. La diversité des populations qui peuplent la Nouvelle-France aurait présidé à un choc des patois d'où serait sorti la lumière d'une variété commune avant que ce ne soit le cas en France. Cette idée lancée par Barbaud (1984) a été contestée (Oakes et Warren 2007 : 108 par exemple) du fait que la sélection des émigrants, la longueur des séjours dans les ports d'embarquement et des voyages ne devaient laisser que peu de patoisants, s'il y en avait. Quoi qu'il en soit, le français de la Nouvelle-France est au sens propre une variété de gallo-roman plutôt qu'un dialecte de francien, de même que le bergamasque est une variété d'italien et non pas un dialecte de l'italien standard émergeant du florentin (Cavanaugh 2005 : 128, note 2). C'est dans son français que le peuple converse avec le prêtre, le soldat et l'administrateur, dans une colonie de dix-huit mille âmes en 1700, à soixante-dix mille en 1760, face au million et demi de sujets britanniques dans les treize colonies de la Nouvelle-Angleterre.

La Nouvelle-France a le destin d'une colonie sans grands attraits. La seule richesse de la fourrure engage à parcourir sans le peupler un territoire s'étendant du Saint-Laurent au Mississippi. Le peuplement de la seule vallée du Saint-Laurent ne permet pas de générer d'autres revenus que ceux modestes d'une agriculture difficile sous un climat rigoureux. Ces quelques arpents de neige n'engagent guère qu'on les arme beaucoup contre les attaques répétées de la couronne britannique, à laquelle sans états d'âme la colonie est cédée par le traité de Paris de 1763, à la suite de la victoire décisive du général Wolfe sur le marquis de Montcalm sur les Plaines d'Abraham le 18 septembre 1759. Les élites de la Nouvelle-France quittent la Province de Québec, dont la prise de possession n'est pas celle qu'a connu l'Acadie où l'essentiel de la population est déporté en 1755. Les concessions faites par la nouvelle administration britannique à la liberté juridique, de culte, de langue s'expliquent par l'inquiétude de voir la population de la Province de Québec se joindre aux insurgés de la

Nouvelle-Angleterre. Cette population semble pourtant accueillir sans morgue le nouveau maître, ce à quoi l'encourage la seule institution collective qui lui reste qu'est l'Église. L'accommodement occasionnel avec l'Amérindien fait place à celui permanent avec l'Anglais.

Les impatiences manifestées par les marchands anglais de Montréal face à la survivance d'une race française et papiste en terre britannique donnent lieu à des assauts que symbolise le rapport Durham. Mandé par Londres pour établir les causes des troubles républicains de 1837 et en empêcher toute répétition, celui-ci rédige un rapport où il affirme que les Canadiens français sont un peuple « sans histoire et sans littérature ». Le coup porte, d'autant plus qu'une colonie de peuplement à peu près privée des élites qui auraient pu créer un contre-discours ne peut en effet produire ni littérature nationale substantielle, ni hauts faits d'arme pour sa défense. La prétention à un avenir radieux ne peut se faire ni par une assimilation inenvisageable à un peuple anglophone protestant, et inenvisagée d'ailleurs ; ni par une appartenance à la France rendue impossible du fait de la Conquête qui a coupé les liens jusqu'au milieu du dix-neuvième siècle ; ni par l'allégation d'un développement parallèle à une mère patrie ayant choisi la révolution criminelle qui a tué ses prêtres et réduit sa noblesse à la roture. L'avenir devra être celui de la continuation d'un passé paysan, français et catholique : c'est l'idéologie dite de la survivance, que rend la devise nationale *Je me souviens*, qui prédique que « Au pays du Québec, rien n'a changé. Rien ne changera parce que nous sommes un témoignage. » comme le proposera plusieurs décennies plus tard le récit d'un amour rural, français et catholique qu'est le *Maria Chapdelaine* de Louis Hémon (Hladony 2004). Cette idéologie a pour motif central le maintien de la foi, qui trouve son garant dans la pureté de la langue. Cette pureté voudra prémunir des dédaigneuses appellations de *French-Canadian Patois* qu'utilisent les Anglophones nord-américains jusqu'à aujourd'hui (bloquant son utilisation pour l'enseignement du français langue étrangère par exemple, Auger et Valdman 1999), et les difficultés posées par le pouvoir colonial amènent

2 Parcours historiques et variétés de langues 51

à entonner plus fort le thème la supériorité morale de la Nation catholique. La défense est faible. Elle est affaiblie encore par le désintérêt de la mère Patrie dont se plaint Crémazie : il faudra attendre la première moitié du vingtième siècle pour être l'objet de commentaires d'ultra-nationalistes en mal d'arguments pour illustrer la gloire de la France traditionnelle que reflèterait le Canada. S'installent les discours dépressionnaires sur la Nation (ce que Maclure 2000 appelle « le nationalisme mélancolique ») qui eux aussi perdureront. La défense n'en est pas moins tentée. Toute la deuxième moitié du dix-neuvième siècle s'occupe à traquer et à condamner les pratiques vernaculaires n'illustrant pas l'ancien parler paysan et où l'on croit partout voir l'influence de l'anglais. Le titre emblématique *L'Anglicisme, voilà l'ennemi !* de l'essai de Jules-Paul Tardivel (1880) traduit la difficulté de l'idéologie de la conservation à intégrer l'urbanisation et l'industrialisation. Les usines du Canada et de la Nouvelle-Angleterre offrent des emplois à une population canadienne-française en pleine expansion démographique que la terre peine désormais à nourrir, mais c'est sous la férule de patrons anglais et protestants. L'anglicisme n'est plus seulement le signe de la domination par un groupe urbain d'un peuple rural, c'est la domination immédiate d'un peuple dont la foi est menacée par les péchés de la ville.

Si elle n'a pas l'heur de plaire à l'Église, l'urbanisation accompagne un regain de confiance. Malgré les humiliations de la part du Canada anglais et la pauvreté du peuple face à la richesse anglo-saxonne, cette confiance se conforte de la fiction de la participation comme peuple fondateur au Dominion du Canada en 1867, de la réalité de l'émergence d'une élite commerciale et de professions libérales francophones, des débuts d'une vie intellectuelle et littéraire (*L'Histoire du Canada* de 1845 de François-Xavier Garneau). Le Canada français a maintenant une histoire, fût-elle celle de l'occupant, et une littérature, fût-elle d'imitation. Les condamnations sur langue se nuancent autour de 1880 selon Poirier et Saint-Yves (2006) : ils en veulent pour preuve l'atténuation des jugements dans *Le Manuel des expressions vicieuses* de

Gingras entre la première édition de 1860 et la troisième en 1880, et la publication d'un *Dictionnaire canadien-français* descriptif par Clapin en 1894. La langue parlée et écrite par les Canadiens-français mérite d'être considérée et c'est en 1902 qu'est fondée par Adjutor Rivard et Stanilas-Alfred Lortie la *Société du parler français au Canada* (Verreault, Mercier et Lavoie 2006). Son but est d'envisager les faits de la pratique populaire pour pouvoir la comprendre et l'améliorer. S'écartant des jugements négatifs *a priori*, on estime que le français canadien est un parler régional plutôt qu'un dialecte du français, dont il participe non seulement par ses archaïsmes mais aussi par ses innovations. Seul l'anglicisme qui n'est pas absolument nécessaire est rejeté. Le glossaire publié en 1930 participe d'une nationalisation de la langue – c'est probablement à cette époque qu'émerge la notion de canadianisme de bon aloi qui sera consacrée par une liste de 69 termes de l'Office de la langue française en 1969 – qui veut promouvoir une littérature du terroir. La compréhension d'une société en développement est un objectif qu'adopte au moins une partie de l'Église à travers laquelle est fondé le département de sciences sociales de l'Université Laval en 1938.

La découverte de soi annonce la relativisation de l'alignement culturel sur Paris. Le roman (Gabrielle Roy), la poésie (Hector de Saint-Denys Garneau) intègrent une expérience nord-américaine. Des essais de Berthelot Brunet et de Robert Charbonneau arguent de l'autonomie de la littérature canadienne-française par rapport à la littérature française. Ces essais transpirent de la colère de ne pas voir Paris reconnaître une littérature qui affirme son originalité (Parris 2004). Cette colère préfigure la position dans les années qui suivront selon laquelle « l'ancienne mère patrie était, pour certains, devenue une marâtre, et des intellectuels de plus en plus nombreux s'accordaient à considérer la langue et la littérature françaises comme étrangères. » (Bouchard 2001 : 162). L'originalité des formes plastiques du groupe de *Refus global* ne fait pas de doute, le travail de Jean-Paul Riopelle qui vivra à Paris faisant l'objet d'une reconnaissance française (Breton lui donnant le sobriquet de *trappeur supérieur*) dont ne jouira pas son maître

Émile Borduas qui ne travaillera pas en Europe.

Ces mouvements rendent possible la lumière de la Révolution tranquille qui éclate à la mort en 1959 du Premier ministre Maurice Duplessis dont le régime est associé à la période de la « Grande noirceur ». Cette Révolution est animée par la construction d'un État Nation reflété dans le programme du gouvernement de Jean Lesage qui veut donner une assise publique aux services sociaux gérés jusque-là par l'Église. La foi se trouvera ainsi remplacée par la langue comme facteur d'une identité désormais résolument québécoise, qui se reflètera dans les lettres, et les arts. L'entrée dans des fonctions prestigieuses d'une langue vernaculaire porte des ambiguïtés que résume la variété vernaculaire urbaine de français québécois qu'est le *joual* – dénomination censée représenter la prononciation (répandue en France et au Québec à date ancienne, Poirier 1980 : 48) du mot *cheval* dans l'expression *parler cheval* 'mal parler'. Déjà présente dans les arts populaires de la scène (le théâtre burlesque par exemple), cette variété se retrouve bientôt dans tous les domaines d'expression, le roman (*Le cassé* de Jacques Renaud, 1964), le cinéma (Denys Arcand, Gilles Carle), la chanson (Robert Charlebois), l'humour (Yvon Deschamps), et se trouve cristallisée dans la pièce *Les Belles-sœurs* (1968) de Michel Tremblay. Objet d'un débat d'une ampleur formidable, la pièce de Tremblay réunit les trois fonctions de langue vernaculaire. Le joual est l'expression naturaliste d'une réalité quotidienne d'une part. Ses insuffisances sont le signe de l'oppression anglo-saxonne selon la réflexion marxiste de groupes comme Parti pris. À ce titre, elle est la marque ambivalente portant à la fois l'indignation et la honte, ce dernier sentiment semblant dominer dans la considération du *chiac*, variété urbaine mâtinée d'anglais du français acadien. Ces sentiments seraient l'internalisation du discours de l'occupant anglo-saxon sur le patois canadien français dont la dénomination de *joual* ne serait qu'une continuation ; un exemple de ce discours est donné par la remarque du Premier ministre fédéral Pierre Elliott Trudeau en 1968 à l'effet que le français du Québec est un français minable (*lousy French*). Souvent signalé par une orthographe voulant refléter l'oral et rejetant les formes européennes, le joual devient l'instrument d'un rejet de la culture européenne : la profanation de chef-d'œuvres classiques dans *Le Cid maghané* de Réjean Ducharme (1968) ou *Hamlet, Prince du Québec* de Robert Gurik (1967) marque la transgression que constitue l'utilisation du français québécois plutôt que le français de référence. Précédée par l'adaptation de la Bible en français québécois, la traduction dans cette variété de chef-d'œuvres du répertoire classique (Brisset 1990) est un acte d'appropriation qui ira jusqu'à réécrire son propre répertoire : la langue parisienne de la pièce québécoise du dix-neuvième siècle *Les Faux brillants* écrite par l'ancien Premier ministre Félix-Gabriel Marchand est québécisée par Jean-Claude Germain. Les dimensions de la contestation de la culture dominante, de l'oppression et d'une réalité quotidienne poseront question aux traductions des pièces de Tremblay, pour lesquelles conviennent des variétés qui ne sont pas le standard de leur langue, l'écossais plutôt que l'anglais britannique par exemple (Bosley 1988, Bowman et Findlay 1994, Findlay 2004, Fouchereaux 1995, Harvie 1995, Miraglia 2006.). L'institutionnalisation de la littérature québécoise à travers la langue vernaculaire a un impact sur les autres formes artistiques prestigieuses, au point que le cinéma, le théâtre, la télévision et la radio, qui avaient pu recourir à une langue gallicane, ne peuvent plus se faire que dans une langue proche de la pratique québécoise.

Ce changement irréversible accompagne la promotion politique du français. L'intervention législative est justifiée par la crainte de voir disparaître une langue ayant succédé à la religion comme principal facteur d'identité collective. Cette crainte provenait de la montée d'une immigration internationale croissante et tendant à s'assimiler à l'anglais. Couplés à l'effondrement de la natalité des Québécois francophones, les taux d'assimilation importants des Francophones du Canada hors du Québec sont perçus comme l'annonce de la disparition du Québec français dont le refus de l'identité canadienne-française isole cependant ces autres Francophones. Cette perception est accrue par l'asymétrie économique marquée par rapport à la minorité anglophone. Défendue

2 Parcours historiques et variétés de langues 55

dans la création de l'Office de la langue française en 1961, la langue de la majorité est affirmée comme la langue officielle de la province de Québec par la loi 22 de 1974. La loi proposée par le Premier ministre Robert Bourassa limitait l'accès de l'école anglaise aux enfants en possédant une connaissance suffisante, provoquant le *tollé* de la communauté anglophone qui lui retire son soutien aux élections de 1976. Il en résulte l'accession au pouvoir du Parti Québécois. Le gouvernement socio-démocrate et souverainiste dirigé par René Lévesque promulgue en 1977 la *Charte de la langue française* qui affirme la prééminence du français dans les domaines commerciaux, du travail, de l'école et de l'administration publique. Maintes dispositions tomberont sous les assauts répétés du gouvernement fédéral canadien et des contestations anglo-québécoises, des aménagements seront faits dans le rapport aux immigrants, mais demeure posé le statut du français comme langue publique commune. N'amenant pas l'élaboration d'une orthographe distincte qui à quelques détails près reste essentiellement française (Oakes et Warren 2007 : 119) alors que l'orthographe américaine se démarque de la britannique dès 1828 (Bermel 2007), ce statut se retrouve dans les entreprises terminologiques aujourd'hui largement achevées et dans les ambitions lexicographiques qui demeurent irrésolues. Le dictionnaire est une référence dont on ne peut sous-estimer l'autorité (il sert d'arbitre dans un dispute sur la forme à employer entre *savon* et *savonnette* chez Desrochers, Prévost 1998 : 87). Une pléthore de travaux amateurs fait la promotion d'un français québécois vernaculaire (le *Dictionnaire de la langue québécoise* (1980) de Léandre Bergeron). Rejetant la norme parisienne qu'elle dénonce dans les dictionnaires de référence (Mercier 2000), la proposition d'une perspective nord-américaine met un certain temps à se mettre en place. Au *Dictionnaire du Français plus* en 1988 succède le *Dictionnaire québécois d'aujourd'hui* de 1992, dont la réception polémique - considérée comme attestant de l'insécurité linguistique continue des Québécois (Auger 1988, Boisvert, Boulanger, Deshaies et Duchesneau 1993) - bloque son accréditation par le Ministère de l'Éducation ; un ouvrage accrédité se fait toujours attendre dans la querelle entre l'ambitieux projet d'un dictionnaire historique du français québécois de Claude Poirier et le dictionnaire synchronique de Pierre Martel. L'élaboration d'une grammaire de référence semble encore plus improbable, et les succès québécois des industries de la langue comme les correcteurs orthographiques et la traduction assistée par ordinateur s'expliquent par l'adhésion à un écrit normé européen [même si des québécismes y sont également intégrés comme me le rappelle Chantal Gagnon].

L'affirmation du français passe aussi par les rapports internationaux. Engagés dès 1961 par l'ouverture d'une Délégation générale du Québec à Paris, les rapports avec la France (Bastien 2007, Niquette 2002) sont illustrés dans leur complexité par le « Vive le Québec libre ! » de de Gaulle en 1967. La réception du discours par les Québécois francophones montre l'avidité d'une reconnaissance de la part de la France ; cette reconnaissance dépend cependant des besoins de grandeur de la République ; elle fait l'objet des surveillances jalouses du gouvernement fédéral qui refusera de recevoir le Président après sa déclaration montréalaise. L'opposition canadienne au développement international du Québec est illustrée par les empêchements à sa représentation à l'Organisation Internationale de la Francophonie qui en retardera l'émergence, et par les tentatives subséquentes de diluer cette représentation par celle d'autres provinces canadiennes. Le Québec aura du mal à se faire entendre, même si des pressions lui permettront de faire préférer la formulation « le français est la langue de la République » comme second article de la constitution française modifié en 1992 plutôt qu'un « La langue de la République est le français » reçu comme une affirmation de propriété (Pontier 1997 : 20, 35-6, Conrick 2002b). Les collaborations entre France et Québec à travers la Francophonie et autour d'elle sont inégales, particulièrement dans le champ de l'audiovisuel. Il n'est pas question que les films américains soient doublés au Québec (Deslandes 2005), et ceux qui le sont ne sont jamais reçus sur le marché français. Les coproductions – *Le Sang des autres* (Claude Chabrol, 1984), *Louisiane* (Philippe de Broca, 1984) – ne semblent pas toujours retenir autre chose du partenaire que ce qu'il offre d'exotisme – et hormis *Le Matou* (Xavier Beauvois, 1986), c'est la langue gallicane qui s'impose. Fondé en 1982, TV5 admet le Québec avec une réticence palpable en 1985, en partie pour assurer une présence qu'a échoué à imposer le projet Télé-France-USA, et au début de 2008, le gouvernement Sarkozy n'hésite pas à considérer cette antenne internationale comme une annexe de la télévision française. L'organisme Radios francophones publiques rejoint un faible public, comme les rares collaborations dans l'édition (revue *Science et Médecine* par exemple). La réception de la littérature québécoise en France se limite à une population informée et celle de son cinéma est variable, un exemple récent étant celui de *CRAZY* qui même sous-titré, a été jugé un peu frustre par la critique française. Seule la chanson populaire semble épargnée, du fait justement du registre informel d'un art mineur. L'impression demeure que la France se sent une propriété exclusive du français :

(4)   les dictionnaires viennent de là, l'Académie est française et la plupart des Français sentent qu'ils ont un droit de propriété sur cette grande œuvre d'art qu'est la langue française.
(Nadeau 2002 : 111)

Au résultat, le Québec est une communauté de langue française ayant survécu au projet assimilateur de l'occupant anglo-saxon et à l'indifférence de la mère patrie. Variété vernaculaire résultant de la mise en commun de différents dialectes de France, le français du Canada est d'abord le symbole d'une race catholique. C'est d'un groupe national québécois qu'elle devient la marque identitaire avec la Révolution tranquille. Le français québécois marque le rejet de la domination anglo-saxonne, le délaissement de la norme d'une France dont on désire encore la reconnaissance, mais aussi l'indifférence face aux autres communautés parlant le français au Canada. La conséquence en est que l'Acadie par exemple sent le même abandon de la part du Québec que le Québec de la part de la France, et ce sentiment est cristallisé par le stéréotype du *maudit Québécois* symétrique à celui du *mau-*

dit Français. L'affirmation du français au Québec comme langue commune à travers l'institution artistique et l'appareil législatif contribue à atténuer l'insécurité linguistique face à l'anglais et au français européen. Le suggèrent Bourhis (1997) et les études psychosociales recensées par Laur (2002a), Kircher (2007) et Oakes et Warren (2007 : 117s). Cette insécurité n'est pas entièrement résorbée. En effet, la variété vernaculaire marque une faible différenciation entre les registres formels et informels. En effet, la variété vernaculaire ne voit pas encore entérinées ses prétentions à figurer dans l'écrit formel comme le montrent les débats sur les dictionnaires, la qualité de l'enseignement et la maîtrise du code écrit. C'est la question irrésolue de la qualité de la langue. C'est sous ce nom que se place le débat autour d'une langue qui conserverait une fonction identitaire tout en étant entendue par les Francophones européens. Un oral qui se rapprocherait de l'écrit ou un écrit qui s'éloignerait de l'oral reste à établir, d'autant qu'une norme autre a toutes les chances de n'être pas entendue à Paris où une seule variété est recevable. C'est dans cette tension entre une fonction de communication et une fonction identitaire que se trouve aujourd'hui le français du Québec.

En fin de compte : identités et rapport à la norme

L'histoire de chaque communauté se reflète dans le développement de la langue. Une langue unifiée reflète l'unification du royaume de France et de sa République. L'État est symbolisé par la variété formelle de français dont la pratique publique est une condition pour être français. La pratique de la variété vernaculaire de français est supposée par le fait d'être Québécois. Succédant à une identité canadienne puis canadienne-française (Oakes et Warren 2007 : 26ss) posée contre les Canadiens anglais, l'identité québécoise est résolument distincte de l'identité française :

2 Parcours historiques et variétés de langues 59

(5) a. Donc personne ou presque ne veut être un « Français du Canada ». Nous savons que nous ne sommes pas les mêmes en France et au Québec. (Banque Textum)

b. Ils savent maintenant que nous sommes français, certes, mais que nous ne sommes pas des Français. (Banque Textum)

c. [...] un Québécois n'est pas un Français même si les deux parlent presque la même langue.
(Y. Chen, 1993, *Les Lettres chinoises*, Léméac. Banque Textum)

d. Quand leur séjour tire à sa fin / Ils ont compris qu'ils ont plus l'droit / De nous appeler les Canadiens / Alors que l'on est québécois.
(L. Lemay, 2000, *Les Maudits Français*)

e. Je suis ravi de voir que vous aimez les chansons françaises, déclarat-il, et je ne peux vous cacher plus longtemps que j'ai l'impression de retrouver ici un coin de la France. Vous me voyez très ému et...
— On n'est pas des Français ! coupa brutalement l'auteur.
— Je vous l'accorde, mais diriez-vous que vous êtes des Américains ?
— Non plus !
— Alors, qui êtes-vous ? demanda le professeur, qui avait une propension à s'échauffer rapidement.
— On cherche, répondit platement l'Auteur.
(J. Poulin. 1978. *Les Grandes marées*. Montréal : Léméac. 104-5)

f. « Qui vous parle de la France ? s'indigna le vieil homme. Nous vivons icitte au Canada.
(P. Goulet. 1994. *Le Lys rouge*. Montréal : VLB. Cité dans Pavel 2004 : 123)

g. — Finalement, tu es peut-être plus français que tu ne crois.
— Ne sois pas grossière ! » (Nadeau 2002 : 54)

h. Il y en a qui essaient très fort de devenir Canadiens, des durs à américaniser : ils fument des Gitanes, lisent *l'Express*, pilotent des Citroën, vont applaudir Luis Mariano, boivent du Château-Thierry et emploient le mot *con*. Ceux-là, je les hais. Que je hais ces Français manqués, ces espèces de pyromaniaques qui ont honte d'être nés sur ces rives, qui préféreraient y être débarqués, qui regrettent de ne pas avoir échoué. Ceux qui m'écoutent trouvent que j'ai la langue rude, que je parle mal le français. Suis-je Français ? Suis-je né à Paris ? Je ne suis pas Français. De plus, je ne veux pas être Français : c'est trop fatigant, il faut être trop intelligent, il faut être

trop poli et trop connaisseur de dates de vin, il faut trop parler pour rien, il faut s'estimer trop meilleur que les autres. Je n'ai jamais mis les pieds en France : je ne suis pas Français. Doulce France? Pouah ! Âpre Canada ! Je ne parle, couramment, aucune langue. Je comprends mal le français et mal l'américain.
(R. Ducharme. 1967. *Le nez qui voque*. Paris : Gallimard. 149-150)

L'identification à la France est refusée au Québec comme le serait l'identification jamais envisagée des Français comme Québécois. Ce refus se reporte à la langue pour laquelle on rejette l'autorité de Paris, et il n'est pas jusqu'à des commentateurs normatifs comme Georges Dor qui n'affirment que Paris n'est pas le modèle pour un français québécois de qualité.

(6) a. [...] je me demande pourquoi la France serait le modèle du bien-parler, du savoir-parler, des bienséances langagières.
(M. Denance. 21.8.2001. *Le Devoir*, A6)

b. De temps à autre, un ami lecteur se manifeste au chroniquailleur par la magie de la cybercommunication pour lui indiquer sommairement que « ce mot que vous avez utilisé n'existe pas » en bon parler français. « Il faut plutôt dire... », poursuit-il, accompagnant généralement son commentaire de l'expression « honteux pour un journal comme *Le Devoir* » et autres considérations à l'avenant.

La clé du message réside bien sûr dans ces deux petits mots en apparence banals, et sachez que je me retiens à deux mains pour ne pas écrire « banaux » : « il faut ». Il faut. Ordre, discipline et droiture. Et l'ordre, il vient de très haut. Il faut, comme dans « il faut que ce soit dans le dictionnaire ». Le dictionnaire étant, comme chacun n'est pas sans ne pas l'ignorer, fabriqué dans les sphères éthérées de la grande pensée, à Pârisse.
(J. Dion. 10.1.2004. « Langue sale ». *Le Devoir*, éd. électronique)

c. Épisodiquement, comme ça au hasard de la vie, celui qui fait profession d'imposter en écrivaillant reçoit un commentaire, souvent en forme de remontrance, de la part de quelqu'un qui lui signale, souvent en majuscules ou en caractères gras ou les deux, que lui, l'écrivailleur, a récemment utilisé un mot et que CE MOT N'EXISTE PAS, hé patate. Lorsque cela se produit, l'écrivailleur réplique toujours, avec cette profondeur de questionnement philosophique qui

a fait son succès dans les cocktails V.I.P. des grands boulevards : n'existe pas où ? Bien sûr, il connaît déjà la réponse. Oui, il connaît la réponse, mais il demande quand même : n'existe pas où ? Déjà, il se place dans une position d'attaque en posant une question tendancieuse, car le répondant aurait tendance à se concentrer sur la particule *où*, bref à ignorer l'aspect fondamental de la question, l'existence ou non d'un mot, et à mettre toute la gomme sur le lieu de son inexistence. C'est alors que, sans même attendre la réponse, l'écrivailleur a tout loisir de foncer dans le tas. Dans les tiroirs qui sentent le renfermé de l'Académie française ? Dans le dictionnaire ? Quel dictionnaire ? Qui a fait ce dictionnaire ? Dans quel but ? En fonction de quels intérêts ? À partir de quelles idées préconçues ? Qui paie pour ça ? Où va l'argent ? Avons-nous été consultés ? Pourquoi parlez-vous la bouche en cul de poule ?
(J. Dion. 14.3.2007. « Ce mot n'existe pas. » *Le Devoir*, B2)

La langue de qualité n'est identifiée à la pratique gallicane par aucun des témoignages des corpus de l'Estrie (1971) et de la ville de Québec (1977-1979) recensés par Laurendeau (2004), et plusieurs affirment explicitement que ce n'est pas le modèle à suivre. L'enquête de Bouchard et Maurais (1999) montre que seuls 4 % des Québécois trouveraient désirable de parler comme les Francophones gallicans, la pratique des lecteurs de nouvelle de Radio-Canada emportant l'adhésion de 44 % et celle des gens ordinaires de 47 %.

La force du rejet est notable, et suggère la colère d'une reconnaissance refusée, dont le passage suivant articule les contradictions :

(7) Son dernier film [...] a été choisi, tout à l'heure même, pour être présenté à la Quinzaine des Réalisateurs du Festival de Cannes... Il a été *sélectionné*, man ! « Ils vont savoir, ces cons-là, comment qu'on s'appelle ! ». Couchée de tout son long, elle pointe un index menaçant en regardant le ciel avec des yeux écarquillés tout habités de tonnerre et d'éclairs. « On va leur montrer, aux Français, où ce qu'on se la met, leur petite culture bourgeoise florissante au Père-Lachaise ! On va leur en faire des *colons*, de la *neige*, des *Marias-Chapdelaine* ! Dans dix ans, c'est eux qui vont se mettre à genoux pour qu'on les civilise ! Leurs enfants vont apprendre la grammaire joual puis c'est

les pièces de Tremblay qui vont les faire flipper à la Comédie française ! Ils sont pas dedans, man ! » Puis elle éclate de rire, comme si elle avait voulu nous faire une farce. « Je vous ai fait peur, hein ? » Ça nous a fait drôle en tout cas, man...
(R. Ducharme. 1973. *L'Hiver de force*. Paris : Gallimard. 181)

Ces sentiments sont explicités dans les témoignages suivants pour le Québec et d'autres régions :

(8) a. Il est vrai que les Français ne pensent qu'à la France, et, faut-il le dire, nous faisons comme eux. (Banque Textum)

b. Elle accueillit sans prévenance mes allusions à la villa Stuck, me refusa ce mot aimable sur Québec que depuis hier dans mes visites on m'avait habitué à recevoir, dédain pour le Canada auquel je fus étonné de me trouver sensible.
(J. Giraudoux, 1922, *Siegfred et le Limousin*, 132. Frantext)

(9) a. Un [sandwich] parisien, un parigot, un parisien, on les aime bien les Parisiens, nous, c'est eux qui nous aiment pas.
(Serveur d'un comptoir de restauration rapide, Grenoble, 14.11.03)

b. Discours différents, mais tous auront au cœur un même regret : celui de voir la Belgique « compter si peu » dans le monde francophone. « Les Français n'en ont que pour leurs cousins éloignés, entend-on dire souvent ici. Ah ! Les Québécois ou les Haïtiens ! Nous, nous avons l'impression d'être trop près pour que vous vous occupiez de nous. »
(J.-A. Fralon. 16.2.1986. « La "franco-faune" du plat pays ». *Le Monde*)

Cette colère trouve une expression dans l'expression axiologique *Maudits Français*. Celle-ci est conventionnelle en français québécois au point où elle est représentée par 44 200 occurrences en mai 2007 sur Google, constitue le titre de deux chansons (de Sardou et de Lemay) et qu'elle ait été utilisée au sortir du parlement (le premier juin 2001 par Guy Chevrette à l'endroit du ministre Jean-Claude Gobé). Elle est suffisamment connue pour l'être des Français :

(10) a. Certains de mes compagnons québécois seront sans doute tentés de voir là le réflexe habituel du « maudit Français » qui ne veut décidément rien comprendre du Québec, à se demander même ce qui l'a poussé à venir s'installer par ici... (Dantec 2000 : 300)

L'expression symétrique *Maudits Anglais* tance les détenteurs d'une domination politique et économique illégitime, et la domination linguistique illégitime des Québécois amène les autres Francophones d'Amérique du Nord à parler de *Maudits Québécois*, ce que ces derniers généralement ignorent.

Si refus de reconnaissance il y a, il s'explique par ce que les Québécois ne pratiquent pas la variété formelle de français attendue. Si elle peut amener la reconnaissance d'individus, cette pratique n'assurerait pas nécessairement une reconnaissance collective que le centre parisien n'accorde ni à ses propres périphéries, ni aux communautés voisines comme la Belgique. La présence limitée de la variété formelle au Québec s'y explique par l'émergence récente des élites francophones qui reportent leur vernaculaire usuel à des situations formelles. Les traits populaires marquent donc fortement la langue des élites dans sa réalité (Bouchard 2001 : 93) et dans ses représentations (Gagnon 2003).

(11) [...] c'est peut-être au Québec que l'antinomie entre culture savante et culture populaire a été la plus prononcée, c'est là à coup sûr que le conflit autour de la norme linguistique est demeuré le plus âpre, le plus douloureux, et c'est là aussi que la relation avec la mère patrie a été la plus tourmentée, tout comme le rapport symbolique avec le Nouveau Monde. (Bouchard 2001 : 173-4)

Les élites semblent de plus répugner à jouer un rôle normatif, peut-être parce qu'elles ne se distinguent guère du peuple, peut-être parce que ce rôle les démarquerait du groupe en les associant aux discours anglo-saxons et européens sur la faible qualité de la langue québécoise, peut-être parce que les quelques vieilles familles bourgeoises québécoises préfèrent adopter la discrétion chère aux élites britanniques avec lesquelles elles ont cohabité.

(12) a. C'est ce qui différencie le Québec et la France à bien des égards. Le fait est que la masse parlante francophone s'y avère linguistiquement plus homogène qu'ailleurs dans la francophonie en raison de sa concentration géographique, de ses effectifs modestes et surtout de la grande interpénétrabilité sociale et culturelle des élites bourgeoise et du peuple. [...]. Celles-ci n'exercent aucune forme de discrimination vis-à-vis de nombreuses tournures et constructions qui caractérisent le vernaculaire d'ici. Dans ces conditions, la phraséologie québécoise est-elle susceptible d'être normée ?
(Barbaud 1998 : 108-109)

b. Les beaux appels à bien parler qui ont suivi la mort de Jean-Paul Desbiens ne seront toujours que des écrans de fumée tant et aussi longtemps qu'ils ne montreront pas les coupables du doigt. Dans tous les pays du monde, ce sont les élites qui sont responsables de la qualité de la langue, pas le peuple. Or les nôtres ne semblent ni s'imposer la rigueur nécessaire ni s'inquiéter de la progression de l'anglais.

[...]

Combien sont-ils pourtant à trouver André Boisclair pédant lorsqu'il utilise un niveau de langue supérieur à la moyenne ?

[...]

Je prenais ces cris d'alarme à la légère jusqu'à ce que je reçoive d'un professeur de cégep une lettre de deux pages contenant pas moins d'une vingtaine de fautes. Lorsque j'ai retourné sa copie (corrigée) à l'expéditeur, il m'a trouvé *méprisant*.
(C. Rioux. 28.7.2006. « Troublante actualité ». *Le Devoir*, A3)

Le rôle normatif est dévolu aux professionnels de l'écriture dont les intérêts immédiats et le faible pouvoir réduit la portée de leurs interventions.

Il faut donc concourir avec Poirier quand il propose deux types de pratique du français :

(13) — l'un correspondant à la langue qui a pris naissance à Paris et dont la gestion a été confiée à une élite ayant reçu le mandat d'en faire un modèle de référence, qui s'est superposée à d'autres parlers en Europe, puis s'est implantée comme langue seconde en Afrique du Nord, en Afrique noire, au Liban, etc. ;

— l'autre, qui est une variété diastratique (populaire en l'occurrence) de la première et qui a évolué dans un contexte de plus grande liberté, intégrant des traits régionaux et dialectaux refusés par Paris, et qui est à l'origine des français d'Amérique du Nord.

(Poirier 2001 : 27)

Mettant en place les parcours historiques qui lient identité, langue et norme, ce chapitre a montré l'origine des différences entre des variétés de français. On pourrait affirmer en schématisant que la pleine intégration à la société française passe par la maîtrise des registres soutenus et à la société québécoise par celle des registres vernaculaires, et l'exclusion procède d'une affirmation trop forte de la variété non reçue. Ces différences informent les discours sur l'autre communauté, auxquels est consacré le prochain chapitre.

CHAPITRE 3

Vive la différence !

Introduction

La France et le Québec ont connu des parcours historiques divergents, animés par des tensions différentes. Ces tensions ont modelé les identités, les représentations et les pratiques respectives. Les différences linguistiques donnent lieu à des discours qui s'étonnent de la curiosité de la langue de l'autre. Bien que ces discours seront vraisemblablement motivés par la dimension de la formalité séparant la France et le Québec, les pratiques particulières qu'ils visent ne sauraient être prédites *a priori*. Elles doivent donc être documentées sur la base d'une méthodologie caractérisée. La nécessité d'une telle méthodologie est d'autant plus pressante pour les discours qui se conventionnalisent en stéréotypes. Les stéréotypes comme les discours sur la langue de l'autre constituent en effet des représentations axiologiques collectives qu'il faut reconstruire partir de faits d'observations qui seraient pertinents et représentatifs. Les problèmes posés par la cueillette de données représentatives et pertinentes pour l'établissement de représentations collectives sont discutés dans la deuxième section. Le reste du chapitre regroupe les types de pratiques langagières de l'autre qui font l'objet de discours. Animés par l'idée de la différence, ces discours concernent en premier lieu l'intercompréhension et la question reliée de l'accent ; les différences lexicales et grammaticales sont ensuite considérées, suivies des discours sur les faits d'interaction. La conclusion réunit les questions que posent la forme et la prégnance des discours.

Les discours sur la langue de l'autre

Les discours sur la langue de l'autre ont des causes. Ces causes sont les différences entre les pratiques langagières pour les discours sur la langue de l'autre. Ceux-ci sont motivés par l'ethnocentrisme qui s'étonne de la curiosité de pratiques différentes. Cette hypothèse rend compte à la fois des observations occasionnelles et des sujets attendus de discours dont certains se conventionnaliseront en stéréotypes. Ce qui distingue les premiers et les deux derniers est l'inscription respective à l'ordre personnel et à l'ordre social. Les croyances partagées par une culture ne sont pas la simple intersection des croyances individuelles : ce sont des représentations qui définissent une partie du contenu de cette culture. Elles se caractérisent par leur stabilité et leur homogénéité ; leur usage ne demande en outre aucune justification, et l'on peut sans autre forme d'argumentation utiliser l'idée reçue de l'hypocrisie des Britanniques pour faire accepter une conclusion. Ces idées reçues font partie des connaissances que possèdent les membres d'une culture, et être Français, c'est aussi pouvoir faire appel à la réputation d'hypocrisie des Britanniques. Les connaissances des stéréotypes et des propos conventionnels de discours ne peuvent évidemment pas être interrogées directement, les enquêtes ne pouvant se faire qu'avec les membres de la communauté. Or, outre qu'ils n'ont pas une conscience claire de leurs propres formations discursives, les enquêtés peuvent consciemment ou inconsciemment fausser leur témoignage. Des discours altérés pourront être produits pour éviter de rapporter des caractérisations négatives d'un autre groupe afin de ne pas se déprécier aux yeux de l'enquêteur. L'observation peut donc modifier des données dont la collecte était la raison d'être. C'est le paradoxe de l'observateur. Ce paradoxe peut être déjoué par différentes méthodes qui cherchent à faire oublier la présence de l'enquêteur. Une de ces méthodes consiste à dissimuler le but de l'observation, l'ignorance de l'objet rendant improbable sa distorsion par des discours alternatifs. Les discours obtenus ne pourront cependant pas faire l'objet de demandes de précisions sans révéler le sujet d'étude. L'identification des croyances peut se faire par l'observation des sujets en situation naturelle, le recours à des enquêteurs intégrés à la communauté étudiée étant une façon d'atténuer les inquiétudes que les sujets peuvent avoir pour leur image. L'auto-enregistrement des sujets dans leur environnement quotidien sur une longue période (utilisé par Laforest et Vincent 2004) leur permet d'oublier progressivement l'observation. Néanmoins, une observation naturelle peut rendre disponible une quantité considérable de données qui ne contiendront guère d'exemples du sujet à l'étude. C'est le cas des corpus d'interactions entre Francophones constitués par Berrier (2003), qui voulait documenter des conflits interculturels, qui sont au résultat presque absents du fait du prétexte coopératif des interactions mises en place. Une question particulière peut être documenté par des méthodes plus ou moins dirigées comme l'entrevue ou le questionnaire. Le questionnaire permet de recueillir des réponses précises dont la pertinence dépend entièrement de la valeur des questions soumises. La formulation de questions suppose l'atteinte du délicat équilibre entre une certaine connaissance du sujet, sans laquelle les réponses vagues risquent de reconduire le chercheur à son ignorance, et une certaine ouverture, sans quoi ne sera que confirmé ce que le chercheur croit savoir. Les précisions nécessaires peuvent être demandées dans le cadre de l'entrevue semi-dirigée. Cette méthode répond à la problématique de la cueillette de données détaillées sur un sujet particulier. Elle est entièrement assujettie au paradoxe de l'observateur. Le paradoxe de l'observateur des méthodes directes rend difficile l'obtention de données représentatives et celle d'information pertinente est problématique avec les méthodes indirectes.

Le recueil de données révélant les représentations collectives est donc en butte à la rareté relative de leur occurrence, à leur accès à travers des sujets non-spécialistes qui peuvent s'exprimer à titre personnel et sont susceptibles d'être affectés par le paradoxe de l'observateur, à un observateur qui doit connaître suffisamment le sujet pour orienter l'enquête sans présumer des réponses. C'est pourquoi semblent particulièrement intéressantes les données extraites de discours publics. Les médias et les institutions constituent dans nos sociétés une source de données discursives abondantes et largement accessibles pouvant renseigner sur un grand nombre de thématiques. Leur nature publique les rend particulièrement susceptibles de représenter les vues de la communauté. Le caractère représentatif peut être testé par la récurrence et la stabilité de discours qui auront valeur d'évidence. Leur existence précède leur considération, faisant en sorte qu'est exclu tout paradoxe de l'observateur.

Si l'observation ne modifie pas les discours publics, ils sont cependant informés par la réserve qui s'impose aux discours tenus à l'adresse du groupe. S'expliquant par la volonté de communiquer un contenu sous une forme recevable par le plus grand nombre, cette réserve s'exprime dans le paramètre linguistique du registre et dans la neutralité des propos. Peu de prises de position ouvertement axiologiques sur les groupes autres sont manifestées dans les textes gouvernementaux, les discours officiels et la plupart des articles informatifs de presse. Les archives Internet des quotidiens français *Le Monde* et *Libération* donnaient en novembre 2001 un petit nombre d'occurrences des mots *québécois* et *canadien*. Ces occurrences se situaient dans des articles descriptifs concernant la présence québécoise sur l'internet, les concepteurs de sites (généalogiques notamment) et de jeu, un membre d'une équipe travaillant sur le réchauffement climatique, des manifestations culturelles comme le Festival du Film de Montréal et Le Festival du nouveau cinéma et des nouveaux médias, des entrefilets sur des nouveaux romans (Kerouac, le roman du premier québécois publié dans la série noire), des disques, une pièce québécoise présentée à Paris, le rôle de Gilbert Rozon dans le retour à la scène de Trenet, les intermittents, le coureur automobile Jacques Villeneuve, l'entreprise Bombardier, le sommet des Amériques, les convergences avec la France sur la question de l'exception culturelle. Seules deux remarques concernent les pratiques linguistiques :

(14) a. Et de quoi apporter de l'eau au moulin de ceux qui considèrent que

3 Vive la différence! 71

les Québécois sont parfois de plus farouches défenseurs de la langue française que les Français eux-mêmes.
(J. Middlesbrough. 26.11.2001. « Ne plus donner sa langue au chat ». *Le Monde*)

b. Philippe Renard aimerait pousser le « courriel », d'origine québécoise, pour faire pièce à l'e-mail.
(F. Latrive. 3.9.2001. « La majuscule sied-elle au réseau ? ». *Le Monde*)

Ces sources ne permettent donc apparemment pas de documenter les représentations collectives recherchées. Ces représentations sont de même peu susceptibles de se retrouver dans d'autres types de textes descriptifs, les guides de voyage par exemple – quoi que des récits du type de ceux de Collins (2002), Grescœ (2000) ou Brook (1987) pourraient fournir les représentations en jeu. Des textes de nature plus personnelle doivent être recherchés, qui se trouvent dans les productions littéraires. Englobant les récits de voyage (les pages de Dickens sur le Canada français lors d'un voyage nord-américain par exemple ; voir encore les textes réunis par Guillaume et Turgeon 2007), les mémoires politiques (celui de Philippe Seguin ou d'Alain Juppé entre autres), les émissions humoristiques (le sketch des *Nuls* sur des Québécois, les caricatures du français québécois par Laurent Gera, les saynètes de la *Petite vie* sur des Français) et les récits fictionnels proprement dits, ce genre de textes a déjà fait l'objet de recherches qui confirment leur aptitude à révéler les représentations collectives sur les (variétés de) langues. L'identité des variables sociolinguistiques anciennes est appréhendée par Lodge à travers les représentations des parlers populaires dans des textes littéraires. Les représentations du français dans la littérature sont étudiées par Lise Gauvin, Jean-Marie Klinkenberg, Jérôme Meizoz, et dans la revue *Glottopol* du laboratoire Dyalang de l'université de Rouen. Abecassis (2005) articule les représentations de la langue des classes sociales au cinéma. Le travail de Prévost (1998) et celui de Modenesi (2003) documentent le rapport au français gallican évoqué dans la littérature québécoise récente.

La littérature française n'a pour sa part guère été considérée dans sa relation au français québécois (mais voir Larrivée 2006). Les textes littéraires fournissent une sources appréciable de données concernant la représentation des pratiques langagières des autres communautés. Leur approche est grandement facilitée par l'existence de banques électroniques dont on peut interroger les contenus par des moyens informatiques. Élaborée à l'origine pour la confection du dictionnaire *Trésor de la langue française*, la banque électronique Frantext est un corpus de textes principalement littéraires depuis les origines jusqu'à nos jours. Un tel corpus peut aisément être interrogé pour des formes particulières, les mots *canadien* et *québécois* ayant été recensés en juillet 2003 dans les 1 700 ouvrages ultérieurs à 1850. Ces formes ont été choisies pour leur généralité qui laissait attendre qu'elles s'associent à la discussion de la différence linguistique pour fournir des témoignages qui sont cruellement absents de la presse gallicane. Sans égard à la catégorisation grammaticale, le lemme *québécois* ne figure que 2 fois, 1 fois comme ethnonyme, l'autre comme adjectif (« *l'expression québécoise* fin de semaine »). Le lemme *canadien* apparaît 442 fois dans toutes ses flexions, avec 136 occurrences de *canadien* et *Canadien*, 117 de *canadiens* et *Canadiens*, 156 de *canadienne*, 33 de *canadiennes*. Le nom propre *Québec* donne 139 résultats, *Montréal* 101, et *Canada* 678. Ces occurrences ont des fonctions très diverses. Un rôle essentiellement descriptif est en jeu dans la plupart des exemples. Sans entrer dans un compte qui serait fastidieux, bon nombre d'emplois du nom *canadienne* désignent la veste fourrée, constituant l'ensemble des occurrences nombreuses du *Voyeur* de Robbe-Grillet ; une machine agricole est dénotée dans quatre usages chez un certain Joseph de Pesquidoux, et une tente dans deux exemples de Gabriel Matzneff :

(15) a. on n'a plus que nous pour nous tenir chaud, plus rien à nous mettre, tout est resté dans l'abordage, et sous l'éboulement... enfin à peu près... les sacs à dos et les canadiennes... enfin : sous les briques... je crois, je suis pas sûr... je vous affirme pas que nous sommes nus, non ! (L.-F. Céline, 1961, *Rigodon*)

b. [...] choisir léger, susceptible d'être attelé à toute corne, jusqu'à la charrue vigneronne, à la herse qui effrite, à la canadienne qui triture, à la houe qui butte, au rouleau qui nivelle ; [...].
(J. de Pesquidoux, 1925, *Le Livre de raison*)

c. Par discrétion, il avait emporté sa tente – une vieille canadienne inversée à deux places, où il avait dormi avec Véronique, avec des popes, car il adorait le pope-stop, c'était son côté pèlerin, et surtout avec de jeunes garçons, scouts ou assimilés.
(G. Matzneff, 1981, *Ivre de vin perdu*)

Un rôle dénominatif est rempli quand est évoquée la nation, souvent parmi d'autres, à travers des discussions de la Deuxième Guerre mondiale (dans les journaux de De Gaulle par exemple) :

(16) a. Hier, mauvaise journée : un courrier canadien coulé, un trois-mâts norvégien échoué, un charbonnier turc avarié, un yacht américain porté manquant. (P. Morand, 1933, *Londres*)

b. [...] et les mirages qui faisaient flotter la ville dans mille lacs ardents, et je demeurais là, le paquet de lettres à la main, parmi les entraîneuses hongroises, les aviateurs canadiens, sud-africains, australiens, qui se bousculaient sur la piste et autour du bar, en essayant de convaincre une des jolies filles de leur accorder ses faveurs cette nuit-là [...]. (R. Gary, 1960, *La Promesse de l'aube*)

c. [...] miniatures indiennes et boîtes d'allumettes d'Australie, fleurs de plastique de Java et statuettes en riz gélifié du Mexique, Mickey-Mouseries de Floride et hockeyeurs canadiens en caoutchouc mousse, sifflets en bois du Pacifique, pendulettes, sabliers et balanciers chinois, articles indéfinis et fragmentaires en kapok, agate, mica [...].
(P. Labro, 1982, *Des bateaux dans la nuit*)

Ces listes peuvent emporter un effet d'exotisme, qu'on retrouve dans l'exemple de Philippe Labro et dans le suivant :

(17) La Reine de Lahore, ce sera la Folle de Québec, la Scandaleuse de Londres, la Dictatrice de Berlin, la Sibylle de Taormina ou la Prostituée de Tunis. (R. Sabatier, 1966, *Le Chinois d'Afrique*)

Cet exotisme intervient là où le paysage canadien sert de toile de fond à une partie apparemment significative de l'histoire, comme dans certains récits de Maurice Genevois, *Laframboise et Bellehumeur* (1942), *Le cougar de Tonquin Valley* (1942), *Le lac fou* (1942), *Eva Charlebois* (1944), *Routes de l'aventure* (1959). Ce fond semble tenir une place importante dans les *Météores* de Michel Tournier (1975), en particulier les chapitres XIX et XX *Le phoque de Vancouver* et *Les arpenteurs de la prairie* (apparence qui se dément à la lecture du *Roi des Aulnes* du même auteur (1970), où le Canada en question est le surnom donné à un refuge sauvage situé en Allemagne). Il intervient dans *Un balcon en forêt* (1958) et *Lettrines* (1967) de Julien Gracq, dans le roman de 1988 *Vers l'Ouest* de Michel Mohrt et dans *Grand amour* de 1993 par Éric Orsenna. Ces œuvres évoquent principalement l'espace, la forêt, l'hiver.

(18) Avec ses grands fleuves, ses grandes saisons, c'est juste le français canadien qu'il me faut... (J. Giraudoux, 1928, *Siegfried*)

Ce décor apparaît évidemment dans les romans d'auteurs canadiens, avec *Le Survenant* (1945) de Germaine Guèvremont et le *Bonheur d'occasion* (1945) de Gabrielle Roy au cadre plus urbain.

La dimension identitaire de la dénomination est considérée dans quelques occurrences. Une d'elles explicite la question de l'ethnonyme :

(19) [...] lorsque les Canadiens français parlent d'eux-mêmes, ils disent toujours « canadiens », sans plus.
(L. Hémon, 1916, *Maria Chapdelaine*)

La dénomination *Canadien français* est représentée par à peine quatre occurrences entre 1898 à 1988; dix des douze références à la notion de *Canadien anglais* se font dans un ouvrage de Bernard Goldschmidt de 1962 sur *L'Aventure atomique* ; deux autres appartiennent à des considérations démographiques d'une *Histoire économique du 19e et 20e siècles* de 1968 par Gérard Lesourd, chacune étant contrastée à l'évocation de

Franco-canadiens. La désignation *Québécois* est absente du corpus.

Au total, moins de vingt-cinq caractérisations du français du Québec sont données par les textes de Frantext, trois d'entre eux considérant plus particulièrement la question. La pièce de 1928 *Siegfried* par Giraudoux met en scène un protagoniste français se faisant passer pour Canadien, qui dans le roman *Siegfried et le Limousin* de la même année voyage sous un faux passeport canadien au nom de Chapdelaine ; le *Maria Chapdelaine* (1916) de Louis Hémon décrit la vie d'une communauté rurale canadienne ; un essai dans *Arts et littérature Société contemporaine* de 1936 se livre à des considérations sociologiques. À ces œuvres devraient en être ajoutées d'autres qui ne sont pas incluses dans Frantext, certaines de Jules Verne par exemple, *20 000 lieues sous les mers* (1869) mettant en scène un marin québécois et *Famille-sans-nom* (1888) traitant de la rébellion des Patriotes de 1837-1838 ; la trilogie *Les Maudits de Montréal* (1982), *Le Petit chemin de pierres* (1984) et *La Moisson d'Automne* (1990) de la Vaudoise Hélène Grégoire qui offre le récit d'une immigration difficile. Outre qu'elles ne peuvent être dépouillées électroniquement, ces sources sont un peu anciennes, et de plus récentes devraient les compléter. C'est à cette tâche que s'attache Larrivée (2006) qui considère l'inscription du français québécois à l'occasion d'un séjour des protagonistes au Québec dans deux romans policiers français. Celui du commissaire Jean-Baptiste Adamsberg et de ses collègues policiers du commissariat du treizième arrondissement de Paris pour une formation en gestion des données génétiques offerte par la Gendarmerie royale du Canada est le point de départ du récit *Sous les vents de Neptune* (2004) de la célèbre auteure Fred Vargas. Chantal Pelletier (2005) offre la trame de la jeune parisienne Georgia Damon venant en Amérique du Nord pour élucider les circonstances du décès de son père. C'est son propre séjour à Montréal depuis 1998 qui sert d'arrière-fond aux trois gros volumes de l'essai *Théâtre des opérations* de Maurice G. Dantec, qui tente d'y articuler une alternative à ce qu'il considère comme l'échec de l'expérience sociale et culturelle française ; le dépouillement du premier tome de 2000 documente des représentations sur les pratiques langagières de la communauté d'accueil. De telles représentations sont également consignées dans le récit *Tangages et roulis* (2006) rapportant un traitement de désintoxication dans une clinique montréalaise de la part du parolier et romancier David McNeil.

Forçant à recourir à des textes littéraires hors d'une ressource électronique par ailleurs bien fournie, la parcimonie du métadiscours français sur la langue des Québécois fait question. Cette question ne se pose pas pour la langue gallicane représentée dans la littérature québécoise. Les études de Prévost (1998) et de Modenesi (2003) retiennent un corpus commun de romans mettant en scène le séjour français de Québécois. Le roman *Maman-Paris, Maman-la-France* de Claude Jasmin (1982) donne à lire le journal de voyage que le protagoniste tient pour sa mère ; ce même journal est également le prétexte de *Des nouvelles d'Édouard* (1984) par Michel Tremblay. *Une Liaison parisienne* (1976) de Marie-Claire Blais, *L'Enfant chargé de songes* (1992) d'Anne Hébert, *Le Temps des Galarneau* (1993) de Jacques Godbout et *Pas pire* (1998) de l'Acadienne France Daigle sont traités par Modenesi, Prévost considérant les réflexions normatives de Louis Fréchette (1890), de Henri Roullaud (1908) et d'Étienne Blanchard (1914, 1918-1919), ainsi que le monologue *Un savon perdu dans Paris* (1974) de Clémence Desrochers. L'abondance de sources déjà étudiées relativise les difficultés que pose l'absence de banques littéraires électroniques (la banque *Textum* de l'université de Montréal ayant été fermée et n'étant plus accessible à la consultation). Cette absence pourrait amener au dépouillement d'autres récits, le roman universitaire *D'en haut* parodiant les aspirations gallicanes de professeurs québécois (R.-J. Berg, 2002), la pièce *Le projet Andersen* présentant le traitement d'un Québécois à Paris (Robert Lepage, 2006), qui est le propos de la pièce *Québécoise à vendre ou la revanche de Petit Canada* (Jocelyne Saint-Denis et Ginette Candotti-Besson, 1978). La presse québécoise se révèle également plus loquace que son homologue gallicane, au point où le foisonnement des occurences que favorise la conjonction de la nation et de la langue rend un classement des données à peu près impossible.

Ainsi, c'est à présenter les discours conventionnels sur la langue de l'autre dans des sources essentiellement littéraires qu'est consacré ce chapitre. Ces discours nous informent évidemment non pas sur les pratiques effectives, mais sur leurs représentations. La forme de ces représentations et leurs déterminismes se feront voir à mesure que se révéleront les asymétries entre les discours. Leur illustration reposera sur les occurrences relevées dans le corpus décrit auxquelles seront adjoints des exemples pertinents relevés au hasard de la lecture, les mêmes séquences pouvant se reporter à différentes questions. Les thèmes des discours marqués du signe de la différence relèvent de l'intercompréhension, de l'accent, des différences lexicales et grammaticales, des faits d'interaction. L'anglicisme et la féminisation sont d'une fréquence particulière qui justifie leur traitement dans des chapitres particuliers. Avant d'en arriver là, considérons le traitement des thèmes généraux de l'intercompréhension et de l'accent.

Intercompréhension et accent

Si les Français et les Québécois ont une langue en partage, cette langue devrait permettre aux membres de ces communautés de se comprendre les uns les autres. L'intercompréhension repose en effet sur la représentation d'une langue commune, représentation dont on a parlé chez Bourdieu en termes de marché. Parce qu'un marché n'unit pas la France et l'Italie, il n'y a pas attente d'intercompréhension entre Francophones et Italophones, même si suivant le site de référence des langues du monde Ethnologue, les deux langues partagent 89 % de leurs ressources lexicales. Andres Kristol porte à mon attention le fait qu'en Suisse, des Italophones n'hésitent pas à interagir en utilisant chacun une variété substantiellement différente, alors que les Francophones ne s'aventurent pas à échanger à travers des variétés réputées d'avance incompréhensibles. Ce qui fédère un marché commun reste à être caractérisé, mais cette caractérisation inclura la représentation d'une pratique convergente. Cette convergence se manifeste généralement dans les registres soutenus ; ces registres sont associés à la légitimité des groupes dominants dont la mobilité et le désir d'être reconnus les amènent à entrer en relation avec les membres des autres communautés, la solidarité à un marché régional ou local caractérisant les registres familiers. Un contre-exemple cité par Moreau est celui du kannada indien qui est plus dialectalisé chez les non-brahmanisants (2001 : 8, note 35). Il n'empêche que ce sont les registres soutenus qui permettent l'intercompréhension des Lusitanophones portugais et brésiliens, des Anglophones américains et britanniques, des Francophones gallicans, québécois et acadiens. Pour ces derniers, Ethnologue note une intercompréhension difficile entre Québécois et Acadiens aux niveaux autres que formels. La compréhension repose donc sur la disponibilité de variétés de langue convergentes, et c'est pourquoi on a pu affirmer que c'est la possibilité de se référer à un même standard qui définit une communauté linguistique (Labov 1976 : 187) et non l'identité des pratiques.

Une variété soutenue convergente est certainement disponible pour la France et le Québec, au-delà des différences. Cette disponibilité n'empêche pas de souligner la difficulté de comprendre l'autre.

(20) a. Je dors sous la tente avec un Canadien que je ne puis comprendre, un Chinois, un Espagnol et un Américain.
(J. Green, 1943, *Journal.* Frantext)

b. À savoir si les membres de l'équipe française rencontraient certaines difficultés avec l'accent québécois, la capitaine Anna Leplyn, n'a pas caché que les membres de sa troupe ne comprenaient pas tout. « Quand les Québécois jouent avec nous, nous tentons de ralentir quelque peu le rythme, mais lorsque deux équipes québécoises se rencontrent, c'est souvent pénible à comprendre avec nos différences culturelles, des termes qu'on ne connaît pas du tout, mais ça va. On se débrouille », déclare-t-elle avec un sourire en coin.
(G. Besmargian. 4.7.2005. « Grand week-end d'impro ». *La Tribune*, D1. Cité dans Larrivée 2007)

c. [...] La *Tribune de Genève*, qui note néanmoins que « la langue et les idiomes que véhiculent les dialogues sont pourtant un véritable obstacle », contraignant le « non-Québécois à faire des allers-retours entre les sous-titres ».
(À propos du film *La Neuvaine*. G. Carignan. 13.8.2005. « Dans les griffes du Léopard ». *Le Soleil*, G3)

La représentation de cette difficulté n'est pas symétrique, ce sont les locuteurs de variétés prestigieuses qui la font valoir à propos des variétés moins légitimes. C'est ainsi que les immigrants maghrébins disent le français québécois incompréhensible (Benzakour 2004), affirmant par là leur adhésion à un français gallican qu'ils pratiquent et auquel ils associent un capital symbolique supérieur à celui de la variété québécoise. Cette asymétrie symbolique est révélée de belle façon par la séquence suivante :

(21) En fait, les forces U.S. veulent fêter la victoire qu'ils avaient remportée il y a juste vingt ans sur les troupes nazies à Bastogne et pour ça il leur faut quelques hommes habillés en G.I. qui parlent un bon français [....]. Ils ont bien deux Cajuns qui viennent de la Nouvelle-Orléans, personne ne les comprend, pas même les Québécois.
(D. McNeil. 1994. *Tous les bars de Zanzibar*. Paris : Gallimard. 64)

Elle propose un raisonnement reposant sur la hiérarchie de prestige qui sépare les Français qui parleraient un bon français, les Québécois qui parleraient un français mitigé et les Cajuns dont on ne sait pas ce qu'ils parlent ; comme la langue des Québécois est plus proche sur l'échelle de prestige de celle des Cajuns, les locuteurs de la première variété devraient pouvoir comprendre les seconds. La possibilité de l'intercompréhension est clairement mise en rapport avec l'importance symbolique des variétés, les déconsidérées devant être mutuellement intelligibles autant qu'elles sont inintelligibles aux dominants. L'idée que les variétés moins prestigieuses sont moins facilement compréhensibles se retrouve dans l'échange fictif suivant entre un commissaire français et un superintendant québécois :

(22)   — Il y a un de tes collègues qu'est pas encore arrivé. Le grand slaque, là.
— Ne l'appelle pas comme ça, Aurèle. Lui, il comprend le québécois.
— Comment c'est possible ?
— Il lit comme dix.   (Vargas 2004 : 138-139)

L'idée est attribuée au personnage québécois que sa variété est incompréhensible aux Français. Or, il serait pour le moins paradoxal pour des Québécois de s'adresser à des Français en croyant ne pas être compris par eux. C'est que dans les faits, cette compréhension est attendue de la part des Québécois, même s'ils savent qu'ils ne sont pas toujours entendus (des incompréhensions attribuées à la mauvaise foi gallicane sont mises en scène par la Québécoise Desrocher, repris par Prévost pp. 86-87), ce que conventionnalise le propos *Il est gentil, ce Québécois, mais qu'est-ce qu'il dit ?* attribué à des Français et figurant dans des récits de voyage de Québécois. En effet, les Français ne comprennent pas toujours le français du Québec, ce que démontrent les romans de Vargas et de Pelletier. Des demandes d'information sont faites de la part des personnages Français, ce qui n'est pas le cas des personnages québécois ou des personnages acadiens de Daigle. Le montre la comparaison des mises en garde des patrons à leurs policiers chez Vargas :

(23) a. Quand un Québécois parle vite, ce n'est pas si facile à suivre.
— Par exemple ? demanda le précis Justin.
Adamsberg se tourna vers Danglard, interrogateur.
— Par exemple, répondit Danglard : « Tu veux-tu qu'on gosse autour toute la nuitte ? »
— Ce qui veut dire ? demanda Voisenet.
— « On ne va pas tergiverser là-dessus la nuit entière. »
— Voilà, dit Adamsberg. Tâchez de saisir et évitez l'ironie facile, ou c'est la mission tout entière qui tombe à l'eau.
                                                          (Vargas 2004 : 109-110)
b. Puis le surintendant s'adressa fermement à ses agents :

[...]
Et faites pas de l'esprit de bottine s'ils ne vous comprennent pas ou qu'ils parlent autrement que nous. Ils ne sont pas plus branleux que vous autres sous prétexte qu'ils sont Français. Je compte sur vous.

(Vargas 2004 : 132-133)

Ces témoignages relèvent des rapports de domination symbolique entre les variétés. La légitimité de la parole dominante correspond au droit d'être entendue de tous. Ce droit ne peut donc pas être contesté par des discours de locuteurs de variétés dominées sur l'inintelligibilité de la variété prestigieuse, qui démontrerait par là leur manque d'*intelligence*, le fait d'être *bête*, les faisant sortir de l'humanité :

(24)   En Auvergne, on parle en ouvrant pas trop la bouche. On parle comme les animaux.   (J.-L. Murat, *France-Inter*, 30.5.2005)

La seule admission d'inintelligibilité de la part de Québécois apparaît dans le *Édouard* (Tremblay, pp.253-4) à propos de l'argot français. C'est à la langue argotique que fait allusion cette réponse courroucée à une intervention de Druon contre la féminisation :

(25)   Il faut ne pas être sorti souvent de la Comédie française pour croire qu'en France, on parle toujours la langue de Molière. N'importe quel Québécois maîtrisant un français dit « international », à moins d'avoir été inité à un lexique parigot inconnu des dictionnaires, pourrait ne rien comprendre d'une conversation banale dans un café parisien. Pas parce que les Québécois ne connaissent pas la langue française. Mais bien parce que le français parlé quotidiennement par le Français moyen s'est peut-être davantage régionalisé au cours des dernières décennies, que le français parlé au Québec.
Tu veux que j'te dise, Maurice : les Français ne se font plus comprendre de tous les Francophones avec leurs anglicismes ridicules, leurs néologismes au goût du jour et leurs expressions bigarrées.
(M. Cassivi. 19.1.2006. « Lettre à Maurice Druon ». *La Presse*, A5. Exemple communiqué par Chantal Gagnon)

La parole dominée n'a pas le privilège d'être universellement écoutée, ce que réaffirment les discours sur leur inintelligibilité. Ce qui fait dire à propos des Français aux protagonistes acadiens de Daigle « C'est comme si y nous entendaient pas. [...]. Peut-être qu'y entendent personne vraiment. » (cité par Modenesi 2003 : 290).

L'intercompréhension est indissociablement liée à la question de l'accent. L'accent désigne les différences de prononciation, qui reposent en bonne part sur les phonèmes et la prosodie propres à chaque pratique. Le français gallican voit son inventaire de voyelles se réduire, avec la disparition de l'opposition entre le /a/ antérieur de *patte* et le postérieur de *pâte* (qui subsiste cependant chez certains), entre le *é* de *mai* et le *è* de *mais*, entre la nasale de *brin* et de *brun*, les nasales gallicanes étant de prononciation plus postérieure que celles du québécois. Le français québécois est marqué par l'affrication des consonnes /d/ et /t/ devant les voyelles /i/ et /y/, *dur* et *petit* étant réalisés /dˢur/ et /ptˢi/. Certaines différences pourront être adoptées par la communauté comme des emblèmes : certaines seront valorisées, comme c'est le cas de la prononciation de *huit* ou de *juin* en français de Belgique (Hambye 2005 : 385-6) ; d'autres seront stigmatisées – la prononciation québécoise /twe/ des pronoms *moi* et *toi*, la diphtongaison de la voyelle de *père* en /paèr/, la réalisation du /t/ final de *lit*, *nuit*. Ces différences bien documentées (Boudreault 1968, Dumas 1987, Marchal 1981, Ostiguy et Tousignant 1993, Walker 1984 pour ne citer que les principales études) ne sont que peu relevées dans le métadiscours.

(26) a. La voix pincée sortait d'un nez très long qui formait trompe et rendait un son américain prolongeant sans fin les *in* et les *en*.
(Pelletier 2005 : 74)

b. Moi, je sais, je parle du nez.
(J. Godbout, 1993, *Le Temps des Galarneau*, 75)

Les exemples relevés appuient à travers la notion d'accent la différence générale entre les variétés.

(27) a. On y a compris les mots dont la déformation, invisible pour les yeux, est cependant réelle puisque les Canadiens les prononcent à la française.
(R. de Gourmont, 1899, *Esthétique de la langue française*)
b. Ils n'avaient pas la lenteur de diction canadienne, ni cet accent indéfinissable qui n'est pas l'accent d'une quelconque province française, mais seulement un accent paysan, en quoi les parlers différents des émigrants d'autrefois se sont confondus.
(L. Hémon, 1916, *Maria Chapdelaine*)
c. [...] et lui n'avait quitté la campagne que pour faire ses études de médecine à Québec, parmi d'autres garçons semblables à lui pour la plupart, petits-fils sinon fils de cultivateurs, qui avaient à tous égards des manières frustes de villageois et le lent parler héréditaire.
(L. Hémon, 1916, *Maria Chapdelaine*)
d. Quelques-uns réclamaient surtout des Canadiens, subissant peut-être à leur insu le charme d'un accent si léger qu'on ne sait pas si c'est celui de la vieille France ou de l'Angleterre.
(M. Proust, 1922, *Le Temps retrouvé*)
e. Sans y penser, sans l'avoir voulu, elle avait retrouvé le parler, l'accent traînant du pays de Québec.
(M. Genevoix, 1944, *Eva Charlebois*, p. 148)

(28) a. Et il y a, surtout ça maman, la douceur de la parlure par ici ? C'est une musique perpétuelle que d'entendre cette façon de parler français. C'est un ravissement. Bien sûr, nous croisons au Québec quelques Français et c'est toujours cette différence avec notre accent plutôt rocailleux et cette mollesse dans nos dictions. Ici, cet après-midi, partout, c'est une belle chanson du langage, cette élocution naturelle et pourtant comme... appliquée de ce peuple.
(C. Jasmin, 1986, *Maman-Paris Maman-la-France*, 21. Cité dans Modenesi 2003 : 283)
b. — Française ?
— Ça se voit tant que ça ?
— Ça s'entend ! (Pelletier 2005 : 138)

et qui peuvent se reporter aux questions orthographiques comme le suggère (8a) :

(29) a. Les paraphes français sont pleins d'originalité, de caractère, de vivacité ; [...]. (Textum)
   b. Au pays de Québec l'orthographe des noms et leur application sont devenues des choses incertaines.
   (L. Hémon, 1916, *Maria Chapdelaine*, 56)

Ce sont les différences de son histoire (8d) ou de sa société paysanne (8b, c) qui constitueraient l'accent québécois archaïsant. L'accent est la dénomination privilégiée de l'altérité linguistique, comme l'idéologie est le désignation de l'altérité politique. C'est la pratique langagière de l'autre qui est désignée comme ayant un accent, qui est la différence à sa propre pratique. Cette différence est celle qu'on identifie chez un locuteur qui a notre langue comme langue seconde, ou qui en parle une autre variété. Et toutes les variétés ne sont pas égales. Quand elles sont reçues comme compréhensibles, les variétés dominées sont celles désignées comme porteuses d'un accent. Cette désignation pourra devenir connue des membres du groupe pratiquant ces variétés : les Acadiens et les Québécois savent que leur pratique a un accent pour d'autres Francophones (comme le montre l'occurrence (9a) de Jasmin), les Québécois l'oubliant face aux Acadiens et les Français l'ignorant face aux autres :

(30)   [...] il n'y a qu'en Île-de-France où l'on ne trouve aucun accent. On y parle uniquement le français.
   (B. Arcand et S. Bouchard. 1998. « L'accent français ». *Des pompiers, de l'accent français et autres lieux communs*. Montréal : Boréal. 83)

sauf quand ces derniers se reportent à leur pratique d'une langue étrangère (Larrivée 2007). Les Français sont en effet diversement étonnés, amusés ou indignés quand d'autres Francophones leur disent qu'ils ont un accent :

(31) a. « Et vous, vous n'avez pas d'accent peut-être ? Vous entendez-vous parler ? » Elle est toute surprise, me dit que j'affirme n'importe quoi, qu'elle n'a aucun accent, qu'elle parle comme tout le monde ! Je lui

explique que pour les Montréalais, moi aussi je n'ai plus d'accent et je parle « comme tout le monde » là-bas. « Si vous veniez au Québec, tout de suite en arrivant, on remarquera votre accent parisien ! » Elle paraît encore plus surprise.
(C. Jasmin, 1986, *Maman-Paris Maman-la-France*, 65. Cité par Modenesi 2003 : 289 et Prévost 1998 : 89)

b. Il écarquille les yeux, le Français de Paris, quand je lui dis que son accent est amusant.
(B. Arcand et S. Bouchard. 1998. « L'accent français ». *Des pompiers, de l'accent français et autres lieux communs*. Montréal : Boréal. 86)

C'est ainsi que les Parisiens qui me parlent de mon accent et à qui je réponds ordinairement que j'aime aussi beaucoup le leur sont invariablement étonnés au point de ne savoir quoi répondre.

Quand elle ne donne pas lieu à des discours sur l'incompréhension, une variété portant un accent peut donner lieu à des identifications erronées. Les accents canadiens semblent confondus avec des accents étrangers, qui amènent des Français à passer à l'anglais (évoqué par Daigle citée par Modenesi 2003 : 290, et dont témoigne Nadeau 2002 : 47), vécu comme un ultime manque de reconnaissance par les autres Francophones. La confusion de l'accent québécois avec le belge est rapportée dans le métadiscours, et fait l'objet de tout un chapitre de Nadeau (2002).

(32) a. Il a cru reconnaître notre accent. Il nous parle de son cousin qui vit en Belgique ! On le contredit aussitôt et alors, conduisant d'une main, il nous examine soigneusement comme si, à l'apparence, cette fois il allait repérer nos origines. On s'amusait. Il a parlé du Périgord, de l'Auvergne puis de la Suisse et enfin, nous voyant nier ses efforts, il a éclaté : « Vous êtes canadiens, vous venez du Québec ! »
(C. Jasmin, 1986, *Maman-Paris Maman-la-France*, 22. Cité par Modenesi 2003 : 289 et Prévost 1998 : 89)

b. — Mais d'où sortez-vous avec cet accent ? Vous êtes belge, ou quoi ?
(M. Tremblay, 1984, *Des nouvelles d'Édouard*, 244. Cité par Modenesi 2003 : 289)

Ce sont ces réactions d'amusement ou de rejet plus que l'incompréhension ou l'existence d'un accent qui sont relevées dans les discours recensés :

(33) a. Québec, accent du. Source de gaieté.
(A. Schifres. 2000. *Nouveau dictionnaire des idées reçues*. Paris : Pocket)

b. Il s'entend dire très clairement, en détachant chaque mot, sur le ton d'une déclaration sans appel :
— Lydie avait les yeux parfaitement verts comme des raisins verts.
Elle rit si fort qu'il se lève, outragé, et lui jette à la figure une agressivité retenue depuis son arrivée à Paris et qu'il déballe très vite.
— Tout est trop ancien ici, trop vieux, le passé nous étouffe, c'est trop petit surtout, votre Seine, on dirait un ruisseau, vos forêts ont l'air de parcs bien ratissés, et puis le sel n'est pas salé, le sucre pas sucré, trop de monde, trop de voitures, trop pollué...
Elle s'étouffe de rire.
— C'est votre accent qui me met en joie ! Quelle fête ! Ne vous fâchez pas, surtout. Ça me rappelle la campagne profonde. Continuez, je vous en prie.
Elle a cessé de rire. Elle ferme les yeux comme si elle se recueillait, en attente d'une joie nouvelle.
(A. Hébert, 1992, *L'Enfant chargé de songes*, 21-22. Cité par Modenesi 2003 : 287-288)

c. Je parle de votre accent à mes amis depuis hier mais je n'arrive pas à l'imiter ! Hhm ? Vous allez voir, vous autres, c'est incroyable ! On ne comprend pas un mot mais c'est d'un drôle !
(M. Tremblay, 1984, *Des nouvelles d'Édouard*, 285. Cité dans Prévost 1998 : 92)

d. J'ai fait rire la princesse Clavet-Daudun avec mon vrai accent, tout ce qu'il me reste à espérer c'est que les Français me fassent rire avec le leur. Mais le problème c'est que j'y suis habitué alors qu'eux ne le sont pas au mien !
(M. Tremblay, 1984, *Des nouvelles d'Édouard*, 143. Cité par Modenesi 2003 : 286)

e. Un monsieur très sérieux avec un uniforme et une casquette est venu poinçonner nos billets et regarder nos papiers en blaguant sur l'accent si drôle des Canadiens français.

(M. Tremblay, 1984, *Des nouvelles d'Édouard*, 190. Cité par Modenesi 2003 : 287)

f. En accompagnant ici en 2001 son film *La femme qui boit* sélectionné à la Semaine de la critique, Bernard Émond avait serré les poings devant la réflexion d'une spectatrice française : « Je sais que votre film est tragique, mais quand j'entends l'accent des gens, ça me fait rigoler. ».
(O.Tremblay. 21.5.2003. « Une langue de pauvres ». *Le Devoir*, A1)

g. Ces Canadiens, tous des farceurs ! Allez-y, parlez, dites-moi quelque chose, votre accent me fait marrer !
(M. Tremblay, 1984, *Des nouvelles d'Édouard*, 218. Cité par Modenesi 2003 : 287)

h. Pas de rires non plus, pas plus qu'à propos de leur accent, de leurs expressions ou de leur manière de parler.
(Vargas 2004 : 109-110)

(34) a. ... parle avec l'accent provençal, berrichon, canadien... Ça fait plouc, insortable. Alors qu'un accent anglais, italien, brésilien, en français, ça n'a rien à voir, je trouve que c'est super sexe. Céline, 35 ans, juriste.
(01.2003. « Je ne coucherais jamais avec un mec qui... ». *Biba*, p. 72)

b. [...] mais les Canadiens blancs je les déteste à cause de leur chanson vous savez *alouette gentille alouette alouette je te plumerai, dire gentille alouette* et tout de suite après *je te plumerai* c'est révoltant, et de plus ils disent *je te ploumerai* ce qui est ignoble, ils sont fiers de cette sale chanson c'est presque leur chanson nationale, je demanderai au roi d'Angleterre qu'il l'interdise [...].
(A. Cohen. 1998. *Belle du Seigneur*. Paris : Gallimard. 38)

C'est un exemple de condamnation que donne une remarque dans le *Édouard* de Tremblay, où un client du Café de Flore déclare sans raison apparente qu'il déteste l'accent canadien : l'observation décide Édouard de Tremblay à quitter la France où il n'aura passé qu'une journée. Un exemple assimilable est donné par l'intervention qui suit, du jeune homme d'un couple de Toulouse à une amie de Pau les accompagnant au Centre Pompidou :

(35)   Tch, tch ! Tu peux pas le mettre à la poubelle, ton accent ?
(entendu, 18.06.2007)

La réaction la plus fréquemment notée reste l'amusement, qui se reporte des variétés plus légitimes aux variétés dominées. Le contact avec les Francophones est plus problématique pour les Acadiens que celui des Anglophones, et Boudreau (2001) relève le propos manifestement douloureux d'une Acadienne sur les rires qu'avait provoqués son accent chez d'autres Francophones. On se souviendra de même des rires gênés du public québécois face à l'accent de l'auteur franco-américain Jack Kerouac lors de son entrevue le 7 mars 1967 à l'émission *Le Sel de la semaine* à Radio-Canada. L'amusement des communautés dominées à l'égard des variétés légitimes est noté dans cet exemple :

(36)   Un monsieur très sérieux avec un uniforme et une casquette est venu poinçonner nos billets et regarder nos papiers en blaguant sur l'accent si drôle des Canadiens français. Antoinette a blanchi. Moi, j'ai rougi. J'ai eu envie de lui dire que son accent était aussi drôle pour nous mais il n'aurait peut-être pas compris. À partir de maintenant je dois accepter que je suis en minorité, ici, et que c'est moi qui ai un accent. Ça va être difficile parce qu'on riait tellement, sur la rue Mont-Royal, quand on entendait quelqu'un qui avait l'accent français...
(M. Tremblay, 1984, *Des nouvelles d'Édouard*, 190. Cité par Modenesi 2003 : 287)

Le récit *La Gribouille* d'Antonine Maillet met en scène un village acadien qui se moque allègrement de l'accent d'un touriste français (Jean Derive, communication personnelle). Cette scène est comique pour les Français car elle repose sur l'idée absurde pour eux qu'ils pourraient ne pas être compris d'autres communautés francophones. Une ancienne publicité de la carte de crédit Visa diffusée au Québec mettait en scène un Cajun qui « avait peur de pas comprendre l'accent québécois ». La représentation est tout aussi comique pour les Québécois en proposant qu'ils pourraient être incompris de Francophones nord-américains.

L'affirmation de l'infériorité symbolique de la pratique de l'autre se fait par l'imitation. S'arrêtant à la forme et refusant de recevoir son contenu (14), l'imitation est l'apanage des locuteurs de la variété légitime. Je ne connais pas d'exemple symétrique de Québécois imitant l'accent français devant des locuteurs gallicans, ou d'imitation entre locuteurs d'autres variétés. [Chantal Gagnon me cite un exemple où des amis québécois dans un restaurant montréalais ont passé commande en imitant l'accent gallican pour taquiner le compagnon français d'une des membres du groupe et aussi le serveur avec l'accent du Sud de la France ; s'y voit l'importance du territoire pour un cas exceptionnel.]

(37) a. Les Parisiens me font souvent répéter, surtout pour écouter la musique de ma langue, s'intéressant moins au fond de mes propos qu'à la façon dont je les exprime.
(M. Jacot. 12.7.2005. « Les Québécois s'étonnent de constater les ravages de l'anglais en France » *Le Monde*)

b. Et c'est là que j'ai réalisé qu'il ne comprenait pas un mot de ce que je disais, qu'il riait juste aux sons que je faisais.
(M. Tremblay, 1984, *Des nouvelles d'Édouard*, 220. Cité par Modenesi 2003 : 287. Voir aussi p. 248 de Tremblay)

(38) a. Mon voisin de queue [...] y va d'une tentative malheureuse d'imitation de mon accent.
« Pârrrrlez-nous don' in peu ed' Céline Dion ! Comment c'est-y qu'a va ? Et pis Garou ? »
Et voilà ce pauvre cocu de boucher qui en rajoute :
« Vive le Québec libre, pas vrai ? Tabernacle ! »
Il est tout fier. C'est d'autant plus agaçant qu'il est aussi incapable d'imiter mon accent que moi le marseillais.
(Nadeau 2002 : 109)

b. Je reviens d'un rendez-vous à la Défense où l'accueil des trois réceptionnistes m'a laissé un fort mauvais goût. À peine ai-je ouvert la bouche que ces trois *taspés* ont éclaté de rire. J'ai finalement pu parler à celle des trois qui a pu se reprendre.
Rien d'exceptionnel. Il ne se passe pas un jour sans qu'on souligne ma différence, ou qu'on fasse une remarque sur mon accent. Que ce

soit au téléphone, en randonnée, chez les boucher, je suis étiqueté, et ça m'agace certains jours. Quand on ne me demande pas des nouvelles de Céline Dion, en voilà un qui se met à me crier des « Tabarnaque ! » amicaux en plein restaurant. Ou bien un inconnu, à qui je viens d'adresser la parole, répète exactement ce que je viens de dire en essayant d'imiter mon accent. (Nadeau 2002 : 110)

Cette imitation de la part de Français se retrouve jusque dans le répertoire de leurs comiques. Ce n'est pourtant pas que les Français ignorent ce que peut avoir de déplaisant cette affirmation de la différence de l'autre. On m'a fait des remontrances quand je me suis trouvé à utiliser des inflexions maghrébines sans m'apercevoir que le chauffeur du taxi était de cette origine. En imitant l'accent belge, notent Le Berre et Le Dû (1993), « Coluche, par exemple, renforce le sentiment narcissique de supériorité du Centre Francophone et définit du même coup tout une périphérie sociale et politique linguistiquement dévalorisée » (1993 : 85, note 5). C'est donc la légitimité de la pratique gallicane et la curiosité des autres pratiques que réaffirme l'imitation.

Cette croyance en une légitimité supérieure n'est pas sans impact matériel réel. Le plus connu est l'extrême difficulté que rencontre la littérature québécoise en France :

(39) a. À ce préjugé contre la technologie française correspond chez les Français un autre préjugé qui gêne considérablement la vente des produits culturels québécois en France. Si la chanson québécoise passe bien en France, ce n'est pas le cas du livre et du cinéma, qui, selon l'écrivain Michel Tremblay, sont victimes du *paternalisme* des Français à l'égard du Québec. « Les Français, dit-il, veulent du folklore. Ils n'ont pas envie de connaître la culture québécoise. N'importe quel écrivain français est distribué dans nos librairies, alors que nos livres ne vont même pas jusqu'en France. » Et ce n'est pas faute d'avoir essayé !
(B. de la Grange. 7.3.1985. « Succès et malentendus de la coopération culturelle franco-québécoise ». *Le Monde*, 7)

b. [...] les livres québécois arrivent avec un net accent qui serait difficile à assimiler par la machine de l'édition française.

Selon Pascal Assathiany, éditeur québécois (Boréal), le français d'outre-France ne passe pas en France ; il vaudrait mieux que les écrivains québécois composent leurs œuvres dans une autre langue, pour ensuite passer en France par le biais de la traduction, comme les Américains.
(D. Homel. 17.3.2006. « La littérature québécoise n'est pas un produit d'exportation. » *Le Monde des Livres*)

Le passage par une autre langue est déjà évoqué au dix-neuvième siècle par Octave Crémazie qui imagine des œuvres en huron, en iroquois pour surmonter les difficultés de réception. Cette difficulté se reporte au théâtre, la représentation parisienne des *Belles-sœurs* en novembre et décembre 1973 ayant fait l'objet de demandes d'une adaptation « en français » (Miraglia 2006 : 415), auxquelles avait répondu la mise à disposition d'un glossaire. Une adaptation effective aurait été faite de la pièce *Les Muses orphelines* de Michel Marc Bouchard (Chantal Gagnon, communication personnelle). De même pour l'audiovisuel, pour le doublage (Deslandes 2005), la télévision, le cinéma :

(40) a. La situation est identique dans le domaine de la télévision et du doublage. Le Québec achète chaque année deux mille cinq cents heures d'émissions françaises, qui sont intégralement diffusées sur une chaîne spéciale TVFQ-99. Les trois autres chaînes francophones du Québec diffusent également des émissions produites en France. En contrepartie, la France achète en tout et pour tout une centaine d'heures d'émissions québécoises, qui ne sont pas toutes diffusées.
« Mes interlocuteurs français m'ont dit que l'accent québécois passait mal en France, affirme M. Gilles Vinet, vice-président de la chaîne. C'est sans doute vrai à Paris, mais pas nécessairement en province. Nous cherchons des complicités en dehors de Paris, comme nous l'avons fait en Bretagne, en diffusant sur FR-3, en mai dernier, notre journal télévisé quotidien. »
Le syndicat des acteurs français évoque également *le problème de l'accent* pour monopoliser à son profit le doublage des films et des feuilletons américains. M. Vinet trouve « anormal qu'aucune production américaine ne puisse être doublée à Montréal avant d'être envoyée en France, d'autant plus que nous avons des comédiens capables de faire un doublage en français international. »

(B. de la Grange. 7.3.1985. « Succès et malentendus de la coopération culturelle franco-québécoise ». *Le Monde*, 7)

b. « Mais en privé, les mêmes [responsables de la télévision française] confessent que l'accent québécois constitue pour les téléspectateurs français une barrière infranchissable. »
(J.-F. Lacan. 13.6.1984. « Les images passent mal l'Atlantique. » *Le Monde*)

c. En français, l'on peut prétendre sans rire que des aventures policières new-yorkaises ne peuvent être doublées adéquatement qu'à Saint-Cloud.
(B. Arcand et S. Bouchard. 1998. « L'accent français ». *Des pompiers, de l'accent français et autres lieux communs*. Montréal : Boréal. 84)

d. [...] aucun journaliste québécois n'a jamais fait carrière dans la presse française, et ce n'est pas faute d'avoir essayé. Non qu'il manque de bons journalistes au Québec. Mais les Québécois ont un accent, ils écrivent différemment et ils n'ont pas fait les bonnes z'écoles non plus. À l'inverse, on trouve tout un tas de journalistes français dans la presse québécoise, simplement parce que les Québécois s'accommodent bien mieux de la réalité française que le contraire. (Nadeau 2002 : 123)

Le doublage au Québec est si peu envisageable en France que le personnage de la Montréalaise du film américain *Mon voisin le tueur* (2001) voit son fort accent de demeurée traduit de façon peu naturaliste par la société *Dubbing Brothers* à Paris.

Le rejet, l'imitation, le rire amènent à leur tour des réactions de ceux contre qui ils s'exercent, d'explicitation dénonciatrice :

(41) En français, il n'y a qu'en Île-de-France où l'on ne trouve aucun accent. On y parle uniquement le français.
(B. Arcand et S. Bouchard. 1998. « L'accent français ». *Des pompiers, de l'accent français et autres lieux communs*. Montréal : Boréal. 83)

et surtout de colère :

(42) a. Je lis brièvement dans le courrier de je ne sais plus quel journal la lettre d'un Français expatrié qui s'en prend au gravissime problème

des Québécois s'offusquant lorsqu'on fait allusion à leur accent (il est vrai que cela froisse parfois la susceptibilité de certains).
(Dantec 2000 : 410)

b. En accompagnant ici en 2001 son film *La femme qui boit* sélectionné à la Semaine de la critique, Bernard Émond avait serré les poings devant la réflexion d'une spectatrice française : « Je sais que votre film est tragique, mais quand j'entends l'accent des gens, ça me fait rigoler. » Le cinéaste québécois estime qu'une telle attitude relève du plus parfait mépris envers lui et les siens. Il ne l'a pas envoyé dire à cette dame...
(O. Tremblay. 21.5.2003. « Une langue de pauvres ». *Le Devoir*, A1)

La colère des Acadiens ne s'exerce pas à ma connaissance envers les Français, mais envers les Québécois, et celle des Montréalais moins envers les Parisiens qu'envers les gens de la ville de Québec – ce dernier conflit étant mis en scène dans la pièce *La face cachée de la lune* (2000) de Robert Lepage, et dans *Le Gars de Québec* de Tremblay qui y adapte *Le Révizor* de Nicolas Gogol autour d'un imposteur qui pratique une variété prestigieuse de la capitale. Ces démonstrations peuvent également donner lieu à des discours affirmant la symétrie des variétés – ce que fait le titre de l'essai de Nadeau *Les Français aussi ont un accent* (2002) et l'extrait suivant (voir également l'allégation de difficulté symétrique de compréhension mise en scène par Roullaud, Prévost 1998 : 83-84) :

(43) On a tous un accent du pays, même mes Parisiens qui, *intra muros*, parlent avec la langue collée au palais, et en banlieue au fond de la gorge. Moi, je sais, je parle du nez.
(J. Godbout, 1993, *Le temps des Galarneaux*, 75)

La réaction la plus fréquemment rapportée reste celle de l'adaptation (théorisé par Howard Giles).

(44) a. Rachel [...] a attrapé ce petit accent pointu commun à la plupart des Parisiens. Elle ne s'en rend pas compte [...]. C'est qu'elle a de l'oreille et a besoin de s'intégrer rapidement où qu'elle se trouve mon joli caméléon !

(C. Jasmin, 1986, *Maman-Paris, Maman-la-France*, 65. Cité dans Modenesi 2003 : 284)

b. Pis une chose étrange s'est produite : quand j'ai parlé, ma voix avait changé ! Je ne sais pas ce qui s'est passé, mais... mes *r* ont changé de place dans ma bouche ! Je ne sais pas comment vous expliquer ça... J'essayais pas de parler comme lui, Dieu m'en garde, comme y diraient dans les romans français, mais j'étais pus capable de parler comme d'habitude... [...]
Ce qui m'étonnait le plus c'est que ça s'était fait automatiquement. Sans le vouloir, j'avais changé ma façon de parler juste parce qu'un Français me parlait !
(M. Tremblay, 1984, *Des nouvelles d'Édouard*, 75. Cité dans Modenesi 2003 : 284 et Prévost 1998 : 90)

c. Et je me suis entendu dire avec mon propre nouvel accent qui sort je ne sais d'où :
Vous savez, madame la princesse, tout le monde ne parle pas comme madame Beaugrand, chez nous... L'accent change selon les quartiers...
(M. Tremblay, 1984, *Des nouvelles d'Édouard*, 137. Cité dans Modenesi 2003 : 284 et Prévost 1998 : 91)

d. Je lui ai répondu avec un accent qui s'approchait le plus possible du sien : « Ceurtaineument ! » et je lui ai montré mon billet...
(M. Tremblay, 1984, *Des nouvelles d'Édouard*, 186. Cité dans Modenesi 2003 : 284)

e. Je crois deviner qu'il n'a pas compris et je répète en essayant de sonner le plus possible comme lui :
Lé toilééétes, s'il vu plé.
(M. Tremblay, 1984, *Des nouvelles d'Édouard*, 210. Cité dans Modenesi 2003 : 285. Voir aussi pp. 220, 227, 230 de Tremblay, signalé par Prévost 1998 : 90-91)

Les motifs de l'adaptation doivent être distingués, car il n'est pas équivalent de se rapprocher de la langue de l'autre par peur de voir critiquée sa variété ou pour être compris. C'est dans une visée apparemment instrumentale [1] que Marie-Josée Croze

---

1. Visée instrumentale qui ne la libère apparemment pas de la critique québécoise, s'il faut en croire la source britannique suivante :

adopte un accent fortement gallican dans une entrevue sur le film *Les Invasions barbares* à France Inter, le 29 mars 2003 ; cette visée se retrouverait chez des acteurs québécois travaillant en France comme Yves Jacques par exemple ; elle sous-tend le témoignage suivant :

(45) Or voilà que son deuxième long métrage, *20 h 17 rue Darling*, est retenu deux ans plus tard à Cannes dans la même catégorie que son œuvre précédente. Cette fois, échaudé, il a pris le taureau par les cornes...
Hier, avant la projection, le cinéaste québécois a harangué la salle (pleine) : « Je ne vous parlerai pas du film. Je vous parlerai de sa langue. C'est une langue de pauvres, une langue de gens dont les ancêtres ont cultivé une terre de misère pendant 300 ans, dont les grands-parents sont remontés en ville pour se faire exploiter par des patrons anglais qui les méprisaient. La langue de pauvres de mes parents et de mes grands-parents dont j'aime la musique. Et si vous ne comprenez pas, lisez les sous-titres anglais, a-t-il suggéré. Regardez le film comme si c'était du serbe ou bien du chinois. »
[...]
[...] il n'y a pas de fausse honte à sous-titrer quand ça s'applique. Ce n'est pas mépriser notre langue que de la juger différente. L'important, c'est d'étendre notre public.
(O. Tremblay. 21.5.2003. « Une langue de pauvres ». *Le Devoir*, A1)

L'adaptation n'est pas symétriquement adoptée par les locuteurs gallicans : ils ne sont pas réputés perdre leur accent ou prendre celui de l'autre, même si une longue résidence au Québec peut le mâtiner, ce que ne reconnaissent guère les Québécois.

« Her departure for Paris did upset some fans in Montreal, who've accused her of pretentiously adopting a French accent. She springs to her own defence : "I changed my Quebec accent because I had to. English actors do American accents in Hollywood films, don't they ? Anyway, I had to speak with a French accent here, otherwise people wouldn't understand me. They pretend they don't understand people with accents from anywhere outside Paris". »
(E. Day et J. Solomons. 28.10.2007. « Meet France's creative kings and queens ». *The Observer*)

La différence aux autres que marque l'accent est corrélative à la ressemblance aux siens. L'accent prend ainsi une dimension identitaire, qui fait reconnaître comme membre du groupe. C'est ce qu'illustre le passage suivant de *Cyrano de Bergerac* où le personnage de de Guiche est reconnu comme membre du groupe du bataillon gascon au moment où sa déclaration de courage se fait avec leur inflexion :

(46) De Guiche (fièrement, à qui échappe sur le dernier mot une légère pointe d'accent). — Je vais me battre à jeun !
Premier cadet (exultant de joie). — A jeung ! Il vient d'avoir l'accent.
De Guiche (riant) — Moi ?
Le cadet — C'en est un ! (Ils se mettent tous à danser.)
(E. Rostand. *Cyrano de Bergerac*. Acte 4, scène 7. Paris : Fasquelle. 197)

L'accent marque l'appartenance, qui peut être questionnée pour ceux chez qui il s'est atténué :

(47) a. — Faut pas que je revienne avec un accent français !
— Qui a dit ça ?
— Tout le monde.
— Pourquoi ?
...
(Enfant québécois de 10 ans, à sa première heure à Paris, 29.1.2001)
b. D'aucuns déplorent ce genre de flexibilité [...]. Pourquoi corriger sa manière de dire les choses quand il y va de l'identité personnelle, de l'affirmation de soi et de la capacité de défendre fièrement son droit fondamental à une existence autonome ? Rien ne les choque davantage que ces Québécois serviles qui, dès le débarquement à Paris, adoptent l'accent du coin. Rien, sauf peut-être ces Québécois qui, de surcroît, insistent pour garder ici ce même accent parisien dans l'espoir gêné qu'il les aidera à sortir de leur misère. Frustration suprême, « une honte », un manque flagrant de confiance en soi qui ne convient qu'aux faibles et aux colonisés.
(B. Arcand et S. Bouchard. 1998. « L'accent français ». *Des pompiers, de l'accent français et autres lieux communs*. Montréal : Boréal. 78-79)

ou qui ne l'ont pas :

(48) Vous ne parlez pas comme nous autres : vous ne faites pas partie des nous-autres. Vous parlez un français « châtié » : vous n'êtes pas un vrai Québécois mais un colonisé. Vous êtes un garçon qui soigne son langage : vous n'êtes pas un vrai gars. Vous êtes un immigré « avec un accent » : vous refusez de vous intégrer à votre société d'accueil... (L. Meney. 7.1.2004. « Parler français comme un vrai Québécois ? » *Le Devoir*, édition électronique)

Ceux qui délaissent leur accent d'origine peuvent être rejetés : le dédain se portant sur le personnage québécois mais gallicisant de Lisette de Courval dans *Les Belles-sœurs* (1968) de Tremblay est représentatif des jugements d'inauthenticité et de prétention sur les locuteurs québécois adoptant un accent se voulant français :

(49) a. J'ai essayé de mettre à l'écran une autre classe sociale. Loin des restaurants gris ou roses, loin des lofts et des divans Roche-Bobois, loin de la moutarde forte, des cheveux mauves et des lampes halogènes. J'ai essayé de faire vivre un monde autre qui, lui, ne respecte pas la norme du français dit international. Un monde où le week-end n'a pas encore remplacé la fin de semaine. J'ai essayé, je dis bien essayé, de coller à la langue de ce monde. Et ce n'est pas si simple. Et ce n'est pas si facile. Et je ne suis pas sûr d'y être arrivé ou même d'en avoir le talent, tellement mon cerveau est pollué par cette norme serrée, congelée, empesée. La langue de bois du capitalisme à visage humain est une chape de plomb.
(P. Falardeau. 1990. « La liberté n'est pas une marque de yogourt ». *La Liberté n'est pas une marque de yogourt.* 13-15. p. 15)

b. Grossière et méprisante aussi, l'entreprise de désinformation systématique de Radio-Canada. Les nouvelles et Le Point, quelle grossièreté ! On censure et on ment dans un français international. On trafique la nouvelle, on travestit la réalité, on nous dilue dans le grand tout, avec la bouche en trou de cul de poule. La véritable grossièreté, elle est là.
(P. Falardeau. 1990. « Le boxeur et le boulanger ». *La Liberté n'est pas une marque de yogourt.* 29-43. p. 39 ; voir aussi p. 98)

c. Pour revenir à Bond, James Bond, j'ai hâte de voir ça à Radio-Canada. On va d'abord avoir droit au tata de service qui, dans son Parisian French, va nous raconter que c'est un scénario génial mené de main de maître (il ne faut pas mordre la main du maître, surtout du maître brasseur, le gros brasseur d'affaires, les affaires sont les affaires).
(P. Falardeau. 1977. « Le cinéma politique de Walt Disney ». *La Liberté n'est pas une marque de yogourt*. 83-89. p. 87)

d. Tu n'as rien manqué d'une soirée complètement assommoir. [...]. La moyenne d'âge était de 65 ans et tout le monde parlait avec un merveilleux accent français de Charlesbourg. C'était charmant de platitude. Dans le pire, on ne fait pas mieux.
(Message d'un collègue québécois, 6.2.2003)

e. Et puis alors c'est agaçant à la fin cette façon qu'elle a, même au téléphone, de parler joual avec l'accent parisien tantôt vice versa, c'est catégoriquement insupportable.
(R. Ducharme. 1973. *L'Hiver de force*. Paris : Gallimard. 21)

f. Et ainsi Sex-Expel, avec son fort accent parisien de Lavaltrie, nous réveille pour nous dire de passer au bureau à *quatorze heures*.
(R. Ducharme. 1973. *L'Hiver de force*. Paris : Gallimard. 120)

et qui transpirent de l'extrait suivant de Dantec sur des représentants d'autres communautés :

(50) [...] au cours de ce débat télévisé fort ennuyeux au demeurant, j'ai eu l'occasion de constater que face aux épigones des *identités nationales* corses, basques ou bretonnes, Gallo donnait plutôt l'apparence d'un patricien stoïque. Alors que tous s'expriment en français, avec parfois le plus bel accent pointu qu'il soit donné d'entendre, ils sont *avant tout* corses, basques ou bretons. Avant tout.
C'est tout dire. (2000 : 557)

L'attitude peut aller jusqu'à l'ostracisme, qui s'est abattu sur l'auteure-compositeure-interprète Diane Tell quand elle passa à Paris et à son dialecte :

(51) Sans trop revenir sur le traitement particulier infligé à la chanteuse au cours des 15 dernières années, mentionnons tout de même que

cette triste histoire d'accent nous aura fait oublier l'essentiel.
(P. Marsolais. 24.7.2003. « C'est ma vie ». *Voir Montréal*, 8)

Une fois le mouvement de rejet passé, l'artiste déclarera : « j'ai eu l'impression d'être réacceptée dans la famille », confirmant les rapports entre appartenance et accent.

Marque du rapport entre soi et l'autre, la notion d'accent s'associe à des jugements de valeur.

(52) Les Français qui découvrent l'accent québécois dans leur langue peuvent s'en amuser et le trouver cocasse – certains diront *rustique, archaïque, paysan* –, mais la réciproque se vérifie implacablement, et les Québécois ne manquent pas de trouver comique – précieux jusqu'à la caricature – l'accent parisien [...].
(A. Fleischner. 2005. *L'Accent. Une langue fantôme*. Seuil. 26)

La valeur du français québécois est celle d'une variété moins prestigieuse. Ce prestige moindre se révèle en creux dans le compliment « vous n'avez pas la trace du plus petit accent même si vous êtes Québécois » (M.-Cl. Blais, 1991, *Une liaison parisienne*, 24, cité dans Modenesi 2003 : 285) d'une vendeuse pour un client québécois ; s'il affirme les aptitudes du personnage, le propos n'en suppose pas moins que l'accent d'origine est peu recevable. C'est ce qu'affirme de façon plus brutale le personnage de Giraudoux dans l'extrait suivant :

(53) [...] tant pis, si je prends l'accent de Québec.
(J. Giraudoux, 1928, *Siegfried*)

Comme le montrent les considérations sur l'archaïsme, les accents québécois et canadien sont symboliquement associés à l'ordre paysan, campagnard. Le français paysan du personnage de Françoise est associé explicitement au français d'autrefois par Proust (voir par exemple *Le Côté de Guermantes*, t.1, 30). Celui-ci se trouve tout au bas de l'échelle de prestige gallicane, parce que sa population est réputée la dernière à avoir adopté le français de référence. Cette variété n'étant pas pratiquée par Québécois, ils sont assimilés au rustique.

La légitimité supérieure que s'arroge le français gallican n'est pas concédée avec sérénité par les locuteurs québécois. Cette intranquillité se manifeste en contre-discours sur la prétention des Français.

(54) L'accent Parisien (surtout par contraste avec celui des Québécois) est grinçant, pincé et snob.
(N. Huston et L. Sebbar. 1986. *Lettres parisiennes. Histoires d'exil.* Paris : J'ai Lu. 25)

Les séquences de la narration suivante évoquant une posture prétentieuse sont rendues par l'emploi d'un accent gallican :

(55) Jean-Luc Godard il y a personne qui comprenait ce qu'il faisait. Ça c'était la mode dans le temps. Quand tu comprenais pas tu disais que c'était au bout [super]. Là tout le monde disait *Tu sais pas ce que j'ai vu en fin de semaine ?* Non. Alors j'ai vu un film de Jean-Luc Godard. Puis les gens disaient pas *As-tu compris ?* Avant même que la question arrive l'autre te disait *Mais c'est super au bout débile* Là tout le monde se garrochait pour aller voir ça puis il revenait puis là ça faisait mal si tu disais que tu avais pas compris. [...]. Là tu disais *Moi j'ai vu Week-End de Jean-Luc Godard. Week-End c'est complètement délirant c'est fou.*
(D. Vincent. 2006. « Polyphonie et interaction ». Laurent Perrin (dir.). *Le Sens et ses voix. Dialogisme et polyphonie en langue et en discours.* Metz : CELTED. 127-142. p.135)

Le jugement de prétention sur le gallican est confirmé par l'accent dit pointu des Français, chez Jasmin (25a), chez Dantec (31), et se reporte aux Québécois qui manifestent une pratique gallicane. C'est ce que communique l'expression parler *la bouche en cul de poule* – qui s'emploie de même en France pour stigmatiser les maniérismes linguistiques. Cette expression est employée par Pierre Falardeau ci-dessus (30b), par le journaliste Jean Dion à l'endroit d'un lecteur prescriptif (« Pourquoi parlez-vous la bouche en cul de poule ? », 14.3.2007. « Ce mot n'existe pas. » *Le Devoir*, B2) lui ayant écrit qu'il utilisait des mots ne se trouvant pas dans le dictionnaire, et dans ces extraits :

(56) a. Certains intellectuels ont voulu, dans les années soixante, glorifier ce langage, l'associer à une forme de libération ou de révolte contre l'élitisme et les becs en cul de poule, lui donner en quelque sorte ses lettres de noblesse. (Dor 1997 : 24)

b. Vous me direz que Radio-Cadenas, c'est aussi épais quand on y regarde de plus près. Brillant par-dessus et épais par en-dedans. Épais et prétentieux en plus. Plein de pédants surprétentieux, la bouche en trou de cul de poule hémorroïdique, atteints du complexe du *Scott Towell* : double épaisseur pour plus d'efficacité. On masque la bêtise sous une couche de vernis : le français international à la Sophie Barat, à la Brébeuf, à la Stanislas.
(Falardeau, Pierre. 1984. « Les chiens savants ». *La Liberté n'est pas une marque de yogourt*. 95-108. p. 98)

L'affectation peut être associée aux maniérismes qu'on attribue aux homosexuels chez certains membres des classes populaires, ce que documentent ces extraits :

(57) a. Si je m'écriais, soudain, en plein milieu d'émission : « Y a-tu moyen, stie, de parler com' du monde au FM de Radio-Canada, ou ben s'y faut toujours s'mette la gueule en cul-de-poule pis parler comme un tata ? », quelle serait la réaction ? [...]. Car il y a dans un tel énoncé deux parties tout à fait distinctes, quoique communément réunies. [...] la seconde partie constitue une affirmation gratuite qui établit une liaison simpliste entre un accent particulier et une forme d'homosexualité masculine.
(B. Arcand et S. Bouchard. 1998. « L'accent français ». *Des pompiers, de l'accent français et autres lieux communs*. Montréal : Boréal. 87-88)

b. In Quebec, to speak the French of France is, according to the degree of politeness of the comment, « to speak effeminately », « to speak like a Parisian », or « to speak with a mouth like a hen's arse » ; to speak Québécois is « to speak with good sense », to speak with virility.
(Saint-Jacques 1990. cité dans Oakes et Warren 2007 : 118)

Un jugement conventionnel de prétention s'applique à l'accent gallican chez les Québécois qui souffrent du prestige que les Français attribueraient à leur variété dominante et qu'ils refusent à celle du Québec. Ce refus se manifeste par les jugements de faible sophistication se reportant au français du Québec, que manifestent les condamnations, les imitations, l'amusement qu'il provoque et qui le considèrent dans sa seule différence, quand n'est pas alléguée l'inintelligibilité. Quand Thierry Ardisson affirme que la seule chose désagréable chez l'auteure québécoise Nelly Arcand qu'il reçoit à une de ses émissions fin 2001 est son accent, il réaffirme le prestige de sa propre variété qu'il dénie à celle de l'autre. Cette position n'est pas propre aux seuls Français, elle se manifeste entre tous les groupes dont la pratique linguistique possède un niveau différent de légitimité. Si certaines pratiques comme l'imitation semblent essentiellement le fait des Français, les Québécois sont susceptibles de se moquer de leurs propres variétés régionales.

(58)   Julie aujourd'hui a vingt ans / Et est marié depuis deux ans / Avec un gars de Chicoutimi / J'vous dis qu'il a un maudit bel accent
(Les Colocs, 1993, *Julie*)

de même qu'ils s'étonnent des français acadien et louisianais jusqu'à les dire incompréhensibles. [Ces jugements ne seraient pas inconnus en Acadie où les classes sociales supérieures déclareraient inintelligible le parler des classes dominées selon Boudreau et Dubois 2007.] La dynamique de légitimité se reporte à la question des différences lexicales que traite la prochaine section.

Différences lexicales et grammaticales

Le français de France et le français du Québec se distinguent par leurs mots et certains traits grammaticaux. Les différences lexicales font l'objet d'une typologie détaillée de la part de

3 Vive la différence ! 103

Claude Poirier, qui distingue les catégories diachroniques de l'héritage français, de l'emprunt, de l'innovation. Outre les formes communes, la première catégorie comprend des archaïsmes, des dialectalismes. Des exemples du domaine lexical des ustensiles sont donnés par Verreault et Lavoie (2003) qui note l'archaïsme *poêlonne* 'poêle à frire', le dialectalisme *chaudronne* 'chaudron'. On l'a vu, l'archaïsme est un des motifs d'explication de la différence québécoise :

(59) a. Il n'est que d'écouter parler les Canadiens qui ont émigré avec le langage de leurs parents français des XVIIe et XVIIIe siècles, et qui ont évolué autrement, dans un monde social plus réduit que le lieu d'où ils émanaient et où, du fait de la Révolution française, non seulement le langage grammatical, mais aussi la manière de vivre les uns avec les autres ont changé.
(F. Dolto, 1985, *Tant qu'il y aura des enfants*. Frantext)
b. [...] cette vieille langue de Rabelais qui est encore en usage dans quelques provinces canadiennes.
(J. Verne. « Ned Land ». *20 000 lieues sous les mers*. Chapitre 4)

Faits principalement à l'anglais et aux langues amérindiennes, les emprunts sont illustrés par *coutellerie* 'couverts' et *micouenne* 'espèce de louche'. Un autre emprunt à l'amérindien est signalé par Lévi-Strauss :

(60) [...] pour les carcajous – adaptation canadienne d'un mot indien qui signifie *mauvais caractère* – c'est une autre affaire, car ils occupent dans le folklore une place très particulière.
(C. Lévi-Strauss, 1962, *La pensée sauvage*. Frantext)

La forme *grosse cuillère* donne un exemple d'innovation. Une typologie synchronique note le canadianisme lexématique (*bombe* 'bouilloire'), sémantique (*coutellerie* 'couverts'), de statut (*cuillère à thé*, 'cuillère à café'), phraséologique (*grosse cuillère* 'cuillère à soupe'). Tous les aspects des mots sont ainsi concernés par la variation entre communautés. Les mêmes distinctions pourraient sans doute caractériser les différences grammaticales. On devrait établir si le marqueur d'interrogation totale

-tu (*Il veut-tu y aller ?*), la cooccurrence de *pas* et d'autres marqueurs de négation (*Il a pas rien fait*) reprennent des structures existantes en français général à l'époque de la colonisation de la Nouvelle-France mais tombée depuis en désuétude. Le cas est illustré avec certitude par la conjugaison *je vas*, trait de la langue des courtisans critiqué par Henri Estienne et le siècle suivant par Claude Vaugelas qui disparaîtra avec l'Ancien Régime au profit du populaire *je vais*. C'est probablement le cas de la négation, ainsi que le suggère l'observation prescriptive de la Bélise des *Femmes savantes* de Molière (« De *pas* mis avec *rien* tu fais la récidive, / Et c'est, comme on t'a dit, trop d'une négative », Acte 2, scène 6). Il pourrait se faire que l'interrogation relève de structures en usage dans une région de France, qu'on retrouve dans certaines variétés de franco-provençal (Andres Kristol, communication personnelle). On peut supposer que les emprunts se font surtout à l'anglais, les langues amérindiennes étant trop différentes pour modeler la syntaxe du français, à tel point que le michif retient la syntaxe française pour les groupes nominaux et la syntaxe crie pour les groupes verbaux. Ce n'est qu'une fois ces recours épuisés qu'on sera autorisé à parler d'innovation, et à souligner les différences de forme, de sens, de distribution, de fréquence.

    Ce qu'il faut noter est que ces considérations sont évidemment différentielles. La différence du français de France avec d'autres variétés n'est envisagée par aucune étude, alors que la différence entre anglais américain et anglais britannique a pu être considérée de chaque point de vue. Des formes britanniques autant que des formes américaines peuvent être dites archaïques pour l'autre variété. C'est par rapport à la seule variété gallicane qu'est mesuré l'archaïsme des formes québécoises, et non par ses propres formes vieillies (comme *une machine* 'une automobile', *une secousse* 'un certain temps'), ou les formes gallicanes qui seraient archaïques en québécois. Cette approche différentielle à sens unique ne donne qu'une place indirecte à ces formes qui sont largement répandues dans la Francophonie sans avoir réussi à s'imposer à Paris, ou qui y ont perdu leur place. Le cas paradigmatique en est la dénomination des repas (Nadeau 2002 : 20, 73).

(61) Une invitation à souper à cinq heures et demie de l'après-midi, c'était sans doute comme les bonjours en guise d'adieux.
(Pelletier 2005 : 45)

(62) a. Comme les agriculteurs français – en tout cas, un bon nombre – nous prenons chaque jour le déjeuner, le dîner et le souper [...].
(Banque *Textum*)
b. Y disent qu'y dînent quand y soupent / Et y est deux heures quand y déjeunent   (L. Lemay, 2000, *Maudits Français*)

Le repas de la fin de soirée qu'est le *souper* auquel on réfère encore au dix-neuvième siècle (dans *Lucien Leuwen* par exemple, Stendhal 2002 : 223) désigne le repas du soir dans la plupart des communautés francophones, à Montpellier, à Genève, à Bruxelles et à Québec entre autres, ce qu'à Paris on appelle le dîner ; le repas du midi étant le dîner pour les uns et le déjeuner pour les autres, le petit-déjeuner étant la désignation parisienne de ce que les autres appelleront déjeuner. Si l'alignement sur la pratique parisienne est fait par les journalistes belges, ce n'est pas le cas au Québec – où n'est relevée que l'exception de la bourgeoisie montréalaise francophone (Girard 1997 : 254, note 13) dans des circonstances qui me sont inconnues et qu'il faudrait préciser. Ces formes différentes donnent lieu à des discours, qu'on ne retrouve guère pour les convergences. Pourtant, même en dehors de la variété de référence, beaucoup de formes québécoises se retrouvent aussi dans quelque variété de France. Le parisien populaire connaît ou a connu *astheure* 'maintenant' (film *Boudu sauvé des eaux*) ; dans le deuxième tome *du Côté de Guermantes*, Proust attribue *défaite* au sens d'un prétexte servant d'excuse à madame Cottard (p. 189) et *le monde* pour 'les gens' à un personnage qui garde l'entrée d'un pavillon de toilettes (p. 163), mais c'est chez le narrateur qu'on retrouve un *de coutume* 'habituellement' (p. 218).

Ce qui sépare les variétés n'est pas toujours perçu par les locuteurs : la plupart des Français ignorent ce qui leur appartient en propre et ce qu'ils partagent ; une collègue belge avait utilisé la séquence *Il y avait assez bien de monde* 'pas mal' dans l'exemplier d'une conférence scientifique sans s'être rendue compte que la forme n'était pas largement connue. Investiguant ce qui est perçu comme régional, Singy note que si des formes leur étant propres comme *gouille* 'flaque d'eau' sont bien identifiées par les Vaudois, ceux-ci croient voir des particularismes dans des formes générales de registre familier comme *troquet* ou *boulot* (1993 : 113 ; voir les résultats convergents de Martel et Thiboutot 1995). On y retrouve l'association du familier et du régional qui tous deux se trouvent également déconsidérés par la pratique normée. La reconnaissance d'une forme particulière n'entraîne pas la connaissance de l'équivalent général : une collègue québécoise voulant s'assurer de l'intelligibilité de l'exemple *Hey, le pic, sèche !* confesse dans un échange privé son incertitude sur l'équivalent gallican. Une différence perçue peut l'être en termes de stigmatisation ou d'emblème. Les formes stigmatisées sont illustrées par les emprunts : l'anglicisme et le germanisme sont universellement condamnés au Québec et en Suisse où un contact direct est entretenu avec les langues prêteuses dont on croit voir l'effet partout (Martel et Thiboutot 1995) : le chiac est évalué plus positivement par les Acadiens quand il recourt à des archaïsmes français que quand il intègre des anglicismes (Boudreau et Dubois 1993 : 154, n. 4), et *tiper* 'donner un pourboire' ou *firme* 'société commerciale' sont mieux acceptés par les Suisses romands lorsqu'ils sont perçus comme anglicismes que comme germanismes (de Pietro et Mathey 1993 : 129-130). Les emblèmes d'une variété comprennent la désignation de réalités différentes, en particulier dans le domaine des institutions : *votation, référendaire, bourgmestre* illustrent les belgicismes, les canadianismes, des helvétismes (Béguelin et Pietro 2000) de bon aloi. Ceux-ci incluent des formes concurrentes, de Pietro et Mathey (1993) citent *s'encoubler* 'trébucher' que les Neuchâtelois jugent parfaitement recevables même en situation formelle. Les formes emblématiques feront l'objet de discours justifiant leur logique : l'helvétisme *septante* 'soixante-dix' continuant la série *quarante, cinquante, soixante*, le québécisme *banc de neige* 'congère' reprenant *banc de sable*. Les arguments sur le caractère français des termes sont prégnants et justifient l'emploi de *courriel* et de *fin de semaine* plutôt que de *mail* et de son calque *mél* ou de *week-end* (Lafont 1978 : 175), nous y reviendrons dans l'étude des anglicismes. Peu de formes semblent dites plus belles, comme si la beauté de la langue était la propriété du gallican. L'affirmation d'une symétrie est faite dans l'extrait suivant d'une entrevue avec la française Virginie Dedieu au Réseau de l'Information que l'animateur continuera en utilisant la forme canadienne :

(63) [...], on dit nage synchronisée, vous dites natation synchronisée, c'est la même chose [...]. (RDI, 8.2006)

Les emblèmes lexicaux sont susceptibles de se diffuser en dehors de la communauté :

(64) [...] on me fait rasseoir en m'offrant un verre avec un accent belge à couper à la bêche à déterrer la bintje [...]. (McNeil 2006 : 78)

Ces traits peuvent être fictifs, comme le montre la croyance d'un ami secrétaire de rédaction que *taiseux* était québécois, la confusion entre *noiseuse* et *niaiseuse* dans le film *La Belle noiseuse*, la marque « canadianisme » donnée à *octante* dans certaines versions du *Petit Larousse*. Calvet cite la croyance de certains locuteurs cajuns selon laquelle *oiseau* peut faire référence en français gallican aux organes sexuels masculins et qui peuvent donc employer le mot pour établir une connivence avec des Français interloqués (1995) [cette référence existant pourtant de façon restreinte dans certains registres de certaines variétés gallicanes selon Jean Derive]. La référence aux pratiques de l'autre peut être inexacte et les approximations de la restitution du français québécois par Vargas ont soulevé l'ire des commentateurs québécois (Larrivée 2006), qui s'étonneraient sans doute des erreurs de transcription de l'imparfait donné comme le participe *joué* et de l'anglicisme *game* donné au masculin plutôt qu'au féminin dans les extraits suivants :

(65) a. Ma mère avait bien noté que, quand elle jouait, j'étais toujours à côté d'elle. A joué ben !
(Vassal, Jacques. 2005. « Dossier Richard Desjardins ». *Chorus*, 51, 133-158. p.151)
b. Ou déçus, comme Eric, 34 ans, qui dit s'être « vendu corps et âmes », en distribuant pendant dix-sept ans les livres du prophète.
Celui-ci dit quel fut l'attrait, pour lui, des idées de Raël : « Enfin une religion qui ne culpabilisait pas ! Paix, fraternité, sensualité : ça m'avait accroché » Et sa « prise de conscience » : « Raël, il joue un *game* [un jeu]. Il utilise le monde pour son propre plaisir. »
(J.-M. Dumay. 28.12.2002. « Clone éternel ». *Le Monde*, 10)

Les ratés dans l'évocation de (variétés de) langues moins prestigieuses caractérisent jusqu'aux linguistes, Engh (2007) établissant que les deux-tiers des études étrangères discutant le norvégien comprennent des erreurs grossières à son propos.

L'étendue des différences lexicales est une question dont la réponse est délicate. Elle est tentée par Marie-Éva de Villers sur la base d'un corpus informatisé de l'ensemble des articles publiés par les organes de presse de référence que sont *Le Monde* et *Le Devoir* pour l'année 1997. Les 13 millions de mots du *Devoir* et les 24 millions du Monde se rapportent à un vocabulaire de 25 000 lemmes. Plus de 77 % des formes sont communes aux deux quotidiens. Les divergences peuvent reposer sur des formes de circonstance, l'évocation de réalités locales (dans les suffixations d'un toponyme comme dans *gaspésien* ou d'un nom propre comme avec *jospinisation*), les termes techniques rares dont l'occurrence dépend du sujet traité (*phylactère* ou *capillarité*). Les rapprochements se font moins nombreux lorsque d'autres corpus sont considérés : la langue informelle des humoristes étudiée par Lagueux (2004) l'amène à ne trouver que 2,1 % de formes lexicales se retrouvant avec le même sens dans *Le Petit Robert*. Le chiffre semble extraordinairement faible, et quoi que puissent indiquer les études ultérieures, la nécessité reste de tenir en compte le registre dans la comparaison des différences. La comparaison ne pourra pas s'arrêter à l'identité de formes, mais devra tenir compte de leurs différences de sens, de fréquence, voire de collocations (voir Labelle 1995).

Contrairement à ce qui se passe avec la notion d'accent, les différences se reportent à des formes particulières, mots ou locutions.

(66) a. Si tu sens sur toi des regards soupçonneux, sors une expression de Québec, appelle un orchestre une bande, un wagon-restaurant un char réfectoire.   (J. Giraudoux, 1928, *Siegfried*. Frantext)
b. Un tramway, nous l'appelons un char, à Québec.
     (J. Giraudoux, 1928, *Siegfried*. Frantext)
c. Un homme... ne dites-vous pas dépareillé ? dans votre pays de Québec ?   (M. Genevoix, 1944, *Eva Charlebois*. Frantext)
d. Ainsi un exploit hautement prisé dans toute cette zone était celui que les Canadiens français appelaient « coup », soit une tape sur le corps de l'adversaire avec la main ou quelque objet qu'on tenait à la main.
     (R.-H. Lowie, 1936, *Anthropologie culturelle*. Frantext)
e. Le dictionnaire traduit par « week-end », pour la rendre intelligible aux Français, l'expression québécoise fin de semaine [...].
     (B. Beck, 1986, *La Prunelle des yeux*. Frantext.)

(67) a. [...] : papa avait sauvagement été liquidé par des motards, un mot qui, en québécois, signifiait apparemment assassin.
     (Pelletier 2005 : 18)
b. Ses bras et son cou tournaient vinaigre, c'est-à-dire plaie. Les moustiques ? En québécois, les « maringouins ».
     (Pelletier 2005 : 99)

(68) a. [...] je m'apprête à passer une « fin de semaine » très désagréable.
     (McNeil 2006 : 24)
b. La blonde de mon ami nous attend avec du thé glacé et des crêpes aux bleuets. Les « bleuets » ici ce sont les myrtilles, quand aux « blondes » ce sont les amoureuses, il y a donc des blondes brunes et bien sûr des blondes rousses [...].   (McNeil 2006 : 30)

c. [...] et la « blonde » qui vous accompagne vous quitte elle aussi.
(McNeil 2006 : 77)

d. Je me trompe de chemin mais finis par trouver en suivant les belles filles qui vont « magasiner », c'est le mot qu'on emploie au Québec pour dire « faire du shopping ». (McNeil 2006 : 72)

e. Son sourire s'élargit sur des dents de cheval, un Jacques Brel en chemise carreautée, autre mot que j'apprends, c'est le jargon local pour dire « à carreaux ». (McNeil 2006 : 100)

f. Un jour sans crier gare elle a viré son « chum », son petit ami en argot québécois, et m'a installé dans ses après-midi.
(McNeil 2006 : 108)

g. Charlie est un homme qui aime être élégant, pas question pour lui de se vêtir en ville « comme un habitant », locution québécoise voulant dire « pire qu'un cul-terreux ». (McNeil 2006 : 37)

h. [...] alors je vois qu'ils trouvent que je suis habillé « comme la chienne à Jacques », une expression d'ici qui veut dire « pire qu'un habitant ». (McNeil 2006 : 98)

(69) a. J'ouvre en débarrant ce qu'ils appellent une espagnolette, un des deux volets de la haute fenêtre.
(C. Jasmin, 1986, *Maman-Paris, Maman-la-France*, 28. Cité dans Modenesi 2003 : 284)

b. Rue de Sèvres, enfin un « tabac ».
(C. Jasmin, 1986, *Maman-Paris, Maman-la-France*, 32. Cité dans Modenesi 2003 : 284)

c. Ras-le-bol comme ils disent par ici.
(C. Jasmin, 1986, *Maman-Paris, Maman-la-France*, 37. Cité dans Modenesi 2003 : 284)

d. Comme disent les Parisiens : il y avait de l'eau dans le gaz. Et ne me demande pas de t'expliquer ça, je ne pourrais pas.
(C. Jasmin, 1986, *Maman-Paris, Maman-la-France*, 146. Cité dans Modenesi 2003 : 284)

Nadeau relève les différences des noms d'étage (p. 54 ; aussi noté chez Tremblay, p. 91), des produits à la fruiterie (p. 71), à la quincaillerie (p. 71), le nom même du pressing (p. 73). Les formes sont parfois situées par rapport à la communauté à laquelle elles appartiennent, par un simple déictique comme *ici*, par la dénomination de la communauté, par des descriptions plus axiologiques comme *expression locale, jargon, argot*, lesquelles reconduisent la question de l'intelligibilité. Celle-ci se reporte aux explications ou aux équivalents que l'on donne de la forme relevée, ce qui s'apparente à la mise en rapport d'équivalents culturels :

(70) a. [...] dans un groupe de hard rock à Bécons-les-Bruyères (ou à Chibougamau). (Dantec 2000 : 561)

b. [...] ce coup-ci je suis bon pour le Centre, « Biribi-lès-Sherbrooke », « Cayenne-en-Montréal », « Sing-Sing-sur-Saint-Laurent », peu importe le nom que portera l'endroit, ils m'attendent [...].
(McNeil 2006 : 33)

c. [...] tout le monde s'assoit autour d'une table ovale en bois de chêne jauni, le bois de chêne ici c'est le pichepin chez nous.
(McNeil 2006 : 99)

La recherche d'un équivalent est illustrée par les réflexions du personnage principal de Pelletier :

(71) a. — C'est qui ?
— La blonde de ton père.
Pas blonde, pas jeune, pas coiffée, pas *push up*. (2005 : 24)

b. Qu'avait dit Mauricette ? Qu'Alkan était épais dans le plus mince ? Ça signifiait sans doute qu'il en tenait une couche.
(2005 : 82 ; voir aussi 156)

c. — Une tête de pioche !
Djo vit une pioche entrer dans un visage, le fendre, l'éclater.
(2005 : 213)

d. — Il s'était enfui de l'asile.
Va-t'en savoir ce qu'« asile » signifiait en québécois. Anglicisme, vieux français ? (2005 : 96)

qui se retrouve pour le personnage de Daigle :

(72)   Terry venait juste de s'installer pour commencer à patienter quand l'écrivain de la délégation française se pointa dans la cabine. [...]
— J'ai pas de veine.
Un peu figé, Terry ne s'aventura pas à répondre, mais il jeta un coup d'œil furtif aux poignets de l'homme, à tout hasard.
— Ça ne vous ennuie pas, vous?
Terry hésita.
Si je m'ennuie?
Le Français crut simplement que Terry n'avait pas entendu la question.
— Ça ne vous ennuie pas... de rester coincé comme ça, enfermé? [...] Moi je déteste. Ça me donne les boules.
Terry essaya de s'imaginer ce que ça pouvait vouloir dire d'avoir des boules. Il ne savait pas non plus quelle grosseur de boules imaginer. Il pensa simultanément à des boules à mite et à des boules de billard.
(F. Daigle, 1998, *Pas pire*, 151-152. Cité par Modenesi 2003 : 288)

C'est dans des demandes d'information que se retrouvent les questions d'intelligibilité chez Vargas, posées avec des précautions (15), qui disparaissent en situations de conflit (16) :

(73) a. — T'es sorti ce matin? Ça se peut-tu?
— Je voulais voir la rivière. Les chutes, les arbres, le vieux sentier.
— Criss, t'es un maudit malade, dit Laliberté en riant. Et comment que tu t'es pris une fouille?
— C'est-à-dire? N'y vois pas d'offense, superintendant, mais je ne comprends pas tout ce que tu dis.
— Inquiète-toi pas, je le prends pas personnel. Et appelle-moi Aurèle. Je voulais dire : et comment que t'es tombé?
(2004 : 138)

b. — T'avais le caquet bas, j'imagine? lui demanda-t-il.
— Comment cela? répondit prudemment Adamsberg.
(2004 : 195)

c. — Tu t'es canté tout dételé?
— Je ne comprends pas, Aurèle, dit Adamsberg d'une voix lasse.
— Tu t'es couché tout habillé?
(2004 : 189)

(74) a. — Elle avait suivi son chum mais elle a mangé de l'avoine.
— Traduis.
— Elle s'est fait éconduire. (2004 : 222)
b. — Allumez vos lumières, lieutenant. Votre esti de boss, c'est le tison du diable et il vous a niaisé.
— Je ne comprends pas, insista Retancourt butée.
(2004 : 267)

Au minimum, l'altérité des formes est identifiée, par des guillemets, des italiques. L'absence de marque ne permet pas de repérer la forme régionale sauf si elle est déjà connue ou repérable comme telle :

(75) Dans la zone d'arrivée on se parque n'importe où grâce à l'écusson de la ville qu'on a sur le pare-brise. (McNeil 2006 : 115)

Un jeu sur les valeurs régionale et générale d'une forme est fait dans la séquence suivante, qui permet à la fois une référence à la piastre chinoise et de la piasse qui désigne le dollar au Québec :

(76) [...] pour deux piastres il m'aurait donné le sésame d'un salon accueillant [...]. (McNeil 2006 : 70)

La différence des formes ne donne guère lieu à des développements élaborés. Aucun développement ne s'attache aux expressions grammaticales. La reconstruction pas toujours heureuse du français québécois de ses personnages par Vargas fait appel à la négation et à l'interrogation (la particule interrogative *-tu* de *Tu veux-tu ?*, l'absence de *ne* de *J'veux pas*).
Les réactions attestées sont semblables à celles par rapport à la différence d'accent, le rire, auquel s'ajoutent les corrections :

(77) « Et puis, s'il faut peinturer un peu, on le fera », dit Julie.
Prunier nous regarde de travers et éclate d'un rire moqueur.
« Vous voulez dire refaire les peintures. Peinturer ! Ha ! Ha ! Ha ! Elle est bien bonne. »
Je ne vois pas ce qu'il y a de drôle, alors autant changer de sujet :

« On va certainement arracher le tapis dans quelques pièces pour profiter du plancher. Il est en bon état ? »
Prunier fronce les sourcils et éclate du même rire.
« Le tapis ? Vous voulez dire la moquette ! Ha ! Ha ! Ha ! Elle est bien bonne. Vous dites un tapis chez vous ? Ha ! Ha ! Ha ! »
Deux ans plus tard, je ne me serai toujours pas habitué à cette manie des Français de toujours corriger leur interlocuteur même quand ils ont très bien compris de quoi il s'agit. Ils ne le font pas tous, mais Prunier, c'est son fort. En Amérique, c'est la chose la plus impertinente qu'on puisse faire, mais ce n'est visiblement pas incorrect en République. À croire que les Français ont tous une maîtresse d'école pincée qui sommeille en eux. (Nadeau 2002 : 36-37)

Ce comportement est signalé depuis longtemps dans les sources québécoises (Prévost 1998 : 82-83). L'imitation, signalée comme fréquente pour l'expression belge *une fois* (Danblon, de Clerck et van Noppen 2005 : 47), n'a pas été relevée. L'ont été les réactions de colère et les allégations de symétrie :

(78) J'ai parlé un peu plus tôt de l'inénarrable M. Prunier, mon agent de location, qui éprouvait le besoin irrépressible de me corriger comme une maîtresse d'école. « On ne dit pas *peinturer* mais *faire la peinture*. On ne dit pas *tapis* mais *moquette*. » Si j'étais français, je l'engueulerais et je lui dirais que c'est tout à fait correct de dire l'un ou l'autre. Il me répondrait en insistant que l'un est mieux que l'autre. Et je lui répondrais qu'il ne faut pas confondre le bon français et le français des Français, et que contrairement à ce qu'il croit c'est lui qui a un accent. Mais j'évite ce genre de discussion oiseuse qui tourne invariablement au vinaigre. Et en bon Québécois consensuel et affligé d'un complexe d'infériorité, je prends mon trou.

La colère marque de même la réception du rendu inégal du français québécois par Vargas (Larrivée 2006).

L'adaptation est manifeste chez le personnage d'Adamsberg de Vargas qui se soucie de maintenir de bonnes relations avec leurs hôtes :

(79) Adamsberg resta à trois pas derrière pour interroger Danglard.

- — C'est l'usage de tutoyer tout le monde ?
- — Oui, ils le font très naturellement.
- — On doit faire pareil ?
- — On fait comme on veut et comme on peut. On s'adapte.

(2004 : 132)

(80) a. — Les collègues ? s'informa malgré tout le commandant.
- — C'est correct, comme ils disent ici. (2004 : 162)
- b. — Correct ?
- — Correct, répétait machinalement Adamsberg. (2004 : 171)
- c. — Et si vous apercevez ce poisson, pogne-le-moi par les gosses (2004 : 176)
- d. Un authentique empaleur que je pognerai par les gosses, je te le garantis. (2004 : 235)

Cet autre extrait donne un exemple d'adaptation lexicale :

(81) Parce que même si on ment – si on frime – comme on appelle ça en France [...].
(J.-Cl. Van Damme dans une entrevue à *Première*. Cité dans L. Rosier. 2006. « De la vive voix à l'écriture vive. L'interjection et les nouveaux modes d'organisation textuels ». *Langages* 161,1, 112-126. p.115)

Cela pose la question de savoir ce qui distingue la reprise d'adaptation et la reprise de moquerie, que démarquerait l'utilisation d'une forme pour transmettre un message plutôt que pour sa seule différence.

La motivation identitaire est relevée dans les corpus de Berrier (2003), où une participante utilise une différence lexicale, celle entre *fèves* et *binnes*, *pois* et *haricots*, pour affirmer son origine québécoise au début de l'interaction (2003 : 362-363). Des évidences anecdotiques recueillies dans les commerces d'aéroport suggèrent que les locuteurs suisses sont moins susceptibles de modifier leurs *septantes* que les belges.

Les différences lexicales donnent donc lieu à des remarques sur des formes particulières, qui ne sont pas identifiées dans le domaine grammatical. L'asymétrie entre les variétés se joue sur l'intelligibilité, les demandes d'information, les corrections. Les discours restent limités, et ne donnent pas lieu à des développements autres que la référence à l'archaïsme des formes québécoises. De tels développements se retrouvent plus abondamment pour les formes de l'énonciation que nous envisageons dans la prochaine section.

Jurons et autres marqueurs d'énonciation

Parmi les formes les plus notées figurent celles dont le sens se définit dans un échange particulier. Contrairement aux objets que dénotent des mots comme *espagnolette* ou *bleuet*, c'est dans l'échange que se déterminent la personne à qui l'on s'adresse, la façon de s'adresser à l'autre, la situation que visent les jurons.

Les termes d'adresse sont relevés dans leur différence :

(82) J'ai commandé un croque-madame. Puisqu'elle n'était pas là, la madame, puisqu'elle tentait de comprendre si les descendants de Jacques Cartier comptent les castors pour s'endormir.
(J.-B. Pouy. 2003. *H4 Blues*. Paris : Gallimard.116. Exemple communiqué par Dominique Lagorgette)

et en particulier la question du tutoiement :

(83) a. D'autres se contentèrent d'échanger avec les jeunes filles, au passage, des propos plaisants, les tutoyant du tutoiement facile du pays de Québec, et aussi parce qu' ils avaient presque tous grandi ensemble. (L. Hémon, 1916, *Maria Chapdelaine*. Frantext)

b. Le monde entre toujours, on se tutoie, on rit comme on sait rire là-bas : parce que, vous le savez, Eva, il n'y a pas nulle part au monde des hommes plus gais dans leur vie de chaque jour que nos habitants du Québec. (M. Genevoix, 1944, *Eva Charlebois*. Frantext)

c. Adamsberg resta à trois pas derrière pour interroger Danglard.
— C'est l'usage de tutoyer tout le monde ?

— Oui, ils le font très naturellement.
— On doit faire pareil ?
— On fait comme on veut et comme on peut. On s'adapte.
(Vargas 2004 : 132)

d. Dans la démocratie égalitaire canadienne-française, bâtie sur la prédominance linguistique et culturelle anglo-saxonne et son sens du pragmatisme (en dépit des efforts de l'Église de Rome), le *tu* s'est imposé comme pronom d'usage quotidien entre tous les membres de la société. Le *vous* ne s'utilise que dans les cas bien précis où une distance particulière se doit d'être spécifiée, comme en cour, devant l'honorable juge, ou au contraire, si vous désirez en venir aux mains en faisant comprendre à votre adversaire que ce qui vous sépare est bien plus vaste que le champ de bataille des Plaines d'Abraham.

En France, c'est bien sûr l'inverse qui a prévalu. La société égalitaire française, rongée par des principes monarchiques refoulés, continue de promouvoir le *vous* aristocratique entre ses citoyens sans-culottes, le *tu* devenant dès lors l'annonce d'une menaçante familiarité, qui peut rapidement dégénérer en duel, disons pour être exact : en *bagarre de rue*. Si ce n'est une exécution sommaire. (Dantec 2000 : 259)

Sont également relevées les formes d'ouverture et de fermeture d'interaction. L'emploi de *bonsoir* au début et à la fin de l'échange dans toutes les communautés n'empêche pas de s'étonner de l'emploi de *bonjour* comme fermeture d'interaction par les Québécois, qui est assimilé à « l'expression anglophone *Good day* » par Razafimandimbimanana (2005 : 51). [Jean Derive me signale cependant que l'emploi de *bonjour* en fermeture était encore assez courant en France chez les personnes d'un certain âge jusque dans les années 1960.] Ce dernier rôle est faussement attribué à *bienvenue* qui « [t]out comme en anglais », s'emploie « à la fois en tant que salutation et de réplique à un remerciement » (Razafimandimbimanana 2005 : 51) :

(84) a. Elle lui dit bonjour en partant et bonne soirée bye.
(Vargas 2004 : 134)

b. — Merci, mais je dois filer. J'ai du boulot.

— Tant pis, man. Bienvenue et bye.
(Vargas 2004 : 152 ; voir aussi 133, 441)

c. Depuis que tu t'es tirée de l'hôtel sans dire bienvenue [...].
(Vargas 2004 : 276)

d. Il s'éloigna avec un au revoir sans doute local :
— Bonjour ! (Pelletier 2005 : 20)

e. Gaëtan donna son bonjour et attrapa la porte.
(Pelletier 2005 : 206)

f. Une invitation à souper à cinq heures et demie de l'après-midi, c'était sans doute comme les bonjours en guise d'adieux.
(Pelletier 2005 : 45)

g. « Ça me fait plaisir ! » Un bonheur de les entendre à tout bout de champ déclarer leur plaisir ! (Pelletier 2005 : 101)

h. « Au revoir, Monsieur Nadeau.
— Bonjour ! »
Sur ce mot, Prunier fait trois pas de côté comme s'il évitait un boulet de canon et se retourne avec une sorte de crampe du zygomatique. Il me pointe avec son portable, en me fourrant presque l'antenne dans la narine.
« Ah non, monsieur Nadeau ! Ne dites jamais bonjour quand vous voulez dire au revoir. Les gens vont penser que vous êtes idiot.
— Je vois !
— Au revoir, monsieur Nadeau.
— Bon... Eh bien ! Au revoir, monsieur Prunier.
(Nadeau 2002 : 40-41)

Nadeau réagit à la correction offerte par une allégation de symétrie lorsque quittant la France, il prend congé de son agent de location par un bonjour résonnant.

Enfin, les jurons et les formes associées sont largement notés :

(85) a. Votre livre, [...] ils s'en foutent, ils s'en contre-câlissent en tabarnak, comprenez-le bien, tout ça ne vaut une cenne pour les sponsors qui paient l'émission, qui veulent [...] que tout se termine sur le sourire (au demeurant fort charmant) de l'animatrice, qui fait sa job de salariée comme tous les autres [...]. (Dantec 2000 : 379)

3 Vive la différence ! 119

b. Bon sang de bonsoir, et tabarouette, comme on dit dans le coin, vous ne comprenez donc pas ? (Dantec 2000 : 300)
c. [...] il faut connaître les lieux fréquentés par les noctambules, pas ceux que vous indiquent les portiers des palaces, ce sont des pièges à vieux et je ne veux tomber, calice et tabernacle, que dans des pièges à jeunes. (McNeil 2006 : 45-6)
d. Peut-être certains d'entre eux repartiront-ils avec un accent québécois et quelques... jurons appris ici et là !!!
(5.8.2005. « Traversée internationale du lac Memphrémagog ». *La Tribune*, C3. Cité dans Larrivée 2007)

(86) a. Il va falloir que je prenne un petit accent pointu ?
— Non je pense qu'ils vont te comprendre pareil.
— J'ai juste à dire, je suis Québécois, je suis Québécois, mais j'vas dire, qu'est-ce qu'ils disent eux, qu'est-ce qu'ils disent ?... putain et merde (rires)
     (Enfant québécois de 10 ans qui envisage son premier séjour à Paris)
b. Il y en a qui essaient très fort de devenir Canadiens, des durs à américaniser : ils fument des Gitanes, lisent l'*Express*, pilotent des Citroën, vont applaudir Luis Mariano, boivent du Château-Thierry et emploient le mot *con*.
(R. Ducharme. 1967. *Le nez qui voque*. Paris : Gallimard. 149-150)

D'autres jurons et insultes (des *criss* (142), des *osti* (141), des *sacrament* (141, 234), la structure axiologique *esti de* (167, 267, 379, 386, 389, 429, 435, 436) sont retenus par Vargas.

Les formes axiologiques apparaissent comme de véritables emblèmes de l'autre variété. La désignation *Los Tarbanacos* appliquée aux touristes Québécois par les Mexicains a déjà été évoquée, et une pièce présentée à Nantes en mars 2007 s'intitulait *Tabarnak! Les Québécois débarquent*. Ont également été notés les Français qui dénommaient les Anglais *Goddams* ; ils connaissent les *Putain!* et *Con!* du Sud, ce qui se conventionnalisent dans la blague consistant à demander quel mot de 10 lettres désignant ce qui pousse aux arbres commence par un *f* et finit par un *n*, et dont la réponse est *Une feuille, con!*.

(87)   [...] comme ils croient qu'un paysan ne dit pas deux mots sans ajouter « jarniguié », ou un Anglais « goddam ».
(M. Proust, 1968. *La Prisonnière*. Tome 2. Paris : Gallimard. 123)

Il est à noter que cette question fait donc l'objet de discours de la communauté dont elle provient, et les jurons sont la preuve pour maints Québécois des insuffisances de leur variété de langue (Razafimandimbimanana 2005 : 150-151).

Les formes axiologiques des autres sont reçues sans la charge émotive qu'ils ont dans la variété d'origine :

(88)   On y découvrait [dans le *Déclin de l'empire américain*] un groupe de personnages conversant des choses de la vie, celle de la sexualité notamment, avec une liberté et une franchise dont la singularité se trouvait comme accentuée par cet accent québécois qui semblait également rendre moins grossiers les mots employés.
(P. Mérigeau. 18.9.2003. « Le film qui a fait pleurer la Croisette ». *Le Nouvel observateur*, 64)

et suscitent l'imitation :

(89)   a. Et quand ils arrivent chez nous / [...] / Et y s'mettent à parler comme nous / Apprennent à dire : Tabarnak
(L. Lemay, 2000, *Les Maudits Français*)

b. Et voilà ce pauvre cocu de boucher qui en rajoute :
« Vive le Québec libre, pas vrai ? Tabernacle ! »
Il est tout fier. C'est d'autant plus agaçant qu'il est aussi incapable d'imiter mon accent que moi le marseillais.
(Nadeau 2002 : 109)

c. Il ne se passe pas un jour sans qu'on souligne ma différence, ou qu'on fasse une remarque sur mon accent. Que ce soit au téléphone, en randonnée, chez le boucher, je suis étiqueté, et ça m'agace certains jours. Quand on ne me demande pas des nouvelles de Céline Dion, en voilà un qui se met à me crier des « Tabarnaque ! » amicaux en plein restaurant. Ou bien un inconnu, à qui je viens d'adresser la parole, répète exactement ce que je viens de dire en essayant d'imiter mon accent. (Nadeau 2002 : 110) au point où un guide adressé aux touristes français relève la question :

(90) À ce propos, évitez de chercher à vous rendre intéressant en lançant des jurons du genre « tabernacle » que vous auriez pu entendre au cinéma ou ailleurs : outre le fait que vous les prononcerez de manière à n'en point douter risible, vous devez savoir que la majorité des gens n'ont jamais eux-mêmes recours à ces expressions vulgaires et les jugent répréhensibles.
(1999. *Le Québec, un accent d'Amérique. Petit lexique d'expressions québécoises*. Québec : Ulysse. 8)

C'est entre l'imitation et l'adaptation que se situe l'emploi d'un *Tabarnak* par le personnage d'actrice française dans le film *Jésus de Montréal* qui affirme par là son appartenance au groupe québécois.

La distance aux jurons des autres trouve une explication dans les études psychologiques. Elles observent notamment qu'un effet de détachement caractérise les formes taboues d'une langue seconde (Pavlenko 2006 : chapitre 6), qui s'y emploient donc avec une charge émotive moindre. Cette charge diminuée marque de même les noms de sentiments, les termes d'adresse, les interjections, le silence, les gestes de la langue seconde, ainsi que le suggèrent les témoignages de sujets en situations interculturelles (Besemeres 2004). Harris (1994) montre que les réprimandes induisent des réponses (mesurées par conduction peaucière) moins fortes chez le sujet bilingue lorsque présentées dans la langue seconde apprise tardivement que dans la langue maternelle. Les langues secondes apprises dans des contextes artificiels et celles moins utilisées comportent un effet axiologique également plus faible (Dewaele 2004). La fréquence d'emploi d'une langue seconde augmente la force de la réception comme le font le contexte et l'âge de son acquisition. La langue maternelle du parent est celle qui sert à exprimer l'émotion dans ses interactions avec ses enfants dans un contexte multilingue – la colère de la crainte ou de la réprimande, la tendresse dans les expressions hypocoristiques par exemple, et Pavlenko note le regret de maints immigrants que l'expression de l'émotion soit rendue difficile par ce que les enfants ou petits-enfants ne comprennent plus leur langue maternelle (2004). Mais l'émotion n'est pas la seule dimension du langage maternel. En effet, la langue maternelle est le médium de messages mémorisés à un jeune âge, et compter, réciter des tables de multiplication, chanter des comptines se fait dans cette langue. C'est à travers celle-ci que la colère s'exprime spontanément en jurons, et ce sont les dernières pratiques qui restent aux aphasiques, qui pourront donc utiliser l'insulte *Fils de pute !* sous le coup de l'émotion sans être capables d'utiliser le nom *fils* à des fins descriptives (Wray 2002). L'acquisition précoce de séquences explique la valeur affective qui s'y associe, valeur qui contribue à leur maintien comme nous l'avons suggéré à propos de l'attachement aux formes de la culture apprises dans l'enfance. La valeur affective des jurons et autres formes axiologiques de la variété maternelle suit donc de leur acquisition précoce, et le contact plus tardif avec les autres variétés explique la distance à leurs termes émotifs. Cette distance rend curieuse la colère des autres, et donne le loisir d'observer ses formes.

La curiosité se reporte aux différences de formes d'adresse. L'emploi de *madame* avec un article est objet de moquerie, comme l'est la combinaison d'un titre avec une deuxième personne. Un point commun au corps considérable de travaux sur la question des pronoms d'adresse est de présenter en termes spatiaux une opposition entre la proximité représentée par *tu* et la distance par *vous*. Ces valeurs générales peuvent prendre des tonalités dont les différences vont jusqu'à la contradiction suivant les contextes particuliers : *tu* peut marquer le mépris quand il est utilisé entre inconnus en situation de conflit ou de façon inattendue à l'endroit de quelqu'un qu'on devrait vouvoyer, le vouvoiement adressé à quelqu'un de familier peut de même exprimer la colère. Les emplois prototypiques d'affection et de solidarité, de respect et de réserve sont de même gouvernés par un faisceau complexe de facteurs contextuels. Interviennent les dimensions du groupe d'âge, de la formalité, de la familiarité, de l'idéologie. L'âge est un paramètre important : par défaut, en contexte neutre, tout le monde tutoie les enfants ; les jeunes gens se tutoient entre eux, même dans les situations formelles ; tout le monde vouvoie les personnes âgées, même dans les situations informelles. Le vouvoiement est un véritable marqueur de groupe d'âge, dans la mesure où chacun l'adopte en passant à l'âge adulte. Les situations officielles et fonctionnelles appellent le vouvoiement, même entre ceux qui sont familiers, que font délaisser les situations informelles et personnelles, même chez des interlocuteurs ne se connaissant pas. Des gens qui ne se connaissent pas utilisent le *vous*, le passage au *tu* se faisant avec le temps à l'instigation « de celui qui a le plus grand droit au vouvoiement » (Peeters 2004 : 6), la familiarité met plus de temps à s'instaurer entre des locuteurs de genres différents, mais une fois installée, l'utilisation du *tu* est normalement durable. Des groupes se pensant en termes d'égalité ou de hiérarchie favoriseront le *vous* ou le *tu* : au *vous* du conservatisme politique et de la grande bourgeoisie répond le *tu* populaire, des soixante-huitards (Havu 2007) et celui utilisé entre les camarades de la famille de la gauche. L'interprétation du terme d'adresse peut également varier selon les groupes, les classes sociales pouvant envisager le vouvoiement différemment selon Schoch (1978). Enfin, des régimes politiques comme ceux de la Révolution française et du fascisme italien ont imposé le tutoiement. Ces généralisations seraient amendées par mille anecdotes particulières, mais elles n'entament pas la série hiérarchique de l'idéologie, du groupe d'âge, de la formalité et de la familiarité.

L'application de ces facteurs peut varier selon les communautés. Le français québecois voit le vouvoiement des seules personnes âgées, et par les adultes.

(91) Salut, Martineau ! [...]. On n'a pas gardé les cochons ensemble, mais je vais laisser tomber le *vous*. Quand on me dit *vous*, j'ai l'impression d'avoir 98 ans.
(P. Falardeau. 1990. « Salut, Martineau ». *La Liberté n'est pas une marque de yogourt*. Montréal : Stanké. 94-95. p.94)

La formalité n'impose pas le vouvoiement, sauf peut-être

l'exercice des fonctions politiques et juridiques, et les politiciens comme Jacques Parizeau insistant sur le vouvoiement sont considérés avec étonnement. Les contextes administratifs ne l'imposent pas, comme le montre le rappel qui a dû il y a quelques années être fait aux policiers montréalais par leur Direction de vouvoyer les administrés (rappelé dans D. Bombardier. 28.7.2001. *Le Devoir*, A1). Les contextes éducatifs et commerciaux acceptent le tutoiement généralisé :

(92) L'auteur de ces lignes se rappelle le choc qu'il a ressenti en 1983 en s'entendant tutoyer par la caissière d'une crêperie dans la banlieue québécoise, une adolescente qu'il n'avait jamais rencontrée auparavant mais qui appartenait probablement à la classe moyenne. « Tu as bien mangé ? » m'a-t-elle demandé quand je lui ai tendu le talon qui mentionnait le détail de ma commande. J'étais éberlué au point d'avoir du mal à donner une réponse. (Peeters 2004 : 14)

L'absence de familiarité n'empêche donc pas le tutoiement : Coveney (2003) note le fait que les entrevues semi-dirigées du corpus Montreal 1971 voient un quart des informateurs utiliser le *tu* avec un enquêteur qu'ils ne connaissent pas, le tutoiement n'étant employé par personne dans l'enquête de Tours de 1992 par William Ashby. Celui-ci peut être évité entre des personnes ne se connaissant que peu dans la bourgeoisie et les professions libérales, peut-être par eurocentrisme.

La variation entre communautés se reporte au changement historique (Taavitsainen et Jucker 2003). Cette variation concerne en particulier la disparition des adresses asymétriques, à la fois en France (Kerbrat-Orecchioni 2005 : 41) et au Québec, où jusqu'à la Révolution tranquille, les parents tutoyaient leurs enfants qui eux les vouvoyaient (on en trouve des exemples dans les *Belles-soeurs* de Tremblay). À l'époque actuelle, la forme d'adresse par défaut en France est le vouvoiement : c'est aussi la position de Havu (2007), qui cite des témoignages de sujets *n'arrivant pas à tutoyer* dans différentes situations. Une preuve supplémentaire en est que cette forme est celle que surgénéralisent les apprenants du français langue seconde (Dewaele 2004). Le tutoiement est la forme par défaut au Québec. Les différences entre les deux groupes sur la question du tutoiement semblent suivre la distinction entre la valorisation des registres soutenus ou populaires, ce que suggèrent à leur façon l'extrait de Dantec en (2d) et le suivant :

(93) La familiarité et l'utilisation fréquente du tutoiement viennent à la fois de l'influence de la langue anglaise et du fait que le Québec a toujours été, comme l'ensemble du continent, une société peu hiérarchisée. La bourgeoisie est surtout une bourgeoisie d'argent, qui n'a pas des valeurs et des goûts bien différents de ceux des classes moyennes, et ne forme pas une classe étanche.
(L. Gagnon. 9.6.1984. « Le retour du pendule ». *Le Monde*, 18)

Le tutoiement est ainsi associé aux stéréotypes : le vouvoiement est « souvent associé par les Québécois au supposé snobisme des Français » (F. Pertuiset, 25.10.1999. *Le Soleil*, A7) ; le tutoiement des Québécois donnerait d'eux une image défavorable :

(94) a. En tutoyant systématiquement nos amis francophones, une fois le choc absorbé, ils vous trouvent « drôles, sympas, bon enfant ». Est-ce vraiment ce que nous souhaitons, la couleur locale comme ils disent ? (D. Bombardier. 28.7.2001. *Le Devoir*, A1)

b. Voulant nous donner des allures bon enfant, nous ne réussissons la plupart du temps qu'à être niais et insignifiant.
(G. Archambault. 20.9.1999. *Le Devoir*, A7)

c. [...] partout en somme où l'on parle français, on utilise le « vous » dans la plupart des rapports humains ; seuls les analphabètes et les demeurés tutoient tout le monde. S'il y en a qui veulent se marginaliser, s'exclure de la francophonie internationale, et faire rire d'eux quand ils voyagent, libre à eux. Mais c'est un fort mauvais service que de ne pas les initier à la pratique du vouvoiement.
(L. Gagnon. 30.1.1992. *La Presse*, B3)

Le tutoiement mène ainsi à la question des registres. Ces derniers correspondent à des choix d'accent, de mots, de structures, opérés en fonction des situations. Alors que c'est la relation à l'autre que marque le tutoiement, c'est la relation au contexte que marque le registre. Les registres formels sont ceux de la parole légitime du contexte officiel : les déclarations politiques, les travaux judiciaires, le littéraire, le scientifique, les bulletins d'information. L'échange avec les proches par la parole personnelle du contexte informel définit le registre familier. Les mêmes locuteurs peuvent ainsi s'adresser les uns aux autres par un registre formel en contexte officiel et utiliser le registre familier dans un contexte informel. Même si le registre formel est souvent confondu avec l'écrit, ce n'est pas le mode de réalisation du message qui détermine le registre, la lecture d'une déclaration officielle se faisant à l'oral et l'écrit d'un courriel n'empêchant pas une langue informelle. Les propriétés de ce qu'elle appelle la langue du dimanche et la langue parlée sont recensées par Claire Blanche-Benveniste (2002 par exemple). Ce registre invite à prononcer les e muets et les consonnes liquides (/katr/, /tabl/), à faire les liaisons. Il est marquée par des formes comme *un homme, une femme, un enfant, un ami, une voiture, de l'argent, un travail, un restaurant, dormir, manger, travailler, rire, lire, partir*, encourage l'emploi du mot juste (Bally 1932 : 358, Ullman 1952 : 144-146) et les reprises savantes (*Un ours ... ce plantigrade*). Les participes passés sont dûment accordés, et se manifeste le passé simple. Comprenant des appositions comme celle donnant le titre du sujet (*Monsieur Martin, secrétaire d'État*), les nominalisations du type *Une différence de rendement du fait du mode de rémunération distinct* sont préférées à des suites comme *Le rendement est différent parce que la rémunération est distincte*. Ces dernières sont d'un « style écolier [...] lourd et peu français », suivant Bally à propos de la séquence *Ils cédèrent parce qu'on leur promit formellement qu'ils ne seraient pas punis*, à laquelle devrait être préféré *Ils cédèrent à une promesse formelle d'impunité* (Bally 1932 : 356 ; exemple repris par Ullman 1952 : 143). Le *nous* est favorisé, le sujet est postposé, il est inversé dans des interrogations avec pronom initial, la négation recourt au *ne*, le locatif y est utilisé (Sabio 2004), les relatifs complexes sont présents. On fait emploi des

3 Vive la différence!

marqueurs grammaticaux comme *tandis, lorsque, car*.

Le français parlé omet liaisons et liquides finales (/kat/ pour *quatre*, /tab/) pour *table*), contient des marques d'hésitation. La morphologie est régularisée (*des chevals, disez*). Son lexique est marqué par *un mec, une nana, un môme, un copain, une bagnole, du fric, un job, un resto, roupiller, bouffer, bosser, se marrer, bouquiner, se tirer*. On préfère le *on*, la dislocation (*Paul, je l'aime bien*), l'indéfini amène le présentatif (*Il y a des gens qui sont venus*), l'interrogation se fait avec le pronom *in situ* (*Il a vu qui?*), la négation admet des cumuls (*Il a pas rien dit*). On utilise des connecteurs comme *alors que, quand, parce que*. Sont stigmatisés la combinaison entre les interrogations directe et indirecte (*Est-ce que l'a-t-il fait?*), l'emploi de *que* comme relatif indirect (*La chose que j'te parle*), le décumul du relatif (*La fille que j'sors avec*), l'absence de subjonctif, l'absence d'accord du sujet ou les accords pluriel (*La police sont là*).

Or, chaque registre semble être associé à une variété de langue dans les représentations collectives. Les Québécois associent français gallican et langue du dimanche.

(95) a. Y parlent avec des mots précis /Puis y prononcent toutes leurs syllabes. (L. Lemay, 2000. *Les Maudits Français*)

b. En réponse à la remarque qui lui est faite qu'il oppose le français populaire québécois et le français bourgeois parisien, il rapporte l'anecdote du boniment d'une vendeuse des Galeries Lafayette qui « nommait avec précision les composantes » d'un sac qu'elle manipulait, « utilisant, dans une langue éblouissante, une dizaine de mots que j'ignorais. Je parle ici d'une humble vendeuse de magasin, pas d'une bourgeoise. » (Dor 1997 : 19)

c. — Que se passe-t-il ? demanda Adamsberg. Le sentier est libre, je crois ?

— Ah, fit l'homme, après une pause. T'es des vieux pays ? Français, hein ?

— Oui.

— Comment je le sais ? dit l'homme en riant cette fois, et en s'approchant d'Adamsberg. Parce que quand tu parles, je crois pas t'entendre, je crois te lire. (Vargas 2004 : 151) association se retrouvant dans le topos de l'éloquence française ; on le trouve chez Jasmin, qui est ravi de l'élégance du parler des Français de toutes les classes sociales (Prévost 1998 : 88), la dimension esthétique étant la seule valorisée pour les registres formels par les informateurs adolescents de Razafimandimbimanana (2005 : 167).

(96) a. As-tu remarqué que j'améliore pas mal mon style, mon vocabulaire ? C'est ça aussi, maman, être en France, un goût vif pour s'exprimer plus correctement.
(C. Jasmin, 1986, *Maman-Paris, Maman-la-France*, 173. Cité dans Modenesi 2003 : 283 et Prévost 1998 : 89)

b. Il faut dire que l'ensemble du peuple français possède à un rare degré l'art du blablabla.　　　　　　　　　　　　　(Banque Textum)

Ce semble être au français parlé qu'est associé le français québécois. C'est ce que semble avérer les deux témoignages suivants, sur la simplicité de la langue des Québécois, et sur la personne d'un de leurs Premier ministres :

(97)　　Ils employaient des expressions et des tournures de phrases que l'on n'entend point au pays de Québec, même dans les villes, et qui aux hommes simples assemblés là paraissaient recherchées et pleines de raffinement.　　　(L. Hémon, 1916, *Maria Chapdelaine*, p. 165)

(98) a. René Lévesque avait conquis les Québécois par sa simplicité.
(A. Gerbier. 3.11.1987. « René Lévesque, un croisé québécois ». *Libération*)

b. Un obstacle de taille – ou, pour reprendre l'expression imagée de M. Lévesque, le « caillou » – qui bloquait depuis des années tout accord pour la tenue d'un éventuel sommet francophone est en passe d'être éliminé à la suite des entretiens franco-québécois de cette semaine.
(M. Lucbert. 26.5.1985. « Le Québec pourra siéger en tant que "gouvernement participant" à un futur sommet francophone ». *Le Monde*)

Cette association provient d'une perspective différentielle qui cantonne la variété dominée à sa différences qui seront plus importantes dans les registres informels, ce qui empêche de concevoir qu'elle puisse être enseignée (Bouchard 1998 : 134) par une école faite pour apprendre la norme, et masque la complexité de chaque variété (Poirier et Saint-Yves 2006). Chacune possède des registres formel et familier. Des formes nominales comme *un gars, une fille, un flo, un tchum, un char, une job* sont propres au registre informel québécois. Une pratique formelle existe au Québec, la politique, les arts et la presse pouvant se faire dans une langue soutenue en circonstances officielles. Le fait est que cette variété contextuelle ne semble pas s'imposer au Québec avec la même force qu'en France. La langue littéraire n'hésite pas à recourir à la langue familière (comme le note Poirier 1980 : 53 et l'analyse en détail de Lise Gauvin). La langue publique des élites sociales intègre de même le registre informel :

(99) Mais à la différence de ce qui se passe ici, il est rare qu'ailleurs la langue populaire envahisse à ce point les médias, la politique et les affaires.
(C. Rioux. 28.7.2006. « Troublante actualité ». *Le Devoir*, A3)

C'est ce que montre Barbaud (1998). Son corpus d'émissions d'affaires publiques comprend des féminins gouvernés par la phonologie du nom débutant par une voyelle plutôt que par la morphologie (*une belle avion*), le pluriel sémantique (*La famille sont venus*), l'agglutination des clitiques et la disparition du *ne*, le –*tu* d'interrogation, les interrogatifs-relatifs *qu'est-ce que* plutôt que *ce que*, le sujet double en interrogation indirecte (*Je me demande qui Max veut-il impressionner*), le décumul du relatif et les erreurs de préposition. Ces marqueurs ne sont pas exceptionnels en français, mais ce qui est particulier, c'est qu'ils se retrouvent en contextes formels, ce qui n'est pas le cas dans les communautés francophones européennes. Si les variables les plus stigmatisées sont rares dans la presse électronique québécoise (Reinke et Ostiguy 2005), la fréquence des traits familiers est importante. C'est ce que montre Howard (2004) à partir d'un corpus de presse électronique (télé, radio) de chaînes nationales. Le taux de réalisation des variables formelles des liaisons de l'élision, de l'effacement du /l/, du *ne* est semblable en France et au Québec, sauf dans la publicité (60 % de liaisons en gallican, 35 % en québécois). Cela indique que le domaine commercial est pensé en termes d'informalité, comme nous l'avons vu avec le tutoiement.

La sphère personnelle semble répugner à toute marque de registre formel. L'emploi du nom *aplomb* dans la séquence *Ça fait que je reprends mon aplomb, là* (entendu, 26.7.2003) est immédiatement mitigé par un *là*. La tante qui donne de ses nouvelles en contexte familial se prémunit ainsi de l'accusation de prétention en employant une forme que tout le monde pourtant connaît mais qui n'en est pas moins sentie formelle. L'emploi de formes qui ne sont pas universellement comprises est sentie s'éloigner d'une pratique de qualité par les informateurs de Laurendeau (2004), qui valorisent une expression « naturelle » :

(100) Non, j'aime pas quelqu'un qui va sortir les mots qu'on sait pas. J'aime mieux quelqu'un qui... même si est instruit, qui va essayer de d'être égal à... tout le monde, que nous sortir des choses qu'à moitié du temps qu'y savent même pas eux autres qu'est-ce que ça veut dire.   (Laurendeau 2004 : 5-6)

C'est la prétention qui marque le registre soutenu (Cajolet-Laganière et Martel 1993) qui décourage les locuteurs d'y avoir recours en dehors des situations où il s'impose.

(101) « il y a un certain snobisme relié au fait de très bien parler ». [...]. Par ailleurs, ce « snobisme » sous-entend que les autres façons de parler sont perçues avec condescendance, d'où les qualificatifs « simplicité » et « sans prétention » qui ont été attribués au parler non formel.   (Razafimandimbimanana 2005 : 144)

Les registres soutenus comme le vouvoiement ont donc une extension de domaines d'emploi plus limitée au Québec par rapport à la France. La nature des différences renforce l'idée des

Québécois comme simples et des Français comme prétentieux que démontre la question de l'accent.

Les formes énonciatives semblent donc servir d'emblèmes de l'autre communauté à un degré plus important que le lexique et la grammaire. C'est ce que relève également Lipou (2001) dans son analyse du métadiscours sur le français de l'écrivain congolais Henri Lopes. La représentation des Italiens dans les romans et les films américains passerait par les mêmes marqueurs énonciatifs (Gardaphé 2006, Toressi 2006). La raison pourrait tenir à la fréquence absolue de ces expressions, *bonjour* se rencontrant probablement plus souvent dans les interactions qu'*espagnolette*. L'importance des expressions est encore montrée par le fait que le français gallican compte des formules pour réguler les formes d'interaction : *Qu'est-ce qu'on dit ?* pour inviter un remerciement, *Merci qui, merci mon chien ?* pour amener un terme d'adresse, *On n'a pas gardé les cochons ensemble* pour rejeter le tutoiement ; des formules analogues ne semblent pas se reporter au lexique général. Ces expressions dépendent aussi de paramètres de relations sociales qui sont pointées par une forme, et donnent lieu à des attributions d'intentionnalité, contrairement aux formes lexicales et grammaticales ordinaires qui donnent lieu à un simple discours sur leurs différences.

Conclusion

L'examen des formes relevées dans les discours littéraires sur la langue de l'autre montre que sont concernées les différences entre les deux variétés.

(102) a. [...] le canadien français présente avec le français de notables différences. (J. Giraudoux, 1928, *Siegfried*. Frantext)

b. Comme les Anglais et les Américains, les Français et les Québécois forment deux peuples séparés par la même langue.
(Dantec 2000 : 14)

ce dernier propos repris dans les titres de Bouchard et Segalen (1997), Courtois et Caulier (2006), Francard et Franke (2005) et Ronowicz et Yallop (2007) relevant du topos sur les anglais américain et britannique attribué tantôt à Oscar Wilde, tantôt à Bernard Shaw. Ce rapport de différences emporte pour le français une asymétrie de légitimité.

Spécificité des rapports entre des variétés d'une même langue, la question de la légitimité est tangible dans celle de l'intelligibilité, qui n'est posée que pour les variétés moins prestigieuses (voir encore le traitement de l'accent du Sud en France, Petitjean 2008, ou de l'anglais des Hispaniques aux États-Unis, Barrett 2006, Zentella 2003). Il en va de même de la qualification d'accent. La pratique dite accentuée est reçue par les rires, les corrections. (Resteraient à traiter ces discours dont nous n'avons pas trouvé d'exemple portant sur la langue elle-même qui valorisent la différence de l'autre sur le mode de l'exotisme, dont la chanson *Le Sud de la Louisiane* de Robert Charlebois donne un exemple.) L'accent est identifié de façon globale, alors que ce sont des items lexicaux particuliers qui sont relevés, la grammaire donnant peu de motifs de discours ; bien identifiés, les phénomènes énonciatifs sont générateurs de développements, à la fois de la part de l'autre et de soi. L'examen des axiologies associées à chaque variété montre les discours sur le caractère rustique du québécois, sur la prétention du gallican. Le québécois est rustique car il retient une différence d'accent et des pratiques informelles irrecevables dans le contexte français. Les Français sont prétentieux car ils refusent la pratique québécoise et prétendent imposer une pratique formelle irrecevable dans un grand ensemble de domaines en québécois. Ces faits mettent à jour la logique articulant les stéréotypes et expliquant les représentations retenues par le discours collectif. Cette logique se déploiera dans les deux questions de l'anglicisme et de la féminisation, dont traitent les chapitres qui suivent.

CHAPITRE 4

LES ANGLICISMES

Introduction

Les variétés de français empruntent toutes à l'anglais. L'importance du phénomène est révélée par le nombre considérable d'études, de travaux prescriptifs et de témoignages sur la question. La nature des emprunts varie selon la communauté en fonction de leur identité et de leur histoire, ce qui explique certains des jugements sur la langue de l'autre. C'est ce que montre ce chapitre, qui est organisé de la façon suivante. La section deux aborde la question plus complexe qu'on pourrait le croire de la définition de l'anglicisme, qui peut concerner tous les aspects d'une langue. La façon dont il concerne les français gallican et québécois est considérée dans les sections trois et quatre. La section cinq s'intéresse à l'attitude face aux anglicismes dans le français de l'Autre.

La définition de l'anglicisme

La définition des phénomènes linguistiques peut se faire de différents points de vue. Le choix d'une perspective synchronique ou diachronique modifie, comme on l'a vu, l'analyse des faits lexicaux et grammaticaux, et il n'en va pas autrement pour l'anglicisme. La définition de la notion d'anglicisme varie selon qu'on adopte un point de vue diachronique ou un point de vue psychologique synchronique. L'histoire suggère qu'un emprunt est une forme linguistique d'une langue qui devient conventionnellement usitée dans une autre. La condition d'usage conventionnel garantit que l'emploi sporadique de formes anglaises par certains

Francophones n'en fait pas pour autant des unités appartenant aux connaissances communes constitutives du français. Le français n'est pas convoqué par le *cottage* d'un vers de Verlaine, les *buns, plumbuns, cracknels, mincepies* et le *soda-water* du roman *Stello* de Vigny, où maintes expressions insérées dans le discours direct du Lord Mayor sont des traits de couleur locale (Ullman 1952 : 168). Marqués par leur forme entièrement étrangère ou voulue telle, souvent identifiés par des marques de citation ou des explications, ces emplois confinent à l'alternance de code. L'alternance codique consiste à recourir à plus d'une langue dans un même discours, suppose la connaissance de ces langues par les locuteurs, et se manifeste en particulier dans les situations de contact des langues – qui conjoignent par exemple l'allemand et le turc en Allemagne, le français et l'arabe au Maghreb, l'espagnol et le quechua dans certaines régions d'Amérique du Sud. Aucun contact direct, aucune connaissance de la langue source n'est supposé par l'emprunt.

Le caractère conventionnel des unités dans la langue emprunteuse est une condition définitoire des emprunts, qui n'est pas elle-même sans poser quelque difficulté. La première est celle des emprunts voués à une courte existence. L'anglicisme allemand *airbagging* (Görlach 2003 : 30) n'est attesté que pour la seule année 1994. Caractéristiques du journalisme et de la publicité, ces emprunts éphémères semblent ne pouvoir être dits conventionnels que pour un groupe restreint de locuteurs, et leur statut d'emprunt pour la communauté entière est donc contestable.

Les emprunts conventionnels supposent du point de vue diachronique une langue qui les prête, dont l'identification peut s'avérer particulièrement délicate à date ancienne pour des langues d'une même famille ou entretenant un contact soutenu. Le contact soutenu de la langue slave qu'est le sorbe et de la langue latine qu'est le romanche avec l'allemand, l'origine germanique du frison et du yiddish y rendent contestable le statut de germanisme (Görlach 2003 : 131), comme l'est l'idée de latinisme pour la majorité du vocabulaire français en dérivant. Même quand son identification est établie, la notion même de langue source reste problématique, eu égard aux phénomènes des médiations, des allers-retours et des emprunts apparents.

Le cas de la médiation est celui où l'emprunt d'une langue source par une langue cible passe par une langue intermédiaire. Ainsi, l'entremise du français se manifeste au dix-neuvième siècle pour les emprunts à l'anglais dans plusieurs langues européennes (Görlach 2003 : 7) : l'allemand conserve la prononciation française de *budget* et *wagon* aujourd'hui encore, et la forme française de *redingote*. De même, le polonais *koks* vient de l'anglais par le truchement de l'allemand *Keks* 'gâteau'. Le russe médie les anglicismes *broiler* et *dispatcher* dans les langues d'Europe de l'Est. Ce cas pose la question de savoir si l'allemand *wagon* est un gallicisme – puisqu'il est emprunté au français – ou un anglicisme – puisque la forme appartient originellement à l'anglais. La même question se pose pour certaines formes désignant des réalités exotiques et techniques qui ont été diffusées par l'anglais. Il a pu répandre des formes comme *avocat, calicot, tomahawk, ketchup, apartheid* qui n'en proviennent pas moins d'autres langues. Les noms formés sur des bases latines et grecques comme *gramophone, téléphone, administration, photographie* ont de même été répandus par l'anglais. Ces cas posent la question de savoir si c'est à la langue de diffusion ou à la langue d'origine que se fait l'emprunt, sur quoi joue l'extrait suivant :

(103) Comme Mike est inscrit au chômage, il est bien obligé pour sa carte de séjour d'accepter un travail de conducteur de tram, ici on dit « wattman », encore un nom flamand d'origine écossaise.
(D. McNeil. 1994. *Tous les bars de Zanzibar*. Paris : Gallimard. 63)

La complexité des réseaux de diffusion se retrouve dans les allers-retours (Dubois 1992). Il s'agit des formes qu'une langue emprunte à une seconde qui elle-même les tenait de la première. Le français contient de nombreux anglicismes qui étaient à l'origine des emprunts de l'anglais au français. Langue de la noblesse à la suite de Guillaume le Conquérant, le français a légué des formes à l'anglais, particulièrement au treizième et quatorzième siècles, dans tous les domaines d'activité, des institutions politiques et judiciaires (*judge, parliament*), du commerce (*money, merchant*), de la vie domestique (*curtain* 'rideau', de *courtine, kerchief* 'foulard porté sur la tête', de *couvre-chef*) (Walter 2001 : 96-102). Ces dons furent importants au point qu'on estime que la moitié du lexique anglais actuel viendrait du français, et il faut attendre Henri VIII pour que l'anglais retrouve par décret sa place comme langue de la justice, comme l'aura fait le français avec l'ordonnance de Villers-Cotterêts sous François 1er. L'anglais rend la politesse au français avec l'anglomanie du dix-neuvième siècle : les unités *cash* (de *casse* 'caisse'), *challenge* (de *challenge*, 'accusation', puis 'défi'), *ticket* (de *estiquette*, 'petit écriteau') en sont des exemples (Walter 2001 : 242 ; voir aussi Dubois 1992). Ces allers-retours rendent une définition historique de l'emprunt difficile, puisque la perspective historique permettrait de défendre l'idée contre-intuitive que *ticket* est un mot parfaitement français plutôt que l'emprunt qu'il semble être.

La difficulté de la définition historique de l'emprunt est la plus vive avec les emprunts apparents (Spence 1989). Un emprunt apparent est une unité employée dans une langue cible qui semble provenir d'une langue source où pourtant elle n'existe pas. Des formes françaises attestées par l'usage et les dictionnaires comme *caddie, baby-foot, crack*, sont bien ressenties comme des anglicismes. Pourtant, l'anglais ne connaît pas ces mots, qui ne sont donnés ni par les dictionnaires ni par l'usage. Tantôt, les emprunts apparents n'existent tout simplement pas, comme les précédents qui sont de pures créations françaises ; tantôt, ils existent mais avec une forme ou un sens différent, comme le montrent des exemples glanés dans Görlach (2003) et Walker (1998). *Goal keeper, happy ending, parking lot, smoking jacket, tennis player* sont des expressions anglaises, non *goal, happy end, parking, smoking, tennisman* ; l'allemand *dressman* 'modèle masculin' et le russe *futbolist* 'joueur de football' ne sont pas plus anglais ; *brushing, dancing, forcing, pressing, standing* ne peuvent être que le participe présent des verbes correspondants, point les noms qu'en a fait le français ; l'anglais *standard* ne désigne pas un centre téléphonique, et le sens de *star* n'est pas comme en français restreint au domaine artistique ; le français *pin's* innove à la fois par son sens inconnu en anglais et par l'extension de la forme génitive (qui fait double emploi dans *Chez Maxim's* ; voir Walker 1998 : 133-4, 167). Les anglicismes apparents manifestent le désir de démontrer une compétence qu'on n'a pas. Un cas apparenté est celui de la pratique inventée de langues existantes, qu'illustrent le latin macaronique (Görlach 2003 : 5), *la lingua franca* (Arends 1998), et qu'on retrouve évoquée (« Elle me parlait anglais tout l'temps / J'lui répondais deux trois mots bidon / Des trucs entendus dans des chansons », A. Souchon, *J'suis bidon*) et mise en scène (l'allemand de fantaisie de Tom Waits dans *Kommienezuspadt*) dans des chansons.

Les emprunts apparents posent évidemment un problème insoluble à la définition historique. On croit qu'une unité appartient à une langue étrangère où elle n'existe pas. L'absence d'unité dans cette langue étrangère interdit donc de parler d'emprunt au sens strict. Comment en effet emprunter ce qui n'existe pas ? C'est que l'emprunt est aussi question de perception synchronique. La pré-enquête de Walker montre que les 134 locuteurs étudiants d'informatique et de mathématiques de l'Université Louis Pasteur à Strasbourg ne distinguent pas les vrais des faux anglicismes (1998 : 137-167), donnant pour anglais à plus de 90 % autant *football* que *recordman*. Les finales en *-ing* et en *-man* font croire à une origine anglaise, d'autant qu'ils introduisent des séquences phonologiques rares ou inexistantes en français comme le phonème /ŋ/ en finale de mot (Walker 2002 : 136, 1983) ; c'est le cas aussi en italien où *lemming* est identifié comme un anglicisme, bien qu'il soit sans l'ombre d'un doute un mot norvégien (Görlach 2003 : 59). De même, une appartenance au russe peut être associée aux finales en *-sky* et en *-ov* – le nom *bungalow* prononcé /lov/ étant donné comme russe par le vieillard joué par Mastroianni dans le film *Quelle heure est-il ?*.

La croyance des sujets quant à la provenance étrangère de certaines formes est donc le fondement de la définition psychologique de l'anglicisme. Cette perspective synchronique empêche d'avoir à poser l'analyse contre-intuitive que *ticket* n'est pas un emprunt, que l'allemand *wagon* est un gallicisme, que l'espagnol *teléfono* est un emprunt au grec, et que *tomahawk* vient de l'anglais. La forme de *footing* et *ticket* en font des anglicismes. L'emprunt n'est pas concerné par les unités pleinement intégrées qui ne sont plus identifiées comme étrangères – à tel point qu'une même forme peut se voir réempruntée, comme c'est le cas des doublons latins en français, et de certains germanismes en polonais (Görlach 2003 : 133). Parmi ces unités figurent les calques. Concernant des mots (la *souris* informatique pour *mouse*), des composés (*brainwashing* est universellement traduit mot à mot selon Görlach), des expressions (*garder un profil bas* pour *to keep a low profile*, *ce n'est pas ma tasse de thé* pour *it's not my cup of tea*), les calques sont constitués de formes indigènes sur le modèle d'une unité étrangère, même si le degré de fidélité à ce modèle peut varier (*exode des cerveaux* pour *braindrain*, *Wolkenkratzer* pour *skyscrapper*). La formation serait du point de vue historique un emprunt, dont la reconnaissance synchronique sera rendue plus difficile étant donné les formes de la composition.

C'est qu'en effet les emprunts s'intègrent à la langue cible sous les différents rapports que met en jeu le signe linguistique. Une forme qui ne serait intégrée ni par la graphie ou la prononciation, ni par la morphologie ou la syntaxe, ni par l'interprétation serait entièrement étrangère. L'entrée sous un de ces rapports dans les conventions de la langue cible est une condition de l'emprunt.

Le jeu entre ostentation d'une origine étrangère et intégration à la langue emprunteuse peut être manifesté par sa forme graphique. En français, les lettres *k* et *w* sont des marques d'extranéité, et le message de ce panneau d'Air Canada à l'aéroport de Chicago qui invite *Les Passagers A Attendre Qu'Un Guichet Se Libère* renvoie à la convention graphique anglaise. On écrira *bifteck* ou *beefsteak*, *rosbif* ou *roast-beef*, *coquetel* ou *cocktail* selon qu'on se réclame de la langue d'origine ou de la langue d'arrivée. La prononciation anglaise s'applique aux formes en *-ing*, qui pourront être naturalisée en *-inge* (*marketinge* obtenant 742 pages en mai 2007 d'après Google) ; comme le /n/ final en français, les /dj/ et /er/ sont inconnus en allemand, ils marquent comme anglicisme la prononciation /teːnaːdjer/ de *teenadjer* 'adolescent', qu'adapte /teːnaːga/ (Görlach 2003 : 105).

L'intégration est manifeste dans le domaine de la morphologie. Ce sont les marques grammaticales de la langue cible qui s'appliquent à la forme empruntée : c'est *overbooké* et *parké* et non *overbooked* ou *parked* qu'on retrouve en français (voir Vinet 1995). Des décalages avec les marques grammaticales de la forme source sont illustrés par les formes allemandes au singulier *Tests* 'test', *Keks* 'gâteau' et *Shus* 'soulier' provenant du pluriel anglais. La forme allemande native *Band* (neutre au sens de 'ruban' et masculin pour 'volume') est distinguée de la forme empruntée *Band* 'groupe musical' qui est au féminin. De telles distinctions de genre se retrouvent entre le français québécois et gallican, où le féminin *gang* et le masculin *gang* désignent respectivement un groupe en général ou une association de malfaiteurs ; c'est sous la même désignation d'un travail que le mot *job* est féminin au Québec et masculin en France.

La morphologie dérivationnelle peut intégrer des éléments étrangers. C'est le cas d'un suffixe *-ing* essentiellement gallican qui montre ostensiblement l'origine supposée de la forme. La naturalisation se fera par des calques avec des suffixes du français : à côté du parodique *marketinge*, on trouve *mercatique*. L'intégration d'un emprunt réel n'entraîne évidemment pas l'adoption de tous ses dérivés, et la production de dérivations dans la langue d'accueil est réputée démontrer le degré de naturalisation d'une forme.

L'ostentation de l'origine étrangère est donnée par la composition. Surtout usités en France, les composés avec *baby-*, *black-*, *express-*, *fast-*, *free-*, *happy-*, *hot-*, *new-*, *quick-* et *top-*, *-ball*, *-room*, *-show*, *-story*, *-shop*, *-store*, *-center*, *-test* (Görlach 2003 : 46) se donnent comme anglicismes à la fois par la forme et par la position des éléments. L'origine serait indiquée par l'antéposition de *top* dans *top-model* (Görlach 2003 : 168), ce que conteste Picone (1988) pour qui les composés en *adjectif + nom* appartiendraient aux potentialités du français. La naturalisation et l'extranéité ne s'opposent pourtant pas dans les composés subissant l'apocope comme *dancing (hall)*, *dressing(-room)*, *parking (lot)*, *living (room)*, *sleeping (car)*, *smoking (jacket)*, *skin(head)* et *body(suit)* (Görlach 2003 : 41) et dont suit la différence entre le gallican *scotch* et le québécois *scotch tape*. Le processus propre au français n'empêche pas la reconnaissance de l'origine anglaise de la forme.

L'affirmation de l'extranéité d'une unité se joue sur la forme, et Walter note la reconnaissance immédiate de *booster, fast food, casting, look, cool, overbooké* (2001 : 244). Le sens peut avoir une origine étrangère, il est difficile de la signaler sans passer par la graphie, la prononciation, la morphologie. C'est un emprunt de sens que concerne l'emploi de *réaliser* au sens de 'se rendre compte', de *expertise* au sens de 'compétence', de *sophistiqué* au sens de 'perfectionné'. Comme ailleurs, l'emprunt d'une forme n'implique pas celui de tous ses sens. Le sens de *bureau* est celui de l'objet en anglais, du lieu en allemand, le suédois conjoignant les deux interprétations ; un *chef* est un supérieur hiérarchique en allemand, un cuisinier en anglais, les deux en danois ; le *menu* est un repas à trois services en allemand, une liste de plat en anglais et les deux en danois et en suédois. Les interprétations des anglicismes sont ainsi susceptibles de varier entre français gallican et québécois, *ticket* référant à une contravention étant propre au québécois qui seul utilise *look* au sens de 'regard' (Lagueux 2004 : 17).

L'absence de marques de son origine laisse croire que l'emprunt sémantique dépend d'un contact réel avec la langue prêteuse, comme les calques et les emprunts de fréquence. La fréquence plus grande d'un terme ou d'une construction dans une langue peut en effet dépendre de l'exemple que donne une seconde : *breuvage* en donne un exemple en français québécois. La prégnance des emprunts varie selon l'âge, le genre, le statut social, suivant le registre, d'après le domaine d'usage (littéraire, journalistique ; langue générale, argot, technique ; écrit, oral). Les domaines de la peinture et de la musique classiques recourent abondamment à l'italien, le français étant favorisé pour la cuisine et pour la mode, l'anglais étant la langue de l'informatique (Nakos 1991). L'anglicisme est moins fréquent dans les registres soutenus (Görlach 2003 : 98, n. 69). Son rejet est plus marqué selon le niveau d'éducation plus élevé des locuteurs (Görlach 2003 : 11, n. 81).

Les différentes dimensions constitutives du signe linguistique concernent donc l'emprunt. Celui-ci peut être défini suivant deux perspectives. Le point de vue diachronique voit une unité source passer à une langue cible. Le contact supposé est nécessaire pour rendre compte des emprunts de fréquence, des calques et des emprunts sémantiques. La croyance en l'appartenance de l'unité cible à une langue source caractérise l'emprunt pour la perspective synchronique psychologique. Ce point de vue rend compte des décalages entre langue source et cible et des emprunts apparents. La reconnaissance de l'origine sur laquelle elle repose est liée à la forme écrite, prononcée ou morphologique. Les paramètres du contact et de l'ostentation, de l'histoire et de la psychologie permettent de comprendre la nature des différences entre les anglicismes du français gallican et du français québécois.

Les anglicismes gallicans

Les emprunts du français gallican se font à l'anglais depuis longtemps. C'est en particulier à la fin du dix-huitième siècle que se manifeste l'anglomanie. L'admiration pour un peuple prospère, gouverné par un système parlementaire démocratique se reflète dans le recours à des mots anglais. L'extension de l'anglomanie au début du siècle dernier est documentée de façon particulièrement intéressante par la *Recherche* de Marcel Proust. Cette œuvre est loin d'être la seule à intégrer les formes anglaises, elle les met en scène de façon particulièrement révélatrice. Un relevé se voulant exhaustif des formes relevant manifestement de l'anglais dans les douze premiers volumes des quinze de la *Recherche* est fourni ici, avec les marques qui peuvent les délimiter, l'instance de parole à qui la forme est attribuée et la référence dans l'édition de la nouvelle revue française :

(104) a. vous savez que je ne suis pas *fishing for compliments* (Odette, Swann, t.2, 9), flirts (narrateur, *Swann*, t.2, 14), home (Odette, *Swann*, t.2, 15), *smart* (Odette, *Swann*, t.2, 15), cab (Odette, *Swann*, t.2, 42), *darling* (Odette, *Swann*, t.2, 76), « speech » (Mme de Forcheville, *Swann*, t.2, 93), *my love* (Odette, *Swann*, t.2, 144), flirt (Princesse de Laumes, *Swann*, t.2, 194), studio (Odette, Swann, *L'ombre*, t.1, 107), nurse (Odette, *L'ombre*, t.1, 107), elle sera sûrement très « fast » (Odette, *L'ombre*, t.1, 113), « royalties » (Odette, *L'ombre*, t.1, 120), meeting (Odette, *L'ombre*, t.1, 129), lunch (Odette, *L'ombre*, t.1, 130), Christmas (Odette et narrateur, *L'ombre*, t.1, 130-1), je la crois très « pushing » (Odette, *L'ombre*, t.1, 140), patronizing (Odette, *L'ombre*, t.1, 142), crack (Odette, *L'ombre*, t.1, 144), royautés comme disent les Anglais (Odette, *L'ombre*, t.1, 152), Mr (Odette, *L'ombre*, t.1, 155), cab (Odette, *L'ombre*, t.1, 155), tract (Swann, *L'ombre*, t.1, 174), leader article (Odette, *L'ombre*, t.1, 199), the right man in the right place (Odette, *L'ombre*, t.1, 199), five o'clock tea (Odette, *L'ombre*, t.1, 216), babys (Odette, *L'ombre*, t.1, 219), goodbye (Odette, *L'ombre*, t.2, 12), footing (narrateur, *L'ombre*, t.2, 23), tub (Odette, *L'ombre*, t.2, 23), sweater (Odette, *L'ombre*, t.2, 23, 29), Good evening (Odette, *L'ombre*, t.2, 33), Good morning (Odette, *L'ombre*, t.2, 50), que vous ne me « dropiez » pas tout à fait (Odette, *L'ombre*, t.2, 53), home (Odette, *L'ombre*, t.1, 220, t.2, 84), « lift » (Odette, *L'ombre*, t.2, 85), « baby » (Odette, *L'ombre*, t.2, 129), des « clubs » de golf (narrateur, *L'ombre*, t.3, 32), break (Elstir, *L'ombre*, t.3, 152), flirt (Albertine, *L'ombre*, t.3, 32), Ce struggle for life de Gondi (narrateur, *Sodome et Gomorrhe*, t.2, 21), l'épithète de lady-like (narrateur, *Sodome et Gomorrhe*, t.2, 61), hay-fever, rose-fever (Marcel, *Sodome et Gomorrhe*, t.1, 277), ce que Cottard appelait « les waters » (*Sodome et Gomorrhe*, t.2, 21), Yes (Cottard, *Sodome et Gomorrhe*, t.2, 142), garden-party (narrateur, *Prisonnière*, t.1, 99, 102), tea gowns (Odette, *Prisonnière*, t.1, 179), great event (narrateur, *Prisonnière*, t.1, 254), shocking (narrateur, *Temps retrouvé*, t.1, 47), wattman, wattmen (narrateur, *Temps retrouvé*, t.2, 7-8), my dear (Odette, *Temps retrouvé*, t.2, 111), royalties (Odette, *Temps retrouvé*, t.2, 122, n.1), season (Odette, *Temps retrouvé*, t.2, 122, n.1).

4 Les anglicismes

Ce relevé montre que l'anglicisme est surtout le fait de Odette de Crécy, maîtresse puis épouse de Swann. Odette est engouée de tout ce qui est anglais, et le thé est une « opération capitale pour elle » (*Swann*, t.2, 45). Affectant parfois un accent anglais (*L'ombre*, t.1, 214 ; *Temps retrouvé*, t.2, 111), elle ira jusqu'à utiliser l'anglais avec sa fille Gilberte (*L'ombre*, t.1, 153), excluant un petit Marcel amoureux de la dite Gilberte et qui ne connaît pas encore cette langue. Cet engouement ne la quittera pas :

(105) Son langage à elle [Mme de Forcheville, c'est-à-dire Odette Swann] était pourtant, plus encore qu'autrefois, la trace de son admiration pour les Anglais, [...]. « Mon gendre Saint-Loup connaît maintenant l'argot de tous les braves *tommies*, il sait se faire entendre de ceux des plus lointains *dominions* et, aussi bien qu'avec le général commandant la base, fraternise avec le plus humble *private*. »
(*Temps retrouvé*, t.1, 123)

Il n'en encourt pas moins la réprobation tacite du narrateur. Des preuves s'en trouvent dans les néologismes *footing* (qui, notons-le, désigne la marche), *pushing* et *dropiez*, et dans le débat sur l'usage de *Christmas* entre le petit Marcel qui adopte l'usage de la mère de Gilberte et son propre père qui en affirme le ridicule. La réprobation s'exerce de même contre la connaissance approximative qui se manifeste dans l'expression générale :

(106) a. ce qu'on appelle [...] par une anglomanie mal informée, des water-closet [...] (*L'ombre*, t.2, 57)

b. Le public remarquait tout de suite [...] cet Hercule en « smoking » (puisqu'en France on donne à toute chose plus ou moins britannique le nom qu'elle ne porte pas en Angleterre) [...].
(*Guermantes*, t.3, 125)

et si le narrateur ne se prive pas d'emplois occasionnels, il insiste sur la correspondance de l'expression à la langue-source :

(107) a. (Disons en passant pour les amateurs d'un vocabulaire plus précis, que cette porte tambour, malgré ses apparences pacifiques, s'appelle

porte revolver, de l'anglais *revolving door*.)
(*Guermantes*, t.3, 29)

b. Dans le vestibule où je demandai aux valets de pied mes snow-boots que j'avais pris par précaution contre la neige [...] mes caoutchoucs américains [...]. (*Guermantes*, t.3, 206)

Il est d'ailleurs curieux que l'anglicisme ne marque pas l'usage des Verdurins, présentés comme l'image même de la bourgeoisie arriviste, ce que marque le caractère parfois erroné de leur langage, comme le montre cette intervention de Monsieur Verdurin :

(108)   Il n'est pas franc, c'est un monsieur cauteleux, toujours entre le zist et le zest. Il veut toujours ménager la chèvre et le chou. Quelle différence avec Forcheville ! Voilà au moins un homme qui vous dit carrément sa façon de penser ! Ça vous plaît ou ça ne vous plaît pas. Ce n'est pas comme l'autre qui n'est jamais ni figue ni raisin.
(*Swann*, t.2, 103)

Le salon des Verdurins accueille tout de même Cottard qui utilise parfois l'anglicisme.

Le parler de la bourgeoisie est contrasté avec celui de la noblesse d'une part et du peuple d'autre part. Ni Charlus ni la Duchesse de Guermantes n'utilisent le moindre anglicisme ; si *flirt* est utilisé par la Princesse de Laumes, il l'est aussi par le narrateur, et semble si bien intégré qu'il n'est jamais démarqué. Pas un seul anglicisme n'est relevé dans la pratique de la domestique patoisante Françoise ou de sa fille. La paysannerie et la noblesse appartiennent à la France éternelle qui est au-delà des modes :

(109)   S'il n'y avait aucune affectation, aucune volonté de fabriquer un langage à soi, alors cette façon de prononcer était un vrai musée d'histoire de France par la conversation. « Mon grand-oncle Fitt-Jam » n'avait rien qui étonnait, car on sait que les Fitz-James proclament volontiers qu'ils sont de grands seigneurs français et ne veulent pas qu'on prononce leur nom à l'anglaise. (*Prisonnière*, t.1, 45)

(110)   [...] à l'accent, au choix de mots on sentait que le fond de conversation de la duchesse venait directement de Guermantes. [...] de sorte que la pureté même du langage de la duchesse était un signe de limitation et qu'en elle l'intelligence et la sensibilité étaient restées fermées à toutes les nouveautés.   (*Guermantes*, t.3, 151-2)

Seuls les trublions de l'ordre social ancien que sont les bourgeois s'aventurent à l'emploi pas toujours adéquat de l'anglais.

Proust suggère que l'anglais est une marque de distinction de groupes en ascension sociale. Il atteste de l'attrait de la société à la langue de laquelle on emprunte par une société qui se sent sûre de sa situation linguistique. L'intérêt pour la Grande-Bretagne s'effaçant devant celui pour les États-Unis, il faudrait supposer que l'emprunt se fasse plutôt à l'anglais américain, ce qui reste à établir. Pourtant, des travaux en ce sens montreraient probablement que l'origine nationale des emprunts n'est guère reconnue par les sujets, qui ne conçoivent que la langue. C'est à des formes reconnaissables comme anglaises que recourt le français gallican. Ce sont ainsi les anglicismes lexicaux qui prévalent en Europe francophone selon Mareschal (1988). Gebhardt (1975) donne 1 254 anglicismes dans le *Grand Robert* de 1951-1964 et son supplément de 1970, soit 2.1 % de l'ensemble, se distribuant selon leur date d'entrée en 123 pour le dix-huitième siècle, 444 pour le dix-neuvième et 578 pour le vingtième. Ce compte est confirmé par Bogaards (2006 : 192).

(111)   On peut estimer le nombre d'anglicismes suffisamment répandus pour paraître dans un dictionnaire non-spécialisé comme le *Petit Larousse* (je ne parle pas des terminologies spécialisées) à environ 2 000, ou tout au plus 2 500 ; il n'est peut-être pas superflu de rappeler que, sur ce nombre, un quart au moins appartient déjà au français depuis un siècle ou plus [...]. Cette présence somme toute circonstanciée n'empêche pas une critique soutenue de l'emprunt gallican à l'anglais.

L'anglicisme gallican est un fait de prestige, de mode, de luxe, expliquant la prégnance des anglicismes apparents. Le snobisme est le motif allégué pour l'anglicisme par plus de 90 % des Français selon l'enquête de Walker (1998).

L'emprunt reconnaissable peut faire l'objet d'une évaluation négative. Cette évaluation se retrouve dans les discours puristes. Le purisme est le positionnement qui consiste à condamner les formes étrangères pour leur préférer les formes indigènes. La critique de l'anglicisme est aussi ancienne que l'anglicisme lui-même, de Louis-Charles Fougeret de Montbron (1757, *Préservatifs* contre *l'anglomanie*) et Bernard-Joseph Saurin (1772, *L'Anglomane*, jusqu'à Étiemble (1964) et Jean Thévenot (1976), et *La Langue française* de Ferré. La préférence nationale se reporte sur les formes faisant double emploi, comme *challenge* face à *défi* et *ticket* qui n'ajoute guère à *billet*. L'emprunt d'une désignation n'existant pas dans la langue cible est généralement considéré comme plus légitime. Peu de critiques tombent sur les désignations de faits étrangers comme *cockney, pub, gentry*, sur les noms propres tels *Commonwealth, Halloween* et sur les noms de marque du type de *Wonderbra, Weight-watcher*. Fustigeant les média et la langue publicitaire, le discours puriste a pour thème central la menace que constituerait l'emprunt. Cette menace est présentée par la métaphore médicale de la contamination à laquelle veut, comme son nom l'indique, remédier le purisme (la métaphore guerrière étant également répandue, Walker 1998). C'est le corps de la langue que corrompt l'emprunt (Pergnier 1989 : 159-163, 166-167).

Le purisme peut se cristalliser en des instruments législatifs. Ces mesures s'attachent à la langue publique, généralement pour les registres soutenus et dans les domaines techniques, à partir du travail d'organismes spécialisés, de l'Académie puis de la Commission de terminologie. Depuis les premières recommandations aux médias par le ministre de la Communication en 1982 (Pergnier 1989 : 173), les aménagements proposés ont connu des fortunes diverses, et sont reçus avec un certain scepticisme par le grand public, plus de 70 % des Français étant réticents à leur adoption (Walker 2001). Un exemple éloquent en est la moquerie qui a accueilli la loi Toubon, surnommée *All good*, qu'illustre encore le ton de l'extrait suivant :

(112) Le CSA (Ze Conseil supérieur of ze audiovisuel) ne goûte pas l'emploi abusif de l'anglais par les télévisions et les radios et leur a demandé hier de « s'efforcer d'utiliser le français dans les titres de leurs émissions ». (speak français, plize). Le sourcil (eyebrow) du CSA s'est particulièrement froncé face à *Star Academy* (notre recommandation : « L'école des vedettes »), *FearFactor* (« La peur du facteur » ou l'inverse) ou encore *Loft Story* (« Une histoire de local à usage commercial ou industriel aménagé en local d'habitation »). Il s'agit, souligne le CSA, de « garder à la communication audiovisuelle son intelligibilité et à notre culture son identité ». Ah, OK...
(R. Garrigos. 28.1.2005. « Le CSA ne kiffe pas l'anglais ». *Libération*, édition électronique)

Cette indifférence face à un phénomène jugé sans importance contredit l'hypothèse de Walker selon laquelle le purisme serait un symptôme de l'insécurité linguistique d'une communauté. La légitimité de leur propre pratique n'est certainement pas mise en doute par les puristes. C'est plutôt le prestige de leur pratique que les puristes défendent, et qu'ils défendent dans toutes les langues.

L'emprunt à l'anglais en français gallican est un phénomène de prestige qui fait valoir la connaissance par le locuteur d'une langue à la mode. [C'est du moins le cas général, qui n'exclut pas l'anglicisme de contact dans certaines situations professionnelles (Pergnier 1989 : 97).] Il passe donc par des formes reconnaissables, et notamment les emprunts apparents. Cette pratique diffère nettement des anglicismes québécois comme nous le verrons dans la prochaine section

Les anglicismes québécois

Les emprunts québécois se font à l'anglais depuis la Conquête de la Nouvelle-France par la couronne britannique en 1760. C'est dès cette époque qu'on voit apparaître les premiers anglicismes selon Poirier (1980 : 49). Ces anglicismes sont ceux diffusés par les enseignes commerciales, la publicité et les journaux qui désignent des réalités matérielles, institutionnelles et culturelles britanniques. Cet état de fait est bien attesté par différents témoignages qui s'étonnent de la visibilité de l'anglais :

(113) a. Mais il est facile de voir que les Français sont le peuple vaincu. Les classes riches appartiennent pour la plupart à la race anglaise. Bien que le français soit la langue presque universellement parlée, la plupart des journaux, les affiches et jusqu'aux enseignes des marchands français sont en anglais. (Alexis de Tocqueville, 1831)

b. À peine débarqué, une querelle survenue entre deux charretiers fait parvenir à mon oreille des expressions qui ne se trouvent pas dans le dictionnaire de l'Académie, mais qui sont aussi une *sorte de français*. Hélas ! notre langue est en minorité sur les enseignes, et quand elle s'y montre, elle est souvent altérée et corrompue par le voisinage de l'anglais. Je lis avec douleur : *manufacteur de tabac*, sirop *de toute description*, le sentiment du genre se perd parce qu'il n'existe pas en anglais, le signe du pluriel disparaît là où il est absent de la langue rivale. Signe affligeant d'une influence étrangère sur une nationalité qui résiste, conquête de la grammaire après celle des armes !
(Jean-Jacques Ampère, professeur de littérature au Collège de France, de passage à Québec en 1855. Cité dans L.-J. Calvet. 1999. *La Guerre des langues et les politiques linguistiques*. Paris : Hachette. 254. Repris dans Pavel 2004 : 123)

La réaction des élites intellectuelles ne se fait pas attendre, et des glossaires prescriptifs sont attestés dès 1810, le titre de la célèbre plaquette *L'Anglicisme, voilà l'ennemi* publiée en 1880 par Jules-Paul Tardivel donnant le ton. Le mouvement traque l'anglicisme jusque dans des formes qui n'en sont pas : *patate* 'pomme de terre' est un archaïsme, *couvert* 'couvercle' est un régionalisme, et si *moulin à scie* 'scierie' a été rapproché de *saw mill*, il est attesté en français du 17e siècle, y compris dans des sources canadiennes (Poirier 1980 : 69). La chasse ne connaîtra guère de répit, la libéralisation progressive des attitudes face aux canadianismes ne se reportera jamais aux formes d'origine présumée anglaise. Demeurant jusqu'à ce jour (dans le discours normatif mais aussi artistique, dans la chanson *Québécois de souche* des

Cowboys fringants), la stigmatisation de l'anglicisme jouera un rôle central dans la bataille du joual, comme marque de la domination ou de la déchéance de la langue canadienne-française.

(114) En raison de l'histoire particulière de la Belle Province, un accent anglais est souvent perçu comme une tare sociale parce que les Francophones assimilent tous les anglophones à l'éternel étranger aggresseur. (Nadeau 2002 : 51)

Ces marques sont rejetées particulièrement dans l'anglicisme de forme (Bouchard 1999, Mareschal 1988, Oakes et Warren 2007 : 120, Poirier 1980 : 68), même celui usité en France (Martel et Cajolet-Laganière 1993) ; les emprunts à d'autres langues comme *sushi* ou *panini* ne font pas l'objet de vigilance particulière (Bouchard 1999 : 21), bien que certains chefs animant des émissions de cuisine disent *ricotte* ou *fettucine*. L'intégration des anglicismes anciens (dont Poirier donne de nombreux exemples, 1980 : 49, 71-72 ; Juneau 1969), le remplacement et le calque d'emprunts récents constituent la stratégie pour faire face à la menace.

(115) Au Québec, la langue française est à la base même de l'identité. Lorsque quelqu'un utilise des mots anglais dans une conversation en français, il est mal vu : on le soupçonne de n'être pas assez futé pour trouver le bon terme en français. Si des néologismes comme *courriel* (pour *mail*), *pourriel* (pour *spam*) ou *remue-méninges* (pour *brain storming*), ou *clavardage* (pour *chat*) passent si facilement dans le langage usuel au Québec, c'est parce qu'on pense que ces mots sont de bonnes traductions ou adaptations, inventives et pratiques, et qu'il serait trop facile ou dangereux de se tourner vers l'anglais. Le Québec montre bien qu'on peut être à la pointe dans le domaine des technologies tout en utilisant des mots français, ce qui requiert un effort, une conscience.
(M. Jacot. 12.7.2005. « Les Québécois s'étonnent de constater les ravages de l'anglais en France ». *Le Monde*)

Cette menace ne disparaîtrait pas avec les signes les plus manifestes d'anglicisation. Les calques mèneraient à des formes qui enfreignent les règles structurales ou d'usage d'une langue, suivant l'important ouvrage de Vinay et Darbelnet (1972) traitant de la traduction de l'anglais au français. C'est l'usage du français qui devra guider le traducteur. La mauvaise traduction et les incorrections qu'elle produit pose des dangers à l'intégrité du système de pensée des locuteurs de la langue d'arrivée. Ce n'est donc plus seulement le corps de la langue qui est menacé par l'anglicisme, mais la pensée des locuteurs, et l'existence même de la seule Nation francophone d'Amérique. On a une illustration de ce discours dans l'argumentation de Meney par exemple :

(116) a. D'où une première source d'insécurité : nos anglicismes ne sont-ils pas les signes d'une mort annoncée ?
(L. Meney. 7.1.2004. « Parler français comme un vrai Québécois ? » *Le Devoir*, édition électronique)
b. Il ne faut pas être grand clerc pour deviner qu'une société qui romprait ce dernier lien [linguistique] avec la francophonie serait vouée à une anglicisation rapide. (*ibid.*)
c. C'est pourquoi nous devrions nous approprier l'intégralité du patrimoine linguistique français ; nous fixer des objectifs précis en matière de prononciation, d'accent, de morphosyntaxe, de vocabulaire et de phraséologie ; redonner sa place au patrimoine littéraire français ; mieux former nos enseignants en général et nos professeurs de français en particulier. Sinon, nous disparaîtrons dans l'océan anglophone. Dans l'indifférence générale... (*ibid.*)
d. Les victimes de ce séparatisme linguistique seront les Québécois, confinés à un marché de 6 millions de personnes, ghetto linguistique et culturel ni anglais ni français, première étape vers l'anglicisation complète.
(L. Meney. 20.03.05. « L'inquiétante hostilité québécoise au français ». *Le Monde*, édition électronique)

Cette crainte motive en bonne partie l'institution des lois linguistiques, qui limite la visibilité de l'anglais, et offre des solutions de rechange aux formes anglaises par le biais de l'Office de la langue française dès sa fondation en 1961 ; si les propositions concrètes ne sont pas toujours reçues avec enthousiasme (*hambourgeois* n'ayant jamais été largement utilisé par exemple), c'est d'un soutien important que jouissent les législations dans la population, ce qui contraste avec la réception des lois Toubon par exemple. Cela soutient l'affirmation de Remysen (2004 : 116) selon laquelle les mesures législatives sur la langue convergent avec les attentes des citoyens au Québec, ce qui est beaucoup moins le cas en France selon Oakes (2001).

L'anglicisme québécois et a fortiori dans les autres communautés francophones d'Amérique du Nord (Mougeon 2007) est un fait de contact. Le contact amène les locuteurs à valoriser l'apprentissage de la langue dominante et à démontrer leur connaissance de la langue dans la prononciation en particulier : selon Bouchard (1999 : 26), la francisation de la prononciation des emprunts cesse au début du vingtième siècle, et il serait aujourd'hui impensable de prononcer *barbecue, hamburger, sandwich* à la gallicane (Mareschal 1988 : 77), prononciation qui donne une raison de plus de rejeter les anglicismes apparents :

(117) a. En faisant concession à la mode, ou bien à une certaine France branchée, Denis Duclos nomme ses tueurs en série des « *serial killers* ». En anglais. Dix fois, cent fois, mille fois, on retrouve dans le texte « *serial killer* ». Or le lecteur québécois que je suis, quoique respectueux du droit à la France à ses nombreux snobismes, ne peut se retenir, tôt ou tard, d'imaginer comment ces mots anglais peuvent résonner dans la bouche de l'auteur. Je me suis donc mis à entendre « *serial killer* » tel que prononcé par Denis Duclos : quelque chose comme « céréale killère ». Ce qui, pour moi, se transforme tout de suite en « Tueur de céréale ». [...]. L'argument pâlissait et la thèse de l'auteur souffrait singulièrement. Tout cela pour une banale question d'accent.
(B. Arcand et S. Bouchard. 1998. « L'accent français ». *Des pompiers, de l'accent français et autres lieux communs*. Montréal : Boréal. 86)

b. La championne toute catégorie en la matière [de correction] est notre boulangère, qui est une sorte de M. Prunier femelle.
[...]
Mais le sommet, c'est la fois où Julie lui demande un thé glacé.
« Un quoi ?
— Un thé glacé. Vou savez, ça, là !

— Ah ! Ah ! Vous voulez dire un issti ?
— Un ice *tea*, alors.
— On dit un issti. » (Nadeau 2002 : 113)

Ce contact symbolise en même temps la domination politique de la nation. Le rejet de cette domination amène celui des anglicismes de forme :

(118) Personne ne critique des emprunts à l'anglais comme « budget », « rail » ou « handicap », mais beaucoup se refusent, par principe (purement idéologique), à employer « parking », « stop » ou « weekend ».
(L. Meney. 7.1.2004. « Parler français comme un vrai Québécois ? » *Le Devoir*, édition électronique)

et ce sont les anglicismes sémantiques et les calques qui prévalent au Québec (Mareschal 1988 : 71) ; on y retrouve de même des anglicismes de fréquence, les formes françaises *barbier* 'coiffeur' et *breuvage* 'boisson' étant communément utilisées du fait de l'interférence des formes anglaises *barber* et *beverage*. Ce serait moins de 1 % d'anglicisme que comporterait le français québécois actuel, selon Poirier (1980 : 51), chiffre que reprend Hewson (2000 : 77) ; le corpus littéraire dépouillé par Maurais donne 6 % (1999 : 100). Cette proportion varie cependant selon les registres et les domaines, les lexiques techniques de l'automobile, de la mécanique et de la production d'énergie conservant un contingent plus important d'anglicismes (Poirier 1980 : 67).

Le français du Québec entretient donc un rapport avec l'anglais qui diffère de celui qu'a le français de France, étant donné les particularités des circonstances politiques. Ces différences se se retrouvent dans les discours sur les anglicismes de l'autre communauté.

Les anglicismes de l'autre

Les anglicismes constituent un sujet de préoccupation que partagent les communautés québécoise et française. Chacune a développé une longue tradition discursive sur cet aspect de sa propre pratique langagière. Le discours sur les anglicismes de l'autre sont cependant différents dans les points relevés et dans la tonalité des jugements.

Les discours gallicans se contentent de relever l'existence du phénomène en français québécois :

(119) a. Votre livre, [...] ils s'en foutent, ils s'en *contre-câlissent en tabarnak*, comprenez-le bien, tout ça ne vaut une *cenne* pour les sponsors qui paient l'émission, qui veulent [...] que tout se termine sur le sourire (au demeurant fort charmant) de l'animatrice, qui fait *sa job* de salariée comme tous les autres [...]. (Dantec 2000 : 379)

b. [...] où tout un chacun touche un peu de la guitare, des *drums*, des synthés, *et a déjà joué dans un band* – comme disent les Français d'Amérique ; ce public de musiciens amateurs et de rock critics en herbe ou de futures *pop star*, déjà vieux de plusieurs cycles de la marchandise, s'autocélèbrera sans vergogne passé le milieu des années 80, disons 1984, date à laquelle le rock s'enterra lui-même dans un processus de recyclage et de *revival* qui continue encore aujourd'hui [...]. (Dantec 2000 : 558)

c. Adieu [...] les *spareribs* de chez Vaillancourt, [...].
(McNeil 2006 : 34)

d. en croquant des *peanuts* je commande à la chaîne des Molson au barman [...]. (McNeil 2006 : 47)

e. Avant même d'achever leur petit-déjeuner cette bande de *crackedpots* fume déjà sa troisième cigarette [...]. (McNeil 2006 : 99)

Ce trait linguistique est largement rendu dans Vargas, où on trouve par exemple l'anglicisme général *flatte* 'crevaison' (Vargas 2004 : 438). Il sert d'hypothèse sur les différences de la variété québécoise :

(120) a. Quelques-uns réclamaient surtout des Canadiens, subissant peut-être à leur insu le charme d'un accent si léger qu'on ne sait pas si c'est

celui de la vieille France ou de l'Angleterre.
(M. Proust, 1922, *Le Temps retrouvé*)
b. — Il s'était enfui de l'asile.
Va-t'en savoir ce qu'« asile » signifiait en québécois. Anglicisme, vieux français ? (Pelletier 2005 : 96)

Les emplois de *bonjour* comme fermeture d'interaction et de *bienvenue* comme « salutation et [...] réplique à un remerciement » sont de même expliqués par l'anglais selon Razafimandimbimanana (2005 : 51).

Le thème ne donne pas lieu à date récente à des déploiements discursifs particuliers. De tels développements se retrouvent qui semblent reposer sur la conscience des efforts québécois de francisation :

(121) a. Et de quoi apporter de l'eau au moulin de ceux qui considèrent que les Québécois sont parfois de plus farouches défenseurs de la langue française que les Français eux-mêmes.
(J. Middlesbrough. 26.11.2001. « Ne plus donner sa langue au chat ». *Le Monde*)

b. Philippe Renard aimerait pousser le « courriel », d'origine québécoise, pour faire pièce à l'e-mail.
(F. Latrive. 3.9.2001. « La majuscule sied-elle au réseau ? ». *Le Monde*)

c. « Arrêtez ! » Pas stop, non, du vrai français de France, on était au Québec. (Pelletier 2005 : 41)

Cette conscience est attestée dans des interactions interculturelles : la propriétaire d'une auberge d'Aix-en-Provence s'excusait auprès de touristes québécois d'un panneau indiquant le *parking* ; un client à une table adjacente d'un restaurant de Chambéry ayant identifié mon origine me demandait si je connaissais la forme francisée de *doggy bag*. La différence québécoise est dans ce cas reçue favorablement puisque défendre le français est aussi d'un point de vue gallican défendre la France. De cette défense suit l'idée de la résistance des Québécois donnée en (3a) et ci-dessous :

4 Les anglicismes

(122) a. Claude Duneton et la langue française. Ayons le courage des Québécois. (Titre de F. Simon. 2000. *France-Québec*,115, 68)

b. Tout en louant « la capacité formidable » du Québec « de résister à quatre siècles durant pour ses valeurs, pour sa langue, pour sa culture », Raffarin donnait le culturel comme une force de création plutôt que comme une force nostalgique, pour nourrir des projets communs.
(R. Dutrisac. 24.5.2003. « Raffarin refuse de verser dans la nostalgie ». *Le Devoir*, édition électronique)

Ce réflexe de correction ne peut que donner lieu à une réception négative de l'anglicisme gallican par les Québécois. L'attitude est déjà exprimée à date ancienne :

(123) a. Et nous disons, nous, que celui qui ne s'oppose pas à cette manie de tout angliciser, est un Canadien abâtardi, et que le journaliste qui le courant avec son bagage ridicule de *schooner*, de *reporter*, de *lunch*, de *dollar*, de *high life*, de *hustings*, de *better terms*, etc., etc., est un journaliste indigne de ce nom et bon tout au plus à singer les petits crevés parisiens et newyorkais.
(3.10.1882. Journal *Le Saguenay*, p. 2, col. 1. Dans Poirier 1980 : note 7)

b. Continuez, messieurs, à singer les journalistes français de New-York. Dites et écrivez comme eux : *Street, wharf, attorney general, policeman, schooner, ward,* etc., etc., et vous arriverez à vous rendre ridicules et méprisables aux yeux de tous ceux qui veulent le maintien de notre belle langue.
(19.9.1882. Journal *Le Saguenay*, p. 2, col. 4. *Ibidem*)

c. Les dictionnaires donnent tous les jours asile à une foule d'expressions dérivées, soit des différents dialectes des provinces françaises, soit des langues étrangères, – et dans ce dernier cas, on ne prend même pas la peine de franciser le mot, *témoins, les wagons, les tenders, les rails, les steamers, le turf, le sport*, etc. Pourquoi donc ces mêmes dictionnaires n'accueilleraient-ils pas des mots provenant d'un pays qui, par les preuves qu'il a données dans toute son histoire, a bien le droit de demander qu'on lui conserve son titre de province française, et qu'on lui permette de travailler au développement d'une langue qu'il a conservée et sauvée pour ainsi dire, sur ce continent, au prix des plus grands sacrifices ?

(N. Legendre. 1890. *La Langue française au Canada*. p. 33. Exemple communiqué par Claude Poirier)

d. La langue française a-t-elle besoin de nos mots populaires ?
Sans doute, elle n'en a que faire pour parler des choses qui ne concernent pas la vie canadienne – encore que nous pourrions lui prêter notre *patinoir* pour remplacer son *skating* et lui apprendre à conserver *fumoir* qui est en train de disparaître devant *smoking room*.
(A. Rivard. Verreault 2006 : 42)

La force de l'opposition aux anglicismes est aussi démontrée par une critique portant sur une variété par ailleurs de référence à une époque où son prestige la mettait au-dessus de toute contestation. L'époque contemporaine n'est pas moins riche en critique des anglicismes gallicans, sur un ton de pédagogie, d'indignation, de moquerie :

(124) a. À Paris, moins souvent en province, il y a des rues entières où tous les commerces ont des enseignes en anglais. Hier, j'écoutais une radio privée FM où, tout à coup, on posait des questions en anglais et la personne interrogée répondait en anglais, sans traduction simultanée. Ensuite seulement, le journaliste résumait les réponses en français. J'appelle parfois des services publics français, France Télécom par exemple, et je suis ébahi de tomber parfois sur des messages de répondeur ou d'attente en anglais uniquement.
Les Québécois s'étonnent de voir combien l'anglais fait des ravages ici. Ils sont déçus de voir que les Français ne sont pas des alliés naturels et convaincus de leur combat en faveur de la défense de la langue française, dans la rue et dans les forums internationaux.
(M. Jacot. 12.7.2005. « Les Québécois s'étonnent de constater les ravages de l'anglais en France. » *Le Monde*)

b. Il y a trois semaines, j'ai passé quelques jours en France. Rien de mieux qu'une petite plongée dans la mère patrie pour retomber en amour avec notre langue.
Par exemple, savez-vous comment on appelle un nettoyeur, à Paris ? Un pressing.
Une compilation est un best of.
Un DVD de collection, un DVD collector.
Et un centre sportif, un fitness center ou un sporting club.

Pendant que j'étais dans la Ville lumière, *Shanghai Knights*, le dernier film de Jackie Chan, est sorti sur les écrans à grands renforts de publicité. Au Québec, la version française s'appelle *Les Chevaliers de Shanghai*. Mais en France, la version française s'intitule... *Shangai Kid*!
C'est pas beau, ça?
Idem pour le dernier film de François Ozon, le réalisateur de *8 Femmes*. Au Québec, l'opus s'intitule *La Piscine*, alors qu'en France, il s'intitule *Swimming Pool*.
Dire que les grands ténors de la pureté linguistique ne cessent de nous vanter les charmes de Paris...
(R. Martineau. 31.7.2003. « American Dream ». *Voir*)

c. Une autre fois, après une commande particulièrement importante, je demande un reçu à la Grosse Souris, qui me regarde avec des yeux de brownie sec.
« Vous savez, ce petit bout de papier avec des trucs écrits dessus qui sort de la caisse à chaque transaction. »
— Vous voulez dire le ticket.
Merci, Grosse Souris.
Les anglicismes sont une cause de malentendus constants entre Français et Québécois. Les Québécois ont beaucoup de complexes sur leurs anglicismes, mais le français des Français en est truffé. La différence, c'est qu'ils n'ont pas les mêmes. Les Français stationnent au parking, les Québécois parquent au stationnement. Ce genre de différence est tout à fait naturel et serait plutôt amusant si les Français ne se sentaient pas constamment l'envie de corriger. [...]. Les anglicismes des Français sont en général des anglicismes de snobisme, pour faire cool. Il y a de ça au Québec, mais les anglicismes des Québécois ont longtemps été des anglicismes d'assimilés – tout le vocabulaire de la construction est teinté d'anglais tout simplement parce qu'au Québec on a eu Ford, GM et Chrysler, pas Citroën ni Renault. (Nadeau 2002 : 113-114)

d. Plutôt que le vocabulaire, c'est la grammaire qui est l'essence d'une langue. Considérez l'expression *sautéed mushroom*, qu'on trouve dans les livres de cuisine en anglais. Il n'y a rien de français là-dedans. C'est grammaticalement anglais et non reconnaissable par un Francophone, même si les deux mots sont d'origine française – *sauté* et *mousseron* (une variété de champignon qui a donné *mushroom*). À Montréal, sur la rue Marianne, coin Saint-Dominique, il y a un garage qui porte un nom comique, pur produit de la loi 101 : « George Général d'Auto Réparation ». C'est la traduction au mot à mot de *George General Auto Repair*, mais ce n'est pas du français non plus. (Nadeau 2002 : 114-115)

e. De passage à Paris lors d'une réunion sur la francophonie, je me surprends à penser que toute cette bataille pour faire du français une grande langue internationale de communication est un bien curieux combat. C'est peut-être même une bataille perdue d'avance dans la mesure où nos cousins n'en voient guère l'utilité et en sont venus à considérer cette langue comme une langue de *loosers* tout juste bonne pour servir de tremplin à l'apprentissage de l'anglais.

Ne parlons pas de cette manie – au demeurant plutôt sympathique – des Français de parsemer leurs conversations et leurs publicités de mots anglais, utilisés le plus souvent à tort et à travers. [...].

Certains Québécois grimpent dans les rideaux lorsqu'ils entendent des mots anglais et se lancent immédiatement dans de longues analyses sur le snobisme naturel des Français. D'abord, un peu de snobisme n'a jamais fait de tort à personne et il faut plutôt voir dans le recours à des mots anglais le signe de la capacité d'une langue de s'approprier de nouveaux mots et à les mettre en concurrence avec des mots déjà existants. Le libre-échange linguistique témoigne à sa façon de la vitalité d'une langue. C'est ainsi que pantalon a fini par remplacer chausses et braies et que short et bermuda se sont imposés sans que personne n'y trouve à redire. Le printemps dernier, Macy's, le grand magasin new-yorkais, faisait même de la publicité pour le short alors que les Galeries Lafayette n'hésitent pas à proclamer qu'elles possèdent les meilleures *sneakers* en ville. Je ne sais pas s'ils savent qu'en anglais le verbe *to sneak* a un sens bien particulier (quelque chose entre le truffier et l'espion).

[...]

Mais il y a snobisme et snobisme. Lorsqu'on dépasse certaines limites, on passe alors du snobisme charmant au ridicule linguistique profond. Ainsi, cette année la traditionnelle Course des garçons de café de la rue Mouffetard à Paris s'est déroulée entièrement en anglais. Pas dans les deux langues. Pas en français avec quelques mots en anglais. Pas en franglais. *In English only, my dear !* Il fallait l'entendre pour le croire.

Le résultat fut pour le moins surréaliste. Comme les organisateurs insistaient pour faire toutes leurs annonces dans le plus pur anglais parisien, personne n'a eu la moindre idée de ce qui en retournait et

les rares touristes américains présents sur les lieux en furent encore plus désemparés. Sans parler des coureurs eux-mêmes qui n'arrivèrent jamais à comprendre ce qu'on attendait d'eux. [...]
(D. Latouche. 13.7.1996. « Do you speak French ? » *Le Devoir*, A8)

On va jusqu'à mettre en scène la correction :

(125) Empêtrés comme ils le sont dans leur grammaire interculturelle, ils ne sont pas sortis du bois. En attendant, cela nous permet de leur expliquer qu'il faut dire « J'ai du *fun* » et non « J'ai *fun* » ou « J'ai le *fun* » et que *cute* est un adjectif qui a un sens bien différent selon qu'il est utilisé au masculin ou au féminin. Et quel plaisir d'annoncer à un Français que le mot anglais qu'il utilise n'est tout simplement plus à la mode.
(D. Latouche. 13.7.1996. « Do you speak French ? » *Le Devoir*, A8)

La moquerie ou l'indignation porte en effet sur la connaissance relative de l'anglais :

(126) En France, les mots anglais gardent le vent en poupe. Et on utilise souvent les rares mots anglais que l'on connaît pour donner l'illusion qu'on parle cette langue.
(M. Jacot. 12.7.2005. « Les Québécois s'étonnent de constater les ravages de l'anglais en France ». *Le Monde*)

et Bouchard (1999) rapporte l'anecdote d'un échange avec un serveur français à Paris qui ignorait qu'une salade dénommée *chicken salad* contenait du poulet.

La critique engage des démarches publiques : un groupe de Québécois publie dans la revue *France-Québec* en 1993 un manifeste invitant les Français à se détourner de l'anglicisation. Lors d'une visite en juin 1984, le ministre de la culture Jack Lang promet à son homologue québécois Clément Richard la traduction en français des titres des films américains diffusés en France. Des observations reviennent régulièrement sur le sort des francisations québécoises : l'étendard en est le nom *courriel* :

(127) Au Québec et en Belgique, on employait déjà *courriel*, mais l'Académie a jugé qu'il s'agissait d'un régionalisme. Elle a proclamé le

mél (abbréviation de *message électronique* et calque de *mail*), qui fait parfaitement colonisé. (Nadeau 2002 : 122)

Un journaliste du quotidien *Le Soleil* se réjouit de ce que le mot courriel aurait été largement préféré par les journalistes du *Monde* (191 occurrences) à *e-mail* (19 occurrences), selon les décomptes de M.-É. de Villers (R. Hétu. 3.8.2003. « Parlez-vous québécois ? » *Le Soleil*, A10).

La dynamique des discours sur les anglicismes de l'autre semble l'inverse de celle sur les différences entre variétés. La critique de l'anglicisme gallican par les Québécois est soutenue, les anglicismes québécois étant tout au plus relevés pour l'époque contemporaine. Cette situation s'explique par le statut de l'anglais dans chaque communauté, ce que rappelle notre conclusion.

Conclusion

L'anglicisme est un phénomène de mode en France, et n'y est pas perçu comme un problème bien sérieux. Il est la manifestation du contact des langues au Québec, où il est conçu comme le symbole inquiétant de la domination politique de la Nation. Le rejet de cette domination y entraîne le refus des anglicismes formels, d'autant que leur prononciation à l'anglaise rendrait leur inavouable origine plus perceptible, une prononciation francisée apparaissant aujourd'hui précieuse. Ce refus se retrouve dans la critique faite des anglicismes formels gallicans, dont on moque le snobisme et les inadéquations. Les anglicismes québécois sont tout au plus notés dans le métadiscours français.

Le rapport à l'anglais pourrait être envisagé sous d'autres angles, comme celui de l'acquisition, qui met en jeu la relation aux langues étrangères :

(128) Quand on est Français, mon fils, on n'apprend pas les langues étrangères. (B.-M. Koltès, *Combat de nègre et de chiens*)

4 Les anglicismes

(129) a. À la question « Parlez-vous une autre langue ? » un Français aura tendance à répondre non, sauf s'il la parle bien, tout simplement parce que la maîtrise parfaite de la langue est fondamentale pour lui.
(Nadeau 2002 : 247)
b. Les Français souffrent d'un blocage culturel particulier qui leur nuit dans l'apprentissage d'une langue étrangère : leur maudite obsession de la correction. [...]. Parce que « bien parler » est l'objectif central de l'éducation en France. Or, pour bien apprendre une langue étrangère, il faut la parler sans complexe, et donc mal au début.
(Nadeau 2002 : 248)

qui se pose dans un contact avec un locuteur anglophone : une vieille blague propose qu'on reconnaît un groupe de quatre-vingt-dix-neuf Québécois à ce qu'il passe à l'anglais dès qu'un Anglophone arrive :

(130) Autrefois, confie-t-il, quand nous nous retrouvions entre confrères des universités de la ville pour débattre d'un thème, il suffisait qu'il y ait parmi nous un seul anglophone pour que la discussion se déroule en anglais. Aujourd'hui, ce n'est plus le cas, la présence de plusieurs Britanniques n'empêche pas nos conversations de se passer en français.
(H.K. 23.5.1987. « Les nouveaux Francophones ». *Le Figaro*)

et cette blague appliquée aux Français veut qu'un seul d'entre eux s'attend à ce que les quatre-vingt-dix-neuf autres parlent sa langue (relevée dans un propos d'enseignement de l'anglais langue seconde en France, mai 2002). [Steve Oswald me signale la même propension des Suisses germanophones à parler français avec les Romands, qui ne rendent pas la pareille.] Le bien-fondé de ces stéréotypes et les discours auxquels ils donnent lieu mériteraient d'être étudiés plus avant.

La question de l'emprunt à l'anglais envisagé dans les relations entre France et Québec renvoie par analogie à la possibilité d'emprunts entre deux variétés d'une langue. En apparence, les Québécois empruntent volontiers à la France des formes de registre informel, qui se diffusent avec une valeur d'usage général ; un exemple en est *bouffer*. Quoique des formes québécoises informelles dont le *fun* donne l'exemple puissent se retrouver de façon sporadique chez des locuteurs français, ces derniers adopteront surtout des formes normalisées du type de *courriel*. Perspective entièrement nouvelle, l'emprunt entre variétés est une autre question à investiguer.

Le rapport à l'anglais dépend de l'histoire de chaque communauté, et des positionnements idéologiques qui en découlent. De tels positionnements sont à l'œuvre dans la question de la féminisation abordée dans le chapitre suivant.

CHAPITRE 5

LA FÉMINISATION

Introduction

Toutes les variétés de français sont aujourd'hui marquées par la politique promouvant la visibilité des femmes. Cette politique a néanmoins suivi des parcours différents dans leur idéologie, l'époque de leur initiation, l'approche normative choisie et la réception des mesures défendues. Ce sont les thèmes que reprend ce cinquième chapitre. La section deux présente les étapes de la politique de la féminisation au Québec puis en France. L'opposition aux mesures québécoises et les réponses à cette opposition est analysée dans la section trois. Elle donne l'occasion de souligner les paramètres idéologiques en jeu. L'argument se trouve résumé dans la conclusion.

Les politiques du genre

Le genre est une construction sociale dont la trace marque l'ensemble d'une culture. Les institutions et les pratiques peuvent renvoyer au genre de façon plus ou moins manifeste. Un exemple s'en trouve dans les langues naturelles. Une langue peut fournir les moyens grammaticaux de marquer le genre des mots renvoyant à des animés directement ou indirectement (par une catégorie grammaticale spécialisée ou à travers différents classifieurs nominaux), de façon générale (comme en français) ou particulière (par des pronoms de troisième personne et des suffixes en anglais). Les moyens lexicaux existent dans les sytèmes sémiologiques les plus parcimonieux d'évoquer les genres sociaux et les rôles traditionnellement occupés par les membres d'un de ces genres. Ces rôles peuvent changer comme cela a été le cas en Occident dans le dernier siècle et demi, changement qui devrait se refléter dans l'usage de la langue. En effet, l'emploi de formes au féminin pour désigner des fonctions exercées par des femmes semble assez libre jusqu'au dix-huitième siècle (Brunot 1966, cité par Moreau sous presse, Maurais 1999 : 326-327 ; voir Dürrer 2002 pour un survol des opinions de grammairiens). C'est ce à quoi fait allusion Proust dans l'extrait suivant mettant en scène la domestique Françoise au français archaïsant :

(131) Je voulais en causer à leur maître d'hôtel... Comment donc qu'on lui dit ? S'interrompit-elle, comme se posant une question de protocole, et elle se répondit à elle-même : « Ah oui ! C'est Antoine qu'on lui dit », comme si Antoine avait été un titre. « [...] Et puis c'est pas un homme courageux (cette appréciation aurait pu faire croire que Françoise avait changé d'avis sur la bravoure qui, selon elle, à Combray, ravalait les hommes aux animaux féroces, mais il n'en était rien. Courageux signifiait seulement travailleur). [...]. Mais on peut bien dire que c'est un vrai feignant que cet Antoine, et son "Antoinesse" ne vaut pas mieux que lui », ajoutait Françoise qui, pour trouver au nom d'Antoine un féminin qui désignât la femme du maître d'hôtel, avait sans doute dans sa création grammaticale un inconscient ressouvenir de chanoine et chanoinesse. Elle ne parlait pas mal en cela. Il existe encore près de Notre-dame une rue appelée rue Chanoinesse, nom qui lui avait été donné (parce qu'elle n'était habitée que par des chanoines) par ces français de jadis, dont Françoise était, en réalité, la contemporaine. On avait d'ailleurs, immédiatement après, un nouvel exemple de cette manière de former les féminins, car Françoise ajoutait : « Mais sûr et certain que c'est à la duchesse qu'est le château de Guermantes. Et c'est elle dans le pays qu'est madame la mairesse. C'est quelque chose.
(M. Proust, 1967. *Le Côté de Guermantes*. tome 1. Paris : Gallimard. 29)

Cette liberté se retrouve promue par des interventions officielles à la fin du vingtième siècle.

Ces interventions sont motivées par la critique féministe qui se développe d'abord aux États-Unis. D'une extrême diversité, le mouvement se trouve unifié par la demande de l'extension aux membres du deuxième sexe du principe d'égalité des droits des citoyens. L'égalité des genres peut être promue par un accès égal à l'éducation, par l'accès et un traitement égal au monde du travail suivant une compétence comparable. La réalisation de cet objectif trouve un obstacle supplémentaire dans le biais masculin du langage (Lakoff 1975, Spender 1980, Cameron 1985, Tannen 1993), qui rendrait la femme invisible, selon le principe que ce qui n'est pas nommé n'existe pas. Cette invisibilité est créée par des formes masculines : les désignations *ingénieur, carreleur, homme de science* ont tendance à exclure la référence aux femmes (Lamothe 2002), *médecin, officier, juge, professeur* désignent les seuls hommes dans 80 % des cas (Houdebine-Gravaud 1994 : 41). Lamothe (2002) montre que l'interprétation mixte des noms de fonctions est d'accessibilité réduite au singulier, avec des formes masculines qui ont un correspondant féminin et dans des contextes culturellement orientés : l'évocation de consommation d'alcool dans l'exemple *Le Français moyen boit plus de bière que de vin* amène à y voir une référence aux seuls hommes. Les formes masculines génèrent ainsi des attentes de référence masculine : une telle attente est montrée par la phrase *Le médecin ne peut pas opérer ce patient parce que c'est son fils* qui porte à croire que le médecin est un homme (Houdebine 1987 : 18-19). Ces attentes peuvent en outre produire des incongruités comme le montre la phrase *Le capitaine Prieur est actuellement enceinte* discutée par Marina Yaguello. L'absence de désignation au féminin de rôles professionnels contribue à l'invisibilité des femmes, à laquelle peut remédier l'adoption de telles désignations. L'intervention linguistique en ce sens ne réalise évidemment pas à elle seule l'égalité des droits, mais elle élimine un obstacle symbolique à cette égalité qui suggère que les femmes ne sont pas des candidates naturelles à certaines fonctions, ou qu'elles restent des membres subsidiaires d'un groupe.

Là où dans le monde anglo-saxon elle a été atteinte, la parité des désignations professionnelles l'a été par des mesures privées. Ce sont les organisations et les associations plutôt que les États qui se sont dotées des chartes et guides déclarant leur attachement à un traitement linguistique paritaire des genres. Ces instruments participent d'une volonté de changement social que d'aucuns associent à de la rectitude politique. La dénomination de rectitude est axiologiquement négative depuis ses premiers emplois par la droite moquant l'alignement marxiste sur Moscou jusqu'à l'usage par la gauche critiquant le recours à des symboles de changement social n'étant pas suivi par les actions nécessaires. Le changement social a été pris en charge par l'État dans les pays francophones. Bien que la France ait été témoin d'actions privées – une première *consule* en 1967, une première *doyenne* en 1968, une première *ambassadrice* en 1972 (Gervais 2002 : 166) –, les mesures publiques proviennent d'abord de la périphérie (pour reprendre le terme de Martel 2001). C'est en effet la communauté nord-américaine du Québec qui initie l'entreprise linguistique de la féminisation. L'idée y va de soi que les femmes devraient se voir reconnaître des droits égaux aux hommes. Cette reconnaissance passe par l'intervention de l'État avec l'arrivée au gouvernement d'un Parti Québécois socio-démocrate et souverainiste qui soulève la question de l'égalité pour un groupe conçu comme opprimé. Cette conception est reflétée par celle que les Québécois francophones ont d'eux-mêmes face aux Anglo-Québécois. Les lois pour la défense du français seront donc naturellement suivies de mesures pour soutenir la parité des genres. L'égalité salariale votée récemment est précédée par des interventions sur le patronyme – le *nom de jeune fille* restant le seul utilisé même après le mariage. Le titre *madame* est aujourd'hui universellement utilisé, ayant évincé un *mademoiselle* impliquant une distinction jugée indésirable fondée sur le statut marital, laquelle ne s'applique pas aux hommes. Le générique *personne* est préféré à celui de *homme*. L'intervention la plus importante demeure celle sur les désignations professionnelles. Une recommandation invitant l'usage des formes féminines des titres de fonction est émise en 1977 par l'Office de la langue française. En résultent deux conséquences, concernant la morphologie des titres et la présence des féminins dans les textes. Des titres ont certes déjà une forme féminine (*avo-*

cate), ce n'est pas le cas de tous, ce pour quoi la recommandation de 1979 suggère la marque du genre sur l'article avec un nom épicène (une *notaire*) ou la création de féminin des noms. Le processus néologique recourt à des processus morphologiques réguliers (*chirurgienne*) ou à l'adjonction de *femme* (*femme-ingénieur*). Un guide du Ministère de l'Éducation de 1983 est suivi en 1986 par une étude morphologique qui propose des formes dont certaines multiples sont laissées au choix des usagers. Une étude détaillée est publiée en 1991 de la féminisation des textes, qui fait l'objet d'un guide paru en 2007. La question de la féminisation des textes ou des formes n'est pas à ma connaissance abordée par le gouvernement fédéral ou par les législatures d'autres provinces canadiennes, bien que la féminisation systématique de dénominations professionnelles soit faite dès 1972 et qu'un ensemble d'organismes publics et para-publics publient déclarations et guides, comme ailleurs dans le monde anglo-saxon.

Le modèle québécois inspire l'action helvétique. Le canton de Genève adopte en 1988 une loi imposant la féminisation des désignations professionnelles et des textes aux administrations publiques. Cette loi est suivie par la publication en 1990 d'un dictionnaire proposant des formes féminisées. Certaines sont des archaïsmes ramenés à l'usage, certaines sont des créations pour lesquelles le suffixe *-esse* intervient avec une fréquence notable, peut-être sous l'influence de la désignation nationale *Suissesse* elle-même. Les formes sont imposées, contrairement à ce qui se passe au Québec, dont le travail morphologique n'est pas pris en compte. L'obligation de recourir à des dénominations féminisées dans les annonces d'emplois de l'administration publique est promulguée par le Conseil fédéral en 1991.

Les actions francophones mais aussi flamandes déterminent le Conseil de la communauté belge à décréter en 1993 l'usage de formes féminisées aux organismes publics et para-publics. Ce décret s'appuie sur les travaux préliminaires du *Conseil supérieur de la langue française* qui publiera à la fin de 1993 une étude terminologique. Le suffixe *-euse* (*chercheuse*) semble largement utilisé, bien qu'il soit défavorisé parce que senti péjoratif au Québec qui préfère *-eure* (*chercheure*). Les formes retenues sont dans ce cas aussi imposées aux instances administratives dans l'espoir que suive l'usage général.

La possibilité de changements parallèles en France apparaît avec l'élection d'un gouvernement socialiste aux perspectives progressistes. Une commission terminologique présidée par l'auteure féministe Benoîte Groult est établie par la ministre des droits de la femme Yvette Roudy. Les recommandations sur l'usage des formes féminines dans les textes administratifs sont publiées au *Journal officiel* le 16 mars 1986 sous le mandat du premier ministre Laurent Fabius. L'accession à ce poste de Jacques Chirac quatre jours plus tard retardera l'application des recommandations jusqu'en 1998 sous Lionel Jospin. La circulaire invitant à l'emploi du féminin des désignations professionnelles se trouve motivée par l'exigence des femmes ministres d'être appelées *Madame la ministre*. Les recommandations sont accompagnées de la publication du guide *Femme, j'écris ton nom* en 1999.

Les autres communautés francophones occidentales telles qu'Aoste, Monaco, le Luxembourg ne semblent pas avoir proclamé de mesures comparables, qui apparaissent loin des préoccupations des pays émergents. Les dispositions gallicanes portent essentiellement sur la féminisation des désignations professionnelles, qui ne s'étend pas à la féminisation des textes. Les pratiques de féminisation ont donné lieu à quelques difficultés. La question de l'euphonie est soulevée pour certains féminins, et le problème est allégué du poids de compositions du type de *femme-ingénieur* qui n'ont pas de masculin correspondant (* *homme-ingénieur*) ; les formes symétriques tels *femme d'affaire* et *homme d'affaire* échapperont à la critique et seront maintenues. Un autre problème se trouve dans les cas de polysémie malheureuse avec *médecine* désignant aussi la discipline, *ambassadrice* dénotant traditionnellement l'épouse du représentant d'une nation. La solution sera de revenir à une morphologie plus simple, plus régulière. La féminisation des textes peut avoir un impact négatif sur leur longueur et leur lisibilité, ce qui ouvre sur la pratique de textes non-sexistes privilégiant des noms collectifs véritablement

5 La féminisation

neutres : Maurais (1999 : 312) oppose *Il y aura une réunion des employés et des employées demain matin* et *Il y aura une réunion du personnel demain matin*.

Les principaux problèmes s'attachant à la féminisation ne concernent cependant pas son aspect linguistique. C'est la réception sociale qui pose question, comme l'auront fait les tentatives de réforme de l'orthographe par exemple. Comme pour les réformes de l'orthographe, les questions sont débattues dans les milieux les plus officiels. Se concevant comme le gardien institutionnel de la norme, l'Académie française a fait valoir des positions remarquablement négatives. Le rejet des recommandations de 1984 est exprimé dans une lettre circulaire des illustres anthropologues Georges Dumézil et Claude Lévi-Strauss. Ils font valoir que le genre grammatical n'est pas au premier chef une indication de genre biologique, que le masculin est un genre neutre pour ce qui concerne les désignations professionnelles, que le féminin est la forme marquée dont l'usage est donc une discrimination contre les femmes. L'argument est affaibli par ce que la grande majorité des formes féminines désignant des animés réfèrent en français à des êtres de genre biologiquement féminin et par l'invisibilité documentée des femmes sous les désignations masculines. On fait de plus valoir que si l'usage les retient jamais, les formes féminines maladroites donnent lieu à des sous-entendus péjoratifs qui vont à l'encontre de l'effet recherché. Ces sous-entendus ne se trouvent certainement pas hors de France où leur existence avérée justifierait des mesures corrigeant un sexisme manifeste. L'usage, enfin, devrait être le seul arbitre du langage. L'argument est en contradiction patente avec la lettre et la mission même de l'Académie qui cherche à modeler l'usage [même si cet usage a été lancé par une mesure volontariste en France comme me le rappelle Jean Derive]. La circulaire semble également critiquer implicitement les mesures québécoises et belges. Une critique directe en est faite dix ans plus tard dans une lettre du secrétaire perpétuel de l'Académie Maurice Druon à son correspondant de l'Académie royale de langue et littérature française de Belgique Jean Tordeur. La lettre du 15 janvier 1994 s'oppose à ce qu'elle décrit comme des féminisations abusives, ce que rejette la réponse de Tordeur le jour suivant. Les mesures québécoises, suisses et belges sont à nouveau attaquées dans le rapport de la Commission de terminologie en 1998 et fait référence aux arguments de la circulaire de 1984 de l'Académie au moment même où la commission propose des féminisations.

(132) Les usages en vigueur dans les autres pays francophones sont, sur ce point, instructifs. L'argument selon lequel nous devrions modifier nos propres usages sur le modèle de ceux des autres pays francophones a peu de force en lui-même. Ces pays ont, d'ailleurs, tiré un bilan de la féminisation qui nous enseigne plutôt ce qu'il ne faut pas faire. Faute d'unanimité et face aux écueils rencontrés, le Québec, la Belgique et la Suisse ont progressivement adopté des positions de repli qui jettent un éclairage nouveau tant sur le choix des modalités que sur les conséquences ultimes de la féminisation.

Le débat sur la féminisation des titres des ministres féminins de Jospin amène trois membres de l'Académie à envoyer une lettre ouverte au Président de la République pour demander son intervention. La lettre soulève une réponse de la lexicographe Josette Rey-Debove notamment. La réponse aux attaques sur les mesures québécoises et belges est proposée en particulier par la ministre québécoise responsable de la Charte de la langue française Louise Beaudoin. Invité à débattre la question avec la linguiste de l'Office de la langue française Pierrette Vachon-L'Heureux à Radio France Internationale au début de 2006, Druon réaffirme ses objections. Celles-ci sont l'objet des prises de positions des linguistes Marie-Éva de Villers et Lionel Meney.

Ces échanges ont été certes commentés, leur analyse reste à faire. Le type d'arguments utilisés et la façon dont ils sont formulés méritent d'être examinés. Cet examen révélerait les causes des positionnements des uns et des autres. Les interventions de Maurice Druon auprès du Président de la République et lors du débat à RFI sont particulièrement révélatrices dans leur rhétorique et leur ton. Ces paramètres concernent la réponse officielle de Louise

Beaudouin et des discours d'autorité des deux linguistes retenus. L'étude des échanges mène aux déterminismes culturels de l'argumentation autour de la notion de propriété de la langue.

Discours officiels sur la féminisation

La lettre envoyée au Président de la République suit l'invitation par Jospin à utiliser les formes féminines pour désigner ses ministres. L'opposition à la mesure reprend les arguments présentés dans la circulaire de l'Académie en 1984 : le genre grammatical ne concerne pas le genre des êtres, le masculin est neutre, le féminin est marqué, et son usage instaure ainsi une ségrégation, « ou à tout le moins une distinction ». En tant que néologismes, les formes féminisées emportent le ridicule (« la guarde ou la gardienne ou la guardeuse des sceaux », « ingénieuse », « proviseuse » ; le recours à l'absurdité de formes non-existantes est un argument contre la féminisation déjà relevé par Houdebine 1987 : 22). En tant que formes marquées, elles prennent des valeurs de péjoration (« Aux femmes notaires ou aux commissaires-priseurs, devra-t-on dire "maîtresse" ? »), dont on reconnaît qu'elle n'entache pas les formes établies *boulangère, charcutière, épicière, institutrice, directrice*. La féminisation desservirait donc la cause de l'égalité des genres dans le domaine public.

Modifier arbitrairement les règles de l'usage pose une menace à l'unité du français qui importe aux quelque cinquante pays qui ont cette langue en partage. L'unité importe parce qu'elle reflète l'image de la France à l'étranger, et suppose-t-on, assure son intégrité. Tout écart entamant cette unité est décrit comme une *dégradation*, que l'Académie a le mandat d'empêcher.

(133)   Nous nous permettons de rappeler que le décret du 3 juillet 1996, pris en conséquence de la loi de 1994 sur l'emploi de la langue française, dite loi Toubon, confirme l'Académie française dans son rôle séculaire de cour statuant en dernier ressort sur les matières de terminologie et de néologie.

La révérence du bon usage explique bien sûr la résistance à la féminisation ainsi que le propose Fleischman (1997), qui relève d'une question plus générale de pouvoir. L'autorité n'est pas reconnue à la périphérie d'apporter des changements à l'usage du français. Ces mesures sont inspirées par des influences étrangères (présumément le féminisme américain dans le cas du Québec, les mesures flamandes pour la Belgique), thème repris ailleurs :

(134) a. [...] la mode américaine qui voudrait qu'on employât « chairperson » au lieu de « chairman » [...]
(Druon, Carrère-d'Encausse et Bianciotti 1998)

b. [...] l'offensive actuelle de féminisation des titres en France est en réalité une imitation timide, tardive, provinciale, coloniale sur les traces du Canada et la Wallonie d'une mode sectaire qui a eu son épicentre dans les universités des États-Unis. »
(Fumarolli 1998, cité dans Maurais 1999 : 329-330)

Elles ne peuvent aboutir qu'à des résultats irrecevables.

(135) On peut regretter que, cédant à des influences démagogiques, certains de nos amis québécois incitent à écrire : « une auteure », « une professeure », « une écrivaine », ou encore que les autorités francophones belges, pour faire pièce à une initiative flamande équivalente, aient pris une décision linguistique fort contestée, qui conduirait à appeler « entraîneuse » une femme chargée de l'entraînement d'une équipe sportive, ou à gratifier les femmes appartenant aux brigades de lutte contre l'incendie de l'appellation de « sapeuses-pompières ».

Ces thèmes sont repris dans une intervention de 1997 de Druon dans *le Figaro* :

(136) Libre à nos amies québécoises, qui n'ent sont pas à une naïveté près en ce domaine, de vouloir se dire une auteure, une professeure ou une écrivaine ; on ne voit pas que ces vocables aient une grande chance d'acclimatation en France et dans le monde francophone.

Libre aussi aux autorités culturelles de de la Communauté française de Belgique, en mal de démagogie féministe, d'avoir publié un édit d'où il ressort qu'une femme entraîneur d'une équipe sportive s'appellerait désormais une entraîneuse, ou qu'une femme appartenant aux équipes de lutte contre les incendies deviendrait une pompière. L'usage est un maître auquel on n'impose pas aisément fantaisie.

Les ministres républicains voient de même leur autorité contestée.

(137) a. Mais ce n'est pas à la France de donner l'exemple de semblables déviations, et cela chez les membres du pouvoir exécutif.

b. Or il n'apparaît pas que leurs décrets d'attribution confèrent aux ministres la capacité de modifier de leur propre chef la grammaire française et les usages de la langue.

Le droit de légiférer sur la langue est le droit exclusif de l'Académie :

(138) Maurice Druon n'a pas un instant d'hésitation : c'est à l'Académie française, et à elle seule, qu'il convient de définir les règles de la langue française. Ce que Druon reproche à l'Inalf, ce n'est pas ses positions, bonnes ou mauvaises. C'est qu'il prenne position.
(M. Arrivé. 21.1.2000. « Le pouvoir sur la langue ». *Le Monde*)

La correction de la langue serait la propriété de l'Académie comme le français appartiendrait à la France. Les autres nations de langue française ne sauraient donc modifier ce qui ne leur appartient pas. Le thème de l'illégitimité des périphéries est développé dans le débat à RFI, rapporté par le quotidien *La Presse*. Druon y exprime que le Québec ne peut modifier une langue qui n'est pas véritablement la sienne :

(139) a. [...] le secrétaire perpétuel honoraire de l'Académie française, Maurice Druon, juge que les Québécois s'expriment dans un « parler pittoresque » forgé à une époque ou ni Corneille ni Racine n'avaient fixé les règles du français.
« J'aime beaucoup les amis canadiens. J'apprécie beaucoup leur parler pittoresque, a déclaré l'auteur des *Rois maudits* sur Radio France Internationale. Mais, tout de même, n'oublions pas que la langue

québécoise a été importée dans le Nouveau Monde surtout du parler poitevin, avant Corneille et Racine, avant Boileau, avant Voiture, avant Vaugelas, avant l'Académie, qui a fait de la langue française une langue très sûre, très pure, très exacte. »
b. « Ce n'est pas au Québec que j'irai prendre des leçons de langue française. »

point de vue déjà exprimé par Toubon :

(140) C'est du canadien, du québécois, du langage des Nations Unies, du "politiquement correct", mais ce n'est pas du français.
(J. Toubon à l'Assemblée nationale, 29.3.1997, à propos de l'usage de *personne* plutôt que de *homme*. Cité dans Maurais 1999 : 329)

et cette variété pittoresque peut être moquée :

(141) Maurice Druon a répondu à sa « charmante interlocutrice canadienne » en imitant l'accent québécois : « Soyons pas niaiseux. Il faut pas m'achaler là-dessus ».

La correction du français reste la prérogative de l'Académie :

(142) [...] c'est l'Académie française (et non l'OLF) qui est « chargée de donner des règles à la langue ».
« Que les Québécois fassent ce qu'ils veulent, mais nous sommes chargés de garder la correction de la langue française, a ajouté l'académicien. Nous n'acceptons pas d'atteintes à la grammaire. Nous n'acceptons pas que de mettre un *e* au bout des mots, comme *professeure* ou *recteure*, soit du bon français. »

Les positions de Druon amènent de multiples réponses, dont celle de Louise Beaudoin. Cette réponse est remarquable en cela qu'elle émane de l'autorité québécoise ultime en matière de langue française, dans un contexte où les représentants de l'État évitent de donner de l'importance à des polémiques par des prises de position. Évoquant sa propre expérience à titre de ministre réclamant des désignations féminisées, Beaudouin expose le consensus social sous-tendant les mesures québécoises.

5 La féminisation

Que des désignations professionnelles au féminin en désignent les détentrices est considéré légitime puisque leur contribution à l'activité sociale devrait être rendue visible par la langue. Leur invisibilité résulte de l'utilisation de formes masculines qui amène des incohérences. C'est l'intégration des femmes à tous les domaines d'activité que reflète la féminisation. C'est donc une manifestation de l'adaptation du français à la modernité qui caractérise la politique linguistique québécoise. La défense de la politique recourt à une affirmation du nouveau contre l'ancien. L'association à l'ancien des positions opposées à la féminisation est explicitée par une série de caractérisations : *conservatisme vieille garde, la vieille garde, conservatisme linguistique actuel, combat d'arrière-garde, usages d'une époque révolue*. C'est Druon lui-même plus que l'Académie qui est identifié à cette opposition, dont les allusions aux Québécoises sont jugées paternalistes. L'Académie n'en est pas moins implicitement critiquée sur la question de l'anglicisme :

(143) Elle doit aussi accompagner l'explosion des connaissances et la prolifération des nouveautés technologiques par une pratique audacieuse de la néologie plutôt que par le recours paresseux et démissionnaire à l'emprunt au lexique de l'anglo-américain. Il y a là des tâches où l'autorité morale de l'Académie serait mieux utilisée que de la mettre au service d'un combat d'arrière-garde pour sauvegarder des usages d'une époque révolue.
Face au travail colossal de maintenir à flot la langue française en regard de la langue anglaise omniprésente, les Québécoises et les Québécois voudraient que les Françaises et les Français adhèrent au même objectif et soient un soutien puissant à notre propre action.

La critique de l'Académie est directe dans la réaction de de Villers à l'intervention radiophonique de Druon. Son intervention s'ouvre sur un citation de Montesquieu quant à l'influence limitée des arrêts de l'institution sur l'usage. Elle conteste le bien-fondé des objections linguistiques de Druon. La logique grammaticale de la féminisation n'est pas contestable, affirme-t-elle en citant à l'appui l'avis de Henriette Walter et de Josette Rey-Debove.

La référence à des êtres féminins est le fait de 95 % des noms féminins désignant des animés. Les affirmations sur les origines des Québécois sont rectifiées et on rappelle que la francisation du Québec précède celle de la France. Le français du Québec se caractérise moins par l'archaïsme ou le régionalisme que par l'innovation, qui utilise les ressources du français plutôt que d'emprunter à l'anglais comme cela se fait en France. Néanmoins, il y a plus de points communs que de différences entre les variétés de français.

L'argument de ce que partagent les français constitue la base de l'intervention de Meney. Linguiste français ayant enseigné à l'université Laval, préoccupé de ce que la pratique du français au Québec ne s'éloigne pas indûment de la pratique internationale, il fait valoir le principe du choix des usagers contre toute imposition des organismes de normalisation linguistique. Forcer à faire un choix entre une alternative conservatrice et une alternative sectaire ne reflète pas la variété de l'usage dans chaque communauté. La plupart des formes féminisées sont grammaticalement correctes, même si la multiplicité des féminins québécois en -*eure* sont à proprement parler des barbarismes. L'usage est varié au Québec (ce que soutient l'étude des désignations professionnelles dans les annonces de poste dans la presse par Conrick 2002a) comme en France, suivant le positionnement politique des quotidiens, de *L'Humanité* au *Figaro*. C'est un de ces positionnements que reflètent les vues de Maurice Druon, non une opposition tranchée entre France et Québec.

L'argument est soutenu par les faits d'observation. Dister et Moreau (2006) considèrent le rapport entre l'alignement gauche /droite et l'emploi de formes féminisées. Ce rapport est étudié à travers la documentation produite par les candidats aux élections européennes de 1999 et de 2004 en France et en Belgique. Ce sont les candidats des partis de gauche qui favorisent les formes féminisées, en accord avec leur valeurs progressistes, le conservatisme de la droite rejetant ces formes. La féminisation n'en marque pas moins la majorité des formes aux élections de 2004, alors qu'elles étaient encore en minorité cinq ans auparavant. Cette progression s'attache aux plus hauts emplois (*médiatrice, ministre*) désignés auparavant au masculin.

Conclusion

La féminisation des désignations professionnelles est une pratique normative des communautés francophones occidentales. Ses modalités diffèrent quant au moment d'instauration et à son objet, la féminisation des textes n'étant pas un objet de réflexion dans tous les contextes. Ces différences donnent lieu à des débats aux plus hauts niveaux.

Les débats autour de la féminisation procèdent de l'affirmation de légitimité exclusive de l'appareil institutionnel français. L'Académie seule aurait le pouvoir de modifier la langue, ce qui l'amène à critiquer les libertés prises par les membres féminins du cabinet Jospin. La langue française serait la propriété exclusive de la France, les autres Nations n'ayant pas la légitimité d'en modifier les usages. Le changement d'usage procède d'un consensus social en faveur de la féminisation dans ces autres Nations, allégation servant à mettre à distance les positionnements idéologiques de l'appareil institutionnel français. L'appel au consensus (Conrick 2002a : 209) diffère sensiblement de l'argument d'autorité, et suggère une préférence culturelle dans l'ordre discursif dont traite le prochain chapitre.

CHAPITRE 6

L'ART DE LA CONVERSATION

Introduction

Les langues définissent l'emploi conventionnel de formes et de constructions qui peuvent faire l'objet d'évaluations positives ou négatives. Ces évaluations sont susceptibles dans les États contemporains de se cristalliser en des actions officielles décourageant certains emplois (les anglicismes), en encourageant d'autres (les formes féminisées). Ce ne sont cependant pas que des formes qui distinguent les langues et leurs variétés. La compétence grammaticale doit s'adjoindre d'une compétence communicative (Hymes 1972) qui détermine comment s'utilise une langue pour produire des actes de langage, plus largement pour interagir avec les autres. Les différences dans les façons de construire l'interaction sont l'objet principal des études interculturelles. Ces études ont pour but ultime de reconstruire les normes qui constituent la compétence communicative. Ces normes ne concernent pas toutes les interactions dans une communauté, mais les attentes qui permettent de produire, de reconnaître, d'interpréter les interactions normales dans cette communauté. Ces attentes peuvent être appréhendées à travers des mots clés, des types d'interactions qui ne se retrouvent pas ordinairement dans une des communautés, des pratiques institutionnelles. Ce sont aux témoignages et aux stéréotypes que se réfère principalement ce chapitre. Ceux-ci semblent concerner principalement le thème de l'assertion de son propre point de vue. Ainsi, ils permettent la formulation d'hypothèses sur les normes communicatives en français gallican et québécois, pour lesquelles nous proposerons des éléments de description.

Faire valoir son point de vue

La discussion a permis de dégager les stéréotypes qui caractérisent l'autre communauté en rapport avec sa pratique langagière. Les Québécois sont envisagés suivant la dimension de la simplicité, négativement là où est alléguée la compréhension difficile par exemple ou positivement quand on fait valoir la chaleur de leur commerce. Nous avons proposé que cette qualification s'explique par leur pratique d'une variété qui diffère sous maints rapports de la variété de référence gallicane, par les domaines d'usage plus nombreux du tutoiement et des formes de registre informel, considérée du point de vue d'une société où la variété de référence est la seule recevable dans l'espace public où le vouvoiement est la forme par défaut et où les registres soutenus sont attendus dans un plus grand nombre de situations. La perspective inverse amène à envisager les Français par la dimension de la sophistication, positivement quand est discutée leur éloquence, négativement là où ils sont donnés pour prétentieux et arrogant. Ces topoï ne sont pas propres aux rapports entre France et Québec ; d'une part, l'opposition entre le prestige manifeste (*overt prestige*) des groupes dominants et du prestige implicite (*covert prestige*) des groupes dominés se reporte à des rapports de classe sous tous les cieux ; d'autre part, les Français sont jugés de la même façon par bien d'autres peuples, et de même les Québécois par les Anglophones nord-américains. Ces stéréotypes ne servent pas à appréhender toutes les situations particulières, mais entrent là comme ailleurs dans l'explication et dans la prévision.

Il faut constater que les stéréotypes sur le Québec sont rares dans les corpus consultés, si ce n'est chez Vargas où les Québécois sont présentés comme de braves gens dépourvus de tact et de raffinement, comme le personnage québécois d'Aurèle Laliberté :

(144) a. Un gars chaleureux, direct et dénué de tact, en même temps qu'un colérique fermé et tenace. (2004 : 150)

b. Dans le regard du surintendant, où il n'avait jamais décelé que trois expressions, la chaleur, la rigueur et la colère, passait une brume méditative qui modifiait son visage. (2004 : 442)

c. — Le titre qu'il vous a donné ? Le grand slaque, cela veut dire quoi ?
— Le grand mou dégingandé.
— Compris, Comme il le dit lui-même, Aurèle Laliberté n'a pas de porte de derrière. (2004 : 132)

d. Déstabilisé par la familiarité de Laliberté, Brézillon, très vieille France dans son uniforme, serra raidement la main d'Adamsberg. [...] Embarassé, le divisionnaire se dégagea de la grande main du surintendant et s'excusa auprès d'eux. L'estrade l'attendait.
— Ennuyant comme la mort, ton boss, commenta Laliberté avec une moue. Il parle comme un grand livre, raide comme s'il avait chié la colonne. Il est toujours comme ça ?
— Non, il lui arrive d'écraser son mégot avec son pouce.
(2004 : 436)

Par contre, les mêmes corpus donnent maints stéréotypes sur les Français. Illustrées au premier chef par la dénomination *Maudits Français*, les qualifications de prétention et d'arrogance filent les discours :

(145) a. De plus, je ne veux pas être Français : c'est trop fatiguant, il faut être trop intelligent, il faut être trop poli et trop connaisseur de dates de vin, il faut trop parler pour rien, il faut s'estimer trop meilleur que les autres.
(R. Ducharme. 1967. *Le Nez qui voque*. Paris : Gallimard. pp. 60 + 119)

b. Ce qui va de pair avec le complexe d'infériorité des Québécois, c'est le sentiment de supériorité à peine dissimulé de certains Français. Au Québec, où l'on distingue mal les accents européens, il est bien connu que les Français qui s'intègrent le mieux sont les Belges – les Français qui ne s'intègrent pas sont les « maudits Français ».
(Nadeau 2002 : 111)

c. D. Bombardier. 2000. *Lettre ouverte aux Français qui se prennent pour le nombril du monde*. Paris : Albin Michel.

et une des discussions observées par Berrier (la discussion D2-I) y recourt comme argument. On en trouve l'écho dans des sources françaises :

(146) a. En 1987, comment les Québécois perçoivent-ils les Français ? [...]. On lui reproche [au Français] de faire preuve d'un sentiment de supériorité qui irrite.
(A. Maugey. 3.9.1987. « Trop peu de Français ». *Le Figaro*)

b. — Les Québécois, interrompit Danglard d'une voix molle, tiennent la France pour le pays-mère mais ils n'apprécient guère les Français et ils s'en méfient. Ils les trouvent méprisants, hautains et railleurs, à juste titre, comme s'ils prenaient le Québec pour une basse province de ploucs et de bûcherons.
(Vargas 2004 : 109-110, citée dans Larrivée 2006)

c. — Arrête de faire ta Parisienne !
Ses yeux virèrent mauves, pleins de furie contre les Français, ces prétentieux qui s'étaient toujours désintéressés du Québec.
(Pelletier 2005 : 192, citée dans Larrivée 2006)

Ces stéréotypes s'expliquent par les différences entre les normes discursives entre les deux communautés. Ces normes seront envisagées pour ce qui concerne la façon prototypique d'affirmer son propre point de vue, de réagir à un comportement jugé inopportun et à la critique.

Les normes des deux communautés se distinguent sur l'affirmation du point de vue. La différence est illustrée par deux personnages secondaires que met en scène le roman *Les grandes Marées* de Jacques Poulin, un auteur québécois et un professeur Mocassin gallican : l'un est taciturne et marmonnant, l'autre est un distrait disert qui monopolise la conversation (1995 : 94ss), le premier ne pouvant supporter la manie de l'autre « d'émettre des jugements définitifs sur toutes les questions. » (1995 : 103). Signalée par l'expression gallicane *les moi, je* qui stigmatise ceux qui ne parlent que d'eux-même mais dont le caractère conventionnel montre la prégnance, par le dicton français *Chacun voit midi à sa porte*, cette affirmation se différencie en particulier sur le fait qu'un point de vue peut être donné contre celui contraire d'un interlocuteur. Le désaccord qui en résulte amène chacun à réaffirmer son point de vue. C'est ce que montrent l'acceptabilité des chevauchement et des interruptions des tours de parole (Guillot 2005), la fréquence et la multiplicité d'expressions contestant le point de vue de l'autre, qu'évoque Kerbrat-Orecchioni :

(147) Finally, the French have a reputation for being more inclined to veer towards conflict than consensus. There is their self-assertive style (*moi je pense que*...), the bluntness of their disagreements (illustrated in the frequency of expressions such as *oui mais, oui mais attends, oui mais justement, mais non* or *oui mais non*), the stubbornness of their counter-attacks, their inability to compromise and, above all, their lack of respect for the other person's right to speak and to be heard (permanent interruptions, repeated overlapping with other people's turns) – leading one to conclude that the French are, indeed, rather arrogant.

Nevertheless, I would point out that, when it comes to interruptions, one should not see them as solely serving the cause of impoliteness : very often, they help speed up the tempo of a conversation, they can brighten up an exchange and make it sparkle, give it warmth, spontaneity and a sense that everyone is fully involved – all qualities that are much appreciated in our society. In contrast, a conversation where turn-taking is meekly and mechanically maintained without any interruption and overlapping is seen as boring.
(Kerbrat-Orecchioni 2005 : 41)

et que documente Mullan (2006). [Astrid Berrier me rappelle que le *mais non* gallican se trouve plutôt rendu par *ben non*, et il faudrait évaluer si on a affaire à une réticence au *mais* ou à une variante.] L'emploi de différentes formes grammaticales marquant le rejet montrerait la norme invitant à affirmer son point de vue contre celui des autres, comme le suggère la fréquence intuitivement plus grande des corrections même pour des contenus allant dans le même sens (*Il est gentil ? Tu rigoles, il est pas gentil, il est adorable !*). Le même phénomène se révèle dans des emplois fortement axiologiques hors de toute provocation, comme le montrent aussi les nombreuses questions rhétoriques relevées par Rakotonœlina (2006) :

(148) a. Tu lis cette merde ? (entendu, mai 2002)
b. Tu sors toujours avec cette conne ?
(V. Delerm, *La Vipère du Gabon*)

(149) >> Je croyais que la culture du soja en Europe était interdite
>> par les accords du Gatt ?
DP> Comment réussissez-vous à être aussi mal documenté sur autant de sujets
DP> différents ? Y'a un truc ? C'est une méthode ? Il faut s'entraîner tous les
DP> jours ? En tous cas, je suis réellement impressionnée.
(Rakotonœlina 2006)

La norme d'expression de son point de vue sans égard à celui de l'autre trouve une admirable confirmation dans l'idée rapportée par Portine et dans les perceptions rapportées par une Belge et un Québécois :

(150) a. Il s'agit là de nationalisme linguistique [...]. Le nationaliste explique toujours qu'après tout, les autres n'ont qu'à être nationalistes eux aussi.
(H. Portine. 1996. Introduction. *Actualité de Jacques Damourette et Édouard Pichon. Langages* 124, 3-16. 4-5)
b. C'est vrai que Les Français ont un côté à la bourre-moi-le-mou.
(Chanteure belge, à qui l'animateur demandait ce qui différencie les Français et les Belges, France Inter, 18.6.2005)
c. J'ai parlé un peu plus tôt de l'inénarrable M. Prunier, mon agent de location, qui éprouvait le besoin irrépressible de me corriger comme une maîtresse d'école. « On ne dit pas *peinturer* mais *faire la peinture*. On en dit pas *tapis* mais *moquette*. » Si j'étais Français, je l'engueulerais et je lui dirais que c'est tout à fait correct de dire l'un ou l'autre. Il me répondrait en insistant que l'un est mieux que l'autre. Et je lui répondrais qu'il ne faut pas confondre le bon français et le français des Français, et que contrairement à ce qu'il croit c'est lui qui a un accent. Mais j'évite ce genre de discussion oiseuse qui tourne invariablement au vinaigre. Et en bon Québécois consensuel et affligé d'un complexe d'infériorité, je prends mon trou.
(Nadeau 2002 : 112)

Ce dernier témoignage montre que l'expression d'un point de vue contre celui d'un interlocuteur est défavorisé par les Québécois. Ils ont des formes d'acquiescement accentuées (*oui, oui, oui, oui*), évitent la (dé)négation en conversation (Berrier 1997) : il y a moins de négation dans les publicités québécoises que dans les gallicanes (Quillard et Pons-Ridler 1996) ; les locuteurs québécois évitent la négation en conversation (Berrier 1997). Les débats sont évités par des stratégies de concession et d'autocritique auxquelles fait référence cet extrait :

(151)   (Ici, je vais faire quelque chose de très canadien et de très consensuel : je vais me blâmer. Je m'en excuse auprès du lecteur français, peu habitué à ce type de grossièreté.)   (Nadeau 2002 : 46)

Le consensus est chose valorisée, ce qui n'est pas le cas en France :

(152) a. J'aimerais faire une remarque œcuménique, ou cul-bénit, comme on voudra.
(entendu de la part d'une éminence à un colloque Cerisy, 4.9.2004)

b. Les Anglais n'aiment pas la confrontation, ils feront tout pour arriver à un compromis. Les Français n'aiment pas le compromis, ils feront tout pour arriver à la confrontation. Dans l'esprit, compromis signifie compromission. Le compromis est un aveu d'échec. Rien n'est plus contraire à psychologie nationale des Anglais : à leurs yeux, le compromis est le signe même d'une société civilisée.
(Roudaut 2004 : 320)

c. Certes, il existe un obstacle de taille au transfert du modèle des pays scandinaves en France : c'est le haut niveau d'implication des partenaires sociaux dans la régulation sociale, le fort taux de syndicalisation (80 %) n'en étant que le signe le plus manifeste. Plus généralement, il existe dans ces pays un haut niveau de consensus, une acceptation commune, depuis la fin du XIXe siècle, que les employeurs et les salariés doivent s'entendre et que le consensus est préférable au conflit. Là est sans doute le plus fort obstacle à une imitation vertueuse des pays scandinaves pour la France.
(A. Lefebvre et D. Méda. 8.6.05. « Un modèle scandinave à la française ? » *Le Monde*, 16)

C'est ce qu'on voit dans la presse. Alors que la presse québécoise est centriste et adhère à la valeur de l'objectivité, la presse gallicane reflète un spectre beaucoup plus large d'opinions souvent tranchées, des hebdomadaires satiriques comme *Le Canard enchaîné* ou de *Charlie Hebdo* n'ayant aucun équivalent au Québec. De même, il n'y a à peu près pas d'extrême-droite ou d'extrême-gauche dans un contexte dont l'absence d'agressivité est fréquemment relevée (par Juppé récemment), face à une France aux partis et aux factions multiples aux vues affirmées stigmatisant celles des autres. « La vieille propension gauloise aux divisions et aux querelles » (C. de Gaulle, 16.6.1946, discours de Bayeux) explique la réception fort tiède de ceux qui pratiquent la modération comme Jospin, tandis que le consensus est régulièrement recherché à travers des sommets réunissant les différents interlocuteurs de questions sociales et politiques. Une question comme celle de l'immigration musulmane est traitée au Québec par la notion d'accommodements raisonnables, en France par la demande d'une assimilation sans compromis. La prise en compte des intérêts d'autres groupes est illustrée par la question de la rectitude politique qui si elle n'est pas exempte de critiques au Québec :

(153) a. Des tartes qui utilisent sans doute *démunis* pour parler des pauvres, *résidants* pour parler des prisonniers, *petites personnes* pour parler des nains, *malentendants* pour parler des sourds, et ainsi de suite. *Bénéficiaires. Intervenants. En voie de développement.* Suivant les modes de pensée.
(P. Falardeau. 2000. *La Liberté n'est pas une marque de yogourt*. Montréal : Stanké. 92)

est universellement rejetée en France :

(154) Je réalise que la machine universitaire québécoise ne s'est vraiment mise en place qu'au cours des années 60, lors de la Révolution tranquille, et qu'elle est donc de fait tout imprégnée des valeurs « égalitaires » et « libertaires » de l'époque. Je réalise avec effroi qu'on y privilégie l'« expression de soi » et qu'on y respecte avec une peur

taboue les euphémismes flous de la correction politique [...].

(Dantec 2000 : 134)

rejet auquel fait allusion ce passage de Nadeau :

(155) « Le bon 18e », nous assure M. Prunier, pour bien montrer qu'il ne s'agit pas du 18e des Arabes et des Africains, de l'autre côté de la butte Montmartre, côté Barbès. Je me suis toujours amusé de la manie des Français de se moquer du *politically correct* à l'américaine, car ils font pareil en d'autres matières. Il n'y a pas de pauvres, que des exclus. Et pour dire qu'il n'y a pas de Noirs ni d'Arabes, on dit que c'est *le bon 18e* – comprenne qui peut.

(Nadeau 2002 : 35)

La rectitude est suspecte en France, au premier chef parce qu'elle impose de limiter sa propre expression. Cette réserve suit de l'idée québécoise qu'on ne doive pas s'en prendre à un individu, un groupe conçu comme dominé. La critique d'une victime fait de celui qui la porte un agresseur. Une victime en France est un faible qui mérite la dérision : le rire est suscité par les mésaventures accumulées par des protagonistes dans des comédies du type *Le Dîner de cons*, par les routines d'humiliation d'invités à des émissions comme celle de Fogiel, ni l'une ni l'autre n'existant au Québec. La littérature misérabiliste et les discours dépresseurs sur la nation canadienne-française puis québécoise (Bouchard 2001 : 34) sont à contraster avec l'expression conventionnelle de la grandeur de la nation française.

L'affirmation de son propre point de vue est encouragée par les normes des communautés québécoises et gallicanes qui cependant se distinguent par une affirmation contre un point de vue alternatif, que décourage la première et que permet la seconde. Il faut souligner l'aspect interactif du processus : une communauté où l'expression de soi contre les autres est admissible force ses membres à développer un ensemble de stratégies d'affirmation pour se faire entendre. L'anthropologue Raymonde Caroll relie cette norme au fait que les Français se définiraient dans un réseau social élaboré, contre lequel ils tentent d'imposer leur individualité en manifestant des sentiments personnels et imprévisibles à tout moment (Carroll 1988 : 145) : c'est ce que suggère un témoignage d'un Français qui au fil d'une conversation ordinaire me confiait que « si on n'a pas une opinion tranchée, on passe pour ne pas avoir de personnalité » (entendu, 8.2006). L'expression d'opinions affirmées se manifeste dans les interventions normatives et dans la critique. On a vu que des Français interviennent librement face à des comportements jugés diversement inappropriés. Que ces interventions soient favorisées est établi par l'existence des séquences conventionnelles *se faire respecter, se défendre, ne pas se laisser faire*, et elles peuvent recourir aux formules pour remettre en jeu le propos de l'autre (*Ça va pas, non ? ; Puisque tu sais tout, dis-moi si ... , Parce que tu as fait des études toi ?, Pourquoi aurait-elle fait des études ?, Et je n'ai pas fait d'études, peut-être ?, J'aurais fait une chose pareille, moi ? !*). Ces interventions apparaissent jusque dans le domaine de relations fonctionnelles. J'ai observé une serveuse avec le sourire reprendre en écho le *Qu'est-ce qu'on dit ?* d'un parent à l'adresse d'un enfant ; une collègue s'est vue fermement refuser un steak qu'elle réclamait très bien cuit par une autre serveuse qui lui a amené une salade ; une représentation du chauffeur de taxi parisien est donnée dans cet autre passage :

(156)   Le chauffeur ne s'embarrasse aucunement de ce qu'on lui dit et enfonce la dernière valise dans le coffre en bougonnant dans sa moustache.
(France Daigle. 2001. *Un fin passage*. Montréal : Boréal. 30-31)

et la possibilité des contrargumentations avec un représentant de la loi est évoquée par Michel Arsenault :

(157)   Sur un panneau routier, dans le sud de la France, près d'une gare, il est inscrit : *Stop impératif.* Une précision tout à fait révélatrice, à mes yeux. Car avec la simple mention *Stop*, les Français ne s'arrêtent pas obligatoirement, s'ils sont pressés, par exemple, et si aucun policier

n'est en vue. De même, en France, il faut interdire *formellement*, car interdire tout court ne suffit pas.

Plus généralement, les Français ont un rapport très particulier de négociation permanente avec la loi et l'autorité. En Amérique du Nord, on ne discute pas avec un policier, à plus forte raison si l'on est en tort. Ici, on fait valoir ses arguments, on conteste.
(M. Jacot. 12.07.2005. Michel Arseneault : « Les Québécois s'étonnent de constater les ravages de l'anglais en France ». *Le Monde*)

Dans le cadre éducatif français, la sévérité des interventions correctives est bien documentée (Merle 2005). À l'origine de la stéréotypie exploitée dans cet extrait :

158) Je me demande aussi jusqu'à quel point cela peut concourir à faire du Français un gueulard rouspéteur ? (Banque *Textum*)

ces interventions sont mal reçues au Québec, ainsi que le montrent les témoignages qui suivent :

159) a. Ainsi, en interaction de première rencontre où il demande quelque chose (un service ?), l'étranger en pays d'accueil pourrait [...] dans le cas d'une interaction franco-canadienne se déroulant au Canada : (x) complimenter ; (xi) ne pas aller trop vite ; (xii) ne pas terminer les phrases de l'interlocuteur, et (xii) sait-on jamais, ne pas critiquer.
(Berrier 2003 : 87)
b. Je crois aussi que je jouis d'une plus grande liberté d'expression en France qu'au Québec. Moi qui suis étranger, je peux critiquer la France, et même la comparer à une *République bananière*, sans risquer gros. Au Québec, il est très mal vu qu'un étranger critique le pays où il vit : comme le Québec est minoritaire au sein du Canada, critiquer le Québec, c'est faire le jeu de la partie adverse, voire trahir.
(M. Jacot. 12.07.2005. Michel Arseneault : « Les Québécois s'étonnent de constater les ravages de l'anglais en France ». *Le Monde*)

Nadeau note en outre que la correction de la langue de l'autre est « la chose la plus impertinente qu'on puisse faire » (2002 : 36-37). La réaction québécoise aux critiques un peu parisiennes de Nelly Arcand par Fogiel et du film *Crazy* par *le Masque et la plume* a été furieuse. L'indignation est une des réactions qui suit la critique chez les Québécois, qui peut amener un silence mettant carrément fin à l'interaction :

(160) Il retrouvera cette sensation jouissive pendant la tournée qui suivra son passage au Théâtre Fontaine, quand Hélène le poussera à aller au Québec : « Il ne voulait pas y aller, il avait horreur de voyager. Moi, ça me disait bien et je l'avais convaincu. C'était une soirée sous chapiteau, avec une foule d'humoristes et Le Luron en Monsieur Loyal. Pendant que Pierre choisissait son sketche et le répétait, je suis partie visiter Montréal. Quand je suis revenue, il m'a dit qu'il avait choisi le sketche qui commence globalement par « je m'emmerde ici, ça me gêne d'être debout comme un con, devant vous qui êtes assis comme des cons ». J'ai blêmi intérieurement et je lui ai demandé comment s'était passée la répétition. Il m'a répondu : « Très bien. La script m'a expliqué qu'elle était obligée d'être assise parce qu'elle prenait des notes. » Il trouvait ça drôle. Moi, non. Malheureusement, j'avais raison : elle avait répondu très sérieusement à son « vous êtes assis là comme des cons ». Je me suis dit que, devant des milliers de gens qui venaient pour du comique groupé et ne le connaissaient absolument pas, ça promettait. Et j'ai commencé à regretter d'avoir été visiter Montréal. Bilan : il est monté sur scène, il a commencé « je m'emmerde ici, vous êtes assis là comme des cons » et j'ai entendu monter une espèce de rumeur hostile, suivie d'un silence glacial. Pas l'ombre d'un rire. Voyant ça, il a sorti le reste du texte à tout berzingue, sur l'air de la table de multiplication, histoire d'en finir. Le lendemain, un journal a titré Desproges face à l'iceberg. Après, avec sa mauvaise foi crasse, il m'a dit qu'il avait raison : il n'aurait jamais dû venir à Montréal. On en déduit qu'il aime l'idée du bide abstraitement, esthétiquement, en rêve – mais pas sur le tas, en direct.
(M.-A. Guillaume. 2000. *Desproges, portrait*. Paris : Seuil. www.desproges.fr/05_Archives/Home_Page/09_Septembre_2001/Lebide.html)

et c'est la rupture de l'interaction à la suite d'une critique que met en scène le dialogue d'Anne Hébert :

(161) — C'est votre accent qui me met en joie ! Quelle fête ! Ne vous fâchez pas, surtout. Ça me rappelle la campagne profonde. Continuez, je vous en prie.
[...]
Il articule nettement pour qu'elle ne remarque pas son accent et ne se moque pas davantage :
— Bonsoir. Il faut que je rentre.
(A. Hébert. 1992. *L'Enfant chargé de songes*. Paris : Seuil. 21-22. Cité par Modenesi 2003 : 287-288)

Cette réception ne s'applique pas uniquement aux critiques formulées par des étrangers. Une intervention normative de la part d'un employé des industries de service est absolument impensable au Québec, et amènerait les mêmes réactions. De même pour l'évaluation d'un travail d'étudiant ou la contestation d'une intervention policière. La critique doit être faite sur un mode tempéré, ce à quoi invite l'expression contre-argumentative *Pousse, mais pousse égal*. Sa formulation est rarement faite directement, comme le montrerait la rareté d'expressions comme *Je suis en désaccord avec vous* ; des mitigations du type *j'veux pas critiquer* prépare souvent la présentation d'objections.

La distinction entre les deux communautés sur la perception de la réaffirmation de son point contre l'autre est documentée de belle façon par Vincent et Laforest (2001). Ils analysent la perception par un groupe de Français et de Québécois d'un débat entre un journaliste et un humoriste à une émission de variété. Alors que le premier groupe estimait que le journaliste avait gagné le débat par le caractère raisonné de son intervention, l'abondance des critiques qu'il avait adressées à l'autre avait amené le second groupe à voir l'humoriste comme le gagnant du débat. Les résultats appuient l'hypothèse d'une norme concernant l'affirmation de soi contre l'autre ; la critique est possible en France et la qualité des arguments fournis renforce la légitimité de la prise de parole ; la critique est si peu favorisée au Québec que son recours entame la légitimité de la prise de parole sans égard à la validité des arguments.

L'essentiel des difficultés interculturelles entre France et Québec se joue sur des normes emportant un rapport discursif différent à l'autre. Ce rapport peut être formulé à l'aide de la métalangue développée par Anna Wierzbicka, à la suite de l'usage qu'en a fait Bert Peeters pour décrire les différences entre style discursif français et style discursif australien :

> *La valeur française de l'« engagement »*
> il est bon que les gens disent ce qu'ils pensent
> à cause de cela, je dis ce que je pense
> je le dis comme une chose que je sais
> je le dis comme une chose qui est vraie
> quand je fais cela, je veux que les gens sachent ce que je ressens
> si je ne fais pas cela, les gens penseront quelque chose de mauvais de moi

> *La valeur anglaise du « restraint »*
> it is not good for people always to say what they think
> because of this, I do not always say what I think
> there are things that I do not want to say
> when I say what I think,
> I cannot say it like a thing that I know
> I cannot say it like a thing that is true
> if I do, people will think something bad about me
> (Peeters 2000)

La description de la valeur française de l'engagement montre qu'en France, l'affirmation de soi et la défense de ses intérêts est valorisée et peut se faire contre l'interlocuteur. L'indifférence à l'attaque de la face de l'autre est une marque de force qui permet de faire valoir sa propre image. Au Québec, l'affirmation de soi et la défense de ses intérêts est recevable, mais ne peut se faire contre l'interlocuteur sauf si celui-ci attaque la face. L'évitement de l'attaque de la face de l'autre permet d'éviter le conflit et de maintenir sa propre image.

La valeur québécoise de l'accord
il est bon que les gens disent ce qu'ils pensent
il est bon que les gens pensent des choses semblables
à cause de cela, je dis ce que je pense
je le dis comme une chose que je pense
je le dis parce tu penses la même chose
si je ne fais pas cela, tu penseras quelque chose de mauvais de moi

Conclusion

Les Québécois ont développé un stéréotype à l'égard de la prétention et de l'arrogance des Français qui serait en bonne part lié aux normes discursives. La norme gallicane rend possible l'affirmation d'un point de vue sans égard à celui de l'interlocuteur. Cette possibilité n'appartient pas aux conventions discursives québécoises, qui répugnent aux désaccords et aux conflits. Cette répugnance s'applique donc aux manifestations que permet la norme gallicane. La pratique québécoise explique en retour l'absence de stéréotypes particuliers chez les Français sur le comportement discursif des Québécois, dans la mesure où l'évitement du conflit n'est pas susceptible de générer une image particulière. Le stéréotype négatif de l'autre apparaît ainsi comme un dédommagement discursif qu'on se donne contre une offense qu'il nous fait subir.

Les normes présentées sont des hypothèses développées sur la base de stéréotypes et de témoignages et restent à valider. Peuvent y contribuer des études de type psycho-social où les sujets seraient par exemple invités à évaluer une intervention discursive, à suggérer la réponse à donner à différentes prises de parole. La validation de ces normes ne résoudrait pas la question de l'extension de leur domaine d'application. Comme c'est le cas pour les registres, l'actualisation des comportements discursifs peut être contrainte par des contextes particuliers : il est sans doute des situations dans lesquelles les Français trouveraient illégitime d'émettre une critique virulente ou d'affirmer un propos contre la face de l'autre ; ces comportements sont possibles dans certaines circonstances au Québec, en réponse à une critique jugée illégitime, comme on le voit dans les réactions aux corrections offertes par des Français à la langue de Québécois. Une telle contextualisation apporteraient un complément précieux aux normes dégagées ici. Enfin, la question demeure de savoir si ces normes suffisent à rendre compte d'autres pratiques discursives, pour expliquer en quoi par exemple « l'acte de complimenter serait plus courant [...] au Canada qu'en France (Berrier 1995a) » (Berrier 2003 : 39 ; on pourrait pour évaluer cette question partir de Wieland 1995). D'autres stéréotypes pourraient en découler, celui selon lequel les Français ont une opinion sur tout par exemple, ou qu'ils cultivent pour lui-même l'art de la conversation :

(162) a. On dirait qu'ils se font un point d'honneur de ne jamais poser une question aux autres, de ne jamais trahir un manque de renseignements à quelque sujet que ce soit, surtout, de ne jamais s'impliquer eux-mêmes en tant que sujets. Ce n'est pas qu'ils ne parlent pas : ils affichent leurs opinions, racontent leurs voyages, le dernier livre qu'ils ont lu, le dernier film qu'ils ont vu ou bien les critiques de journaux qui en rendent compte... Mais c'est comme si le seul trait pertinent de la discussion était sa brillance ; [...].
(N. Huston et L. Sebbar. 1986. *Lettres parisiennes. Histoires d'exil.* Paris : J'ai Lu. 168)

b. Puisque Universalis est française, je lirai des choses intelligentes, me dis-je. En effet : c'est tellement intelligent que je n'y pige rien ! Neuf pages sur l'essence et la métaphysique balzaciennes – au bout desquelles je ne sais pas au juste ce qu'a écrit Balzac, quand il est né, qui il était. Une belle composition à la mords-moi-le-nœud : thèse-antithèse-synthèse. À mon corps défendant, je me tourne vers Britannica : l'article sur Balzac tient en quatre pages – sa vie, son œuvre, le sens de tout cela. Clair et carré. (Nadeau 2002 : 262)

Ce que l'analyse montre est qu'une même langue peut se pratiquer suivant des cultures discursives différentes. Si la pratique du discours représente des façons de faire conventionnelles, l'évidence s'impose qu'une différence culturelle peut marquer deux communautés de même langue. Ce fait renvoie au point de départ de notre étude, qui se trouve résumée dans la conclusion.

CONCLUSION

Cette étude s'inscrit dans le questionnement général sur les rapports entre langue et culture. La problématique est de savoir si à la référence à une langue supposée commune pour les Francophones nord-américains et européens correspond une même culture. Comme une langue, une culture se caractériserait par des jugements partagés par les membres d'une communauté. Ces jugements s'actualisent dans des discours conventionnels et des stéréotypes. Leurs divergences engagent à rechercher soit des valeurs, soit des pratiques différentes, ouvrant sur une démarche causale. Les stéréotypes majeurs qui caractérisent pour l'autre groupe les Français et les Québécois se définissent sur l'axe de la sophistication et de la simplicité. La sophistication marque les Français pour les Québécois, caractérisation positive quand est discutée leur éloquence, négative quand est évoquée leur prétention et leur arrogance. La simplicité marque les Québécois pour les Français, ce qui est positif quand leur chaleur est évoquée et négatif pour ce qui concerne leur familiarité jugée excessive. Ces stéréotypes vont jusqu'à se refléter dans le contenu des unités lexicales, comme le montreraient ces enchaînements construits suivant la méthode d'Anscombre (2001) :

(1) a. Il est français, (?? et + mais) il est (gentil + modeste).

b. Il est québécois, (?? et + mais) il est (prétentieux + sophistiqué).

la difficulté de l'enchaînement par *et* qui fait attendre une suite stéréotypique s'expliquant par le caractère anti-normatif des séquences proposées :

(2) a. Il est français, (et + ?? mais) il est (prétentieux + sophistiqué).
　　b. Il est québécois, (et + ?? mais) il est (gentil + simple).

La conséquence étonnante de cette simple observation est que les valeurs culturelles s'inscrivent dans le lexique, d'où elles peuvent être acquises et renforcées. Ces dynamiques argumentatives structurent et expliquent les discours conventionnels sur la langue de l'autre, qui eux-mêmes révèlent des normes divergentes. Ces différences incluent l'extension des registres formels et du vouvoiement. La pratique d'une langue autre que celle attendue par des Français attachés à leur variété une et indivisible les convainc que les Québécois ont la simplicité de ceux qui n'ont pas eu la chance ou le talent d'apprendre cette variété. Les Québécois sont convaincus de l'arrogance des maudits Français qui prétendent imposer leur pratique sans égards pour celle de leurs cousins, ainsi que le démontrent les discours gallicans sur l'inintelligibilité, l'irrecevabilité et la différence du français québécois ; la perception négative par des Québécois attachés à une norme discursive d'accord est renforcée par les interactions où se manifeste la norme discursive gallicane d'affirmation d'une opinion contre celle de l'interlocuteur.

Des normes particulières rendent compte du rapport à l'anglicisme et à la féminisation. Le fait de contact qu'est l'anglicisme au Québec est rejeté dans ses formes parce qu'il rappelle la domination politique de la Nation. Ce rejet se reporte à l'anglicisme gallican et cela, en dépit même de la réticence québécoise à la critique. L'anglicisme en France est adopté pour marquer la connaissance d'une langue de prestige. L'adoption au Québec de la féminisation reflète une culture du consensus que considère avec méfiance la France. La contestation virulente de ces mesures par des instances normatives gallicanes a fini par conforter dans leurs positions des Québécois peu enclins au conflit. Émerge ainsi

Conclusion

la possibilité paradoxale d'une norme endogène régionale pour les registres soutenus.

Les Français et les Québécois parlent-ils la même langue ? C'est le cas puisqu'ils partagent une évaluation convergente des traits stigmatisés et valorisés, étant donné les divergences acceptées de légitimité et malgré les pratiques distinctes de la formalité. La même culture les réunit-elle ? Les groupes ont-ils en commun le même ensemble de pratiques conventionnelles informant le rapport du sujet à son expérience ? Des différences se manifestent si on considère les normes discursives de chaque groupe qu'a explicitées l'étude de l'affirmation de soi. Il eût été surprenant qu'aucune marque n'ait été laissée par l'expérience du Nouveau Monde ou de l'Ancien. Des cultures quelque peu différentes peuvent donc marquer des groupes partageant une même langue. Comme toute approche novatrice, celle-ci soulève au moins autant de questions qu'elle ne propose de réponses. Ces questions ont été notées au long de l'exposé, et la capacité de les formuler montre l'intérêt de la démarche. Elle peut s'appliquer aux rapports linguistiques ou culturels d'autres groupes, de langue anglaise ou de nationalité helvétique par exemple. Ces nouvelles études permettront sans doute d'affiner la méthode et les concepts élaborés dans le présent travail.

Les groupes francophones du Québec et de la France diffèrent sous les rapports langagiers de la légitimité, de la formalité, et des normes discursives. Ces différences produisent des discours et des stéréotypes mettant en jeu les dimensions de la simplicité et de la sophistication. La compréhension des dynamiques argumentatives découlant des représentations et des pratiques devrait permettre d'atténuer certaines difficultés qui interviennent dans la relation entre les membres des deux groupes. C'est le souhait qu'il y a lieu de formuler.

BIBLIOGRAPHIE

« Histoire de chums et de grands espaces ». *Autrement* 60 (1984).

ABECASSIS, Michael. 2005. *The Representation of Parisian speech in the cinema of the 1930's*. Berne : Peter Lang.

ADAM, Jean-Michel. 2004. « Quand dire "Vive le Québec libre !", c'est faire l'histoire avec des mots ». Denise Deshaies et Diane Vincent (dirs). *Discours et construction identitaire*. Québec : Presses de l'Université Laval. 13-38.

ADAMSON, Robin. 2007. *The Defence of French. A Language in crisis ?* Clevedon : Multilingual Matters.

AGER, Dennis. 2003. *Ideology and Image. Britain and Language*. Clevedon : Multilingual Matters.

AGER, Dennis. 1996. *Francophonie in the 1990's*. Clevedon : Multilingual Matters.

ALÉONG, Stanley. 1981. « Discours nationalistes et purisme linguistique au Québec ». *Culture* 1,2, 31-41.

AMOSSY, Ruth et Anne HERSCHBERG-PIERROT. 1997. « Stéréotypes et clichés ». *Langue, discours, société*. Paris : Nathan.

ANGENOT, Marc. 2008. *Dialogues de sourds. Traité de rhétorique antilogique*. Paris : Mille et une nuits.

ANSCOMBRE, Jean-Claude. 2001. « Le rôle du lexique dans la théorie des stéréotypes ». *Langages* 142, 57-76.

ARENDS, Jacques. 2005. « Lingua Franca ». Philipp Strazny (dir.). *Encyclopedia of Linguistics*. New York : Fitzroy Dearborn. Vol. 1, 625–626.

ARMSTRONG, Nigel, Cécile BAUVOIS and Kate BEECHING (dirs). 2002. *La Langue française au féminin*. Paris : L'Harmattan.

ASSELIN, Gilles et Ruth MASTRON. 2000. *Au contraire ! Figuring out the French*. Yarmouth : Intercultural Press.

AUGER, Julie. 2003. « Le français au Québec à l'aube du vingt-et-unième siècle ». *The French Review* 77,1, 86-100.

AUGER, Julie et Albert VALDMAN. 1999. « Letting French students hear the diverse voices of Francophony ». *The Modern Language Journal* 83,3, 403-412.

AUGER, Pierre. 1988. « Identification linguistique des Québécois et dictionnaire général d'usage ou le comment du sentiment linguistique des Québécois en 1986 ». *Revue québécoise de linguistique théorique et appliquée* 7,1, 55-68.

AUER, Peter. 2005. « The Construction of linguistic borders and the linguistic construction of borders ». Markku Filppula, Juhani Klemola, Marjatta Palander et Esa Penttila (dirs). *Dialects across Borders. Selected Papers from the 11th International Conference on Methods in Dialectology*, Jœnsuu, August 2002. Amsterdam et Philadelphie : Benjamins. 3-30.

AVRUCH, Kevin. 1998. *Culture and Conflict Resolution*. Washington : United States Institute of Peace Press.

AYRES-BENNET, Wendy. 2004. *Sociolinguistic variation in seventeenth-century France*. Cambridge : Cambridge University Press.

AYRES-BENNET, Wendy. 1987. *Vaugelas and the development of the French language*. Londres : MHRA.

BAGGIONI, Daniel et Didier de ROBILLARD. 1990. « Répertoire linguistique et représentations chez les Francophones de l'Île Maurice ». *Présence Francophone* 37, 37-65.

BAIDER, Fabienne. 2004. *Homme galants, Femmes faciles. Étude socio-sémantique et diachronique*. Paris : L'Harmattan.

BALIBAR, Renée. 1985. *L'Institution du français. Essai sur le colinguisme des Carolingiens à la République*. Paris : PUF.

BALLY, Charles. 1932. *Linguistique générale et linguistique française*. Berne : Francke S.A.

BANQUE TEXTUM : Base de données textuelles de l'Université de Montréal. Disponible à http://babar2.ling.umontreal.ca/textum/textum_public.htm

BARBAUD, Philippe. 1998. « Dissidence du français québécois et évolution dialectale ». *Revue québécoise de linguistique* 26, 107-128.

BARBAUD, Philippe. 1997. « La diglossie québécoise ». Marta Dvorak (dir.). *Canada et bilinguisme*. Rennes : Presses universitaires de Rennes. 65-82.

BARBAUD, Philippe. 1984. *Le Choc des patois en Nouvelle-France. Essai sur l'histoire de la francisation au Canada*. Québec : Presses de l'Université du Québec.

BARDOVI-HARLIG, Kathleen. 1999. « Exploring the interlanguage of interlanguage pragmatics. A research agenda for acquisitional pragmatics ». *Language Learning* 49,4, 677-713.

BARRETT, Rusty. 2006. « Language ideology and racial inequality : Competing functions of Spanish in an Anglo-owned Mexican restaurant ». *Language in Society* 35, 163-204.

BARRON, Anne. 2003. *Acquisition in Interlanguage Pragmatics*. Amsterdam et Philadelphie : Benjamins.

BARRON, Anne et Klaus SCHNEIDER. 2005. *The Pragmatics of Irish English*. Berlin : Mouton de Gruyter.

BASTIEN, Frédéric. 2007. *Le Poids de la coopération. Le Rapport France-Québec*. Montréal : Québec Amérique.

BAUDINO, Claudie. 2001. *Politique de la langue et différence sexuelle. La Politisation du genre des noms de métier*. Paris : L'Harmattan.

BAYARD, D., A. WEATHERALL, C. GALLOIS, J. PITTAM. 2001. « Pax Americana ? Accent attitudinal evaluations in New Zealand, Australia and America ». *Sociolinguistics* 5,1, 22-49.

BAYRAKTAROGLU, Arin et Maria SIFIANOU (dirs). *Linguistic Politeness Across Boundaries. The Case of Greek and Turkish*. Amsterdam et Philadelphie : Benjamins.

BEAUDOIN, Martin et Michel SIMARD. 2006. « Lexical frequency of contemporary Canadian French based on a large corpus ». Tony McEnery, Andrew Wilson et Paul Rayson (dirs). *A Rainbow of corpora. Corpus linguistics and the languages of the world*. Munich : Lincom Europa.

BEEBE, L., Tomoko TAKAHASHI et Robin ULISS-WELTZ. 1990. « Pragmatic Transfer in ESL Refusals ». Robin Scarcella, Elaine Andersen et Stephen Krashen (dirs.). *Developing communicative competence in a decond language*. Cambridge : Newbury House. 55-73.

BÉGUELIN, Marie-José et Jean-François de PIETRO. 2000. « *Su* comme *Suisse, sans autre, schwentser, septante, séré, soccolis, sondefall, souper, stamm, syndic* ». Bernard Cerquiglini, Jean-Claude Corbeil, Jean-Marie Klinkenberg et Benoît Peeters (dirs). *Le Français dans tous ses états*. Paris : Flammarion. 272-286.

BENZAKOUR, Fouzia. 2004. « Les Stéréotypes associés aux constructions sur la langue dans le contexte d'immigration récente au Québec ». Denise Deshaies et Diane Vincent (dirs). *Discours et construction identitaire.* Québec : Presses de l'Université Laval. 155-163.

BERGOUNIOUX, Gabriel. 2004. *Le Moyen de parler.* Paris : Verdier.

BERMEL, Neil. 2007. *Linguistic authority, language ideology, and metaphor. The Czech orthography wars.* Berlin : de Gruyter.

BERRENDONNER, Alain. 1982. *L'Éternel grammairien. Étude du discours normatif.* Berne : Peter Lang.

BERRIER, Astrid. 2003. *Conversations francophones. À la recherche d'une communication interculturelle.* Paris : L'Harmattan.

BERRIER, Astrid. 1997. « S'opposer dans une conversation à quatre. De quelques moyens ». *Revue québécoise de linguistique* 25, 2, 13-33.

BERRIER, Astrid. 1995. *Au-delà de l'approche communicative. La Prise de parole en français langue seconde.* Saint-Laurent : Tré-Carré.

BERTRAND, Jean-Pierre et Lise GAUVIN (dirs). *Littératures mineures en langue majeure.* Montréal et Bruxelles : Presses de l'Université de Montéal et Peter Lang.

BESEMERES, Mary. 2004. « Different languages, different emotions ? Perspectives from autobiographical literature ». *Journal of Multicultural and Multilingual Development* 25, 2/3, 140-158.

BLAMPAIN, Daniel, André GOOSSE, Jean-Marie KLINKENBERG et Marc WILMET (dirs). 1997. *Une langue, une communauté. Le français en Belgique.* Louvain-la-Neuve : Duculot.

BLANCHE-BENVENISTE, Claire. 2002. « L'Oral des adultes parodié par les enfants ». *L'École valdôtaine.* Disponible à http://www.scuole.vda.it/Ecole/59/04.htm

BLANCHET, Philippe et Nigel ARMSTRONG. 2006. « The Sociolinguistic situation of contemporary dialects of French in France today. An Overview of recent contributions on the dialectalisation of Standard French ». *Journal of French Language Studies* 16, 251-275.

BLUM-KULKA, Shoshana, Juliane HOUSE et Gabiele KASPER (dirs.). 1989. *Cross-Cultural Pragmatics. Requests and Apologies.* Norwood : Ablex.

BOGAARDS, Paul. 2006. « Évolutions dans le patrimoine lexical français. *Le Petit Larousse* 1906-2006 ». *Cahiers de lexicologie* 89, 183-193.

BOISVERT, Lionel, Claude POIRIER et Claude VERREAULT (dirs). 1986. *La Lexicographie québécoise. Bilan et perspectives*. Québec : Presses de l'Université Laval.

BOISVERT, Lionel, Jean-Claude BOULANGER, Denise DESHAIES et L. DUCHESNEAU. 1993. « Le Dictionnaire comme révélateur d'insécurité linguistique ». Michel Francard, Geneviève Géron et Régine Wilmet (dirs). « L'Insécurité linguistique dans les communautés francophones périphériques ». *Cahiers de l'Institut Linguistique de Louvain* 19,3/4, 187-198.

BOSLEY, Vivien. 1988. « Diluting the mixture. Translating Michel Tremblay's *Les Belles-sœurs* ». *Traduction, Terminologie, Rédaction* 1,1, 139-145.

BOUCHARD, Chantal. 2005. « La Question de la qualité de la langue aujourd'hui ». Alexandre Stefanescu et Pierre Georgeault (dirs). *Le Français au Québec. Les Nouveaux défis*. Montréal : Fidès. 387-397.

BOUCHARD, Chantal. 1998. *La Langue et le nombril. Histoire d'une obsession québécoise*. Montréal : Fidès.

BOUCHARD, Chantal. 1988. « De la langue du Grand Siècle à la langue humiliée. Les Canadiens français et la langue populaire, 1879-1970 ». *Recherches sociographiques* 29,1, 7-21.

BOUCHARD, Gérard. 2001. *Genèse des nations et cultures du Nouveau Monde. Essai d'histoire comparée*. Montréal : Boréal.

BOUCHARD, Gérard et Martine SEGALEN. 1997. *Une Langue, deux cultures. Rites et symboles en France et au Québec*. Québec et Paris : Presses de l'université Laval et la Découverte.

BOUCHARD, Jacques. 1978. *Les 36 cordes sensibles des Québécois*. Montréal : Héritage.

BOUCHARD, Pierre, Noëlle GUILLOTON et Pierrette VACHON-L'HEUREUX. 1999. « La Féminisation linguistique au Québec. Vers l'âge mûr. La Féminisation des noms de métiers, fonctions, grades ou titres au Québec, en Suisse romande, en France et en Communauté française de Belgique ». *Français et société* 10, 6-29.

BOUCHARD, Pierre et Jacques MAURAIS. 2001. « Évolution des perceptions des Québécois sur la norme ». *Langues et Sociétés* 39, 77-91.

BOUCHARD, Pierre et Jacques MAURAIS. 1999. « La norme et l'école. L'opinion des Québécois ». *Terminogramme* 91/92, 91-116.

BOUDREAU, Annette. 2001. « Le français de référence entre le même et l'autre. L'Exemple des petites communautés ». *Cahiers de l'Institut Linguistique de Louvain* 27,1/2, 111-122.

BOUDREAU, Annette et Lise DUBOIS. 2007. « Francais, acadien, acadjonne : Competing discourses of language preservation along the shores of the Baie Sainte-Marie ». Alexandre Duchêne et Monica Heller (dirs). *Discourses of Endangerment. Ideology and Interest in the Defence of Languages.* Oxford : Blackwell. 99-120.

BOUDREAU, Annette et Lise DUBOIS. 1996. *Les Acadiens et leur(s) langue(s).* Moncton : d'Acadie.

BOUDREAU, Annette et Lise DUBOIS. 1993. « J'parle pas comme les Français de France, ben c'est du français pareil ; j'ai ma own petite langue ». Michel Francard, Geneviève Géron et Régine Wilmet (dirs). « L'Insécurité linguistique dans les communautés francophones périphériques ». *Cahiers de l'Institut Linguistique de Louvain* 19,3/4, 147-168.

BOUDREAU, Annette et Mathieu LEBLANC. 2000. « Le français standard et la langue populaire. Comparaison du débat et des enjeux au Québec et en Acadie depuis 1960 ». Fernand Harvey et Gérard Beaulieu (dirs). *Les Relations entre le Québéc et l'Acadie. De la tradition à la modernité.* Sainte-Foy et Moncton : Institut québécois de recherche sur la culture et d'Acadie. 211-235.

BOUDREAULT, Marcel. 1968. *Rythme et mélodie de la phrase parlée en France et au Québec.* Québec : Presses de l'Université Laval.

BOULANGER, Jean-Claude. 2006. « L'adresse "aux lecteurs" du *Petit Larousse illustré* de 1906 à 2005 ». *Cahiers de lexicologie*, 88, 125-158.

BOULANGER, Jean-Claude (dir.). 1992. *Dictionnaire québécois d'aujourd'hui. Langue française, histoire, géographie, culture générale.* Saint-Laurent : DicoRobert Inc.

BOURDAIS-WEBB, Natacha. 1993. « The Filthy French. Examples of ethnocentric stereotypes in the British tabloid press ». *Aston*

Papers in European Politics and Society 5. Birmingham : ISLS, Aston University. 17 pages.

BOURDIEU, Pierre. 1982. *Ce que parler veut dire*. Paris : Minuit.

BOURDIEU, Pierre et Jean-Claude PASSERON. 1964. *Les Héritiers. Les Étudiants et la culture*. Paris : Minuit.

BOURHIS, Richard Y. 1997. « Language Policies and Language Attitudes. Le Monde de la Francophonie ». Nikolas Coupland et Adam Jaworski (dirs). *Sociolinguistics. A Reader and Coursebook*. Londres : Macmillan. 306-322.

BOURHIS, Richard Y. 1984. *Conflict and language planning in Québec*. Clevedon : Multilingual Matters.

BOURHIS, Richard Y. et Dominique LEPICQ. 1993. « Quebecois French and Language Issues in Quebec ». Rebecca Posner et John N. Green (dirs.). *Trends in Romance Linguistics and Philology*, Vol. 5 : *Bilingualism and Linguistic Conflict in Romance*. Berlin : de Gruyter. 345-381.

BOUTHILLIER, Guy et Jean MEYNAUD. 1971. *Le Choc des langues au Québec, 1760-1970*. Montréal : Presses de l'Université du Québec.

BOVET, L. 1986. « Le français en Suisse romande. Caractéristiques et aperçu littéraire ». *Présence Francophone* 29, 7-26.

BOWMAN, Martin et Bill FINDLAY. 1994. « Québécois into Scots. Translating Michel Tremblay ». *Scottish Language* 13, 61-81.

BOYD, Robert et Joan SILK. 2004. *L'Aventure humaine. Des molécules à la culture*. Bruxelles : de Bœck.

BOYER, Henri. 2001. *Introduction à la sociolinguistique*. Paris : Dunod.

BRES, Jacques. 1993. « Le jeu des ethno-sociotypes ». Christian Plantin. (dir.). *Lieux communs, topoï, stéréotypes, clichés*. Paris : Kimé. 151-161.

BRISSET, Annie. 1990. *Sociocritique de la traduction. Théâtre et altérité au Québec (1968-1988)*. Longueuil : Le Préambule.

BRISSET, Annie. 1988. « La représentation des Francophones de l'Ouest dans la presse québécoise ». Monique Bournot-Trites *et alii* (dirs). *Les outils de la francophonie*. Saint-Boniface : CEFCO. 285-302.

BROOK, Stephen. 1987. *Mapple leaf rag*. Don Mills : Collins.

BROWN, Bruce Leonard. 1969. *The Social Psychology of Variations in French Canadian Speech Styles*. Thèse de doctorat, Université McGill.

BROWN, Penelope et Stephen C. LEVINSON. 1987. *Politeness. Some Universals in language usage.* Cambridge : Cambridge University Press.

BRUNET, Berthelot. 1946. *Histoire de la littérature canadienne-française.* Montréal : Éditions de l'Arbre.

BRUNOT, Ferdinand. 1969. *Histoire de la langue française des origines à nos jours.* Paris : Armand Colin.

BÜCHI, Christophe. 2001. *Mariage de raison. Romands et alémaniques. Une histoire suisse.* Genève : Zoé.

BUDACH, Gabriele et Jürgen ERFURT (dirs). 1997. *Identité franco-canadienne et société civile québécoise.* Leipzig : Leipziger Universitätverlag.

BUIES, Arthur 1979 [1888]. *Anglicismes et canadianismes.* Montréal : Leméac.

BUREAU, Luc. 2004. *Le Québec sous la plume d'écrivains et de penseurs étrangers. Montréal* : Boréal.

BUREAU, Luc. 1999. *Pays et mensonges.* Montréal : Boréal.

BURUMA, Ian. 2001. *L'Anglomanie. Une fascination européenne.* Paris : Bartillat.

CAJOLET-LAGANIÈRE, Hélène et MARTEL, Pierre. 1993. « Entre le complexe d'infériorité linguistique et le désir d'affirmation des Québécois et Québécoises ». Michel Francard, Geneviève Géron et Régine Wilmet (dirs). « L'insécurité linguistique dans les communautés francophones périphériques ». *Cahiers de l'Institut Linguistique de Louvain* 19,3/4, 169-185.

CALDAS, Steven J. 2006. *Raising bilingual-biliterate children in monolingual cultures.* Clevedon : Multilingual Matters.

CALVET, Louis-Jean. 1996. « Les Edwiniens et leur langue. Sentiment et attitudes linguistiques dans une communauté créolophone blanche de Louisiane ». *Revue québécoise de linguistique théorique et appliquée* 13, 9-50.

CAMERON, Deborah. 1985. *Feminism and Linguistic Theory.* New York : St. Martin's Press.

CARPIN, Gervais. 1995. *Histoire d'un mot. L'Ethnonyme Canadien de 1535-1691.* Sillery : Septentrion.

CAROLL, Raymonde. 1987. *Évidences invisibles. Américains et Français au quotidien.* Paris : Seuil.

CAVANAUGH, Jillian R. 2005. « Accent matters. Material consequences of sounding local in northern Italy ». *Language and Communication* 25, 127-148.

CHARBONNEAU, René. 1971. *Étude sur les voyelles nasales du français canadien.* Québec : Presses de l'Université Laval.

CHARBONNEAU, Robert. 1947. *La France et nous. Journal d'une querelle.* Montréal : Éditions de l'Arbre.

CHARRON, Marc. 1997. « "Demain tout recommence." Lord Durham's report en traduction ». *Traduction, Terminologie, Rédaction* 10,1, 101-135.

CHAUDENSON, Robert. 1991. *La francophonie : représentations, réalités, perspectives.* Paris : Didier. Disponible à http://www.odf.auf.org/documents.html

CHENG, Winnie. 2004. *Intercultural conversations.* Amsterdam et Philadelphie : Benjamins.

CHEVRIER, Marc. 2003. « A language policy for a language in exile ». Pierre Larrivée (dir.). *Linguistic Conflict and Language Laws. Understanding the Quebec Question.* Basingstoke : Palgrave. 118-162.

CISURLAS, D. E. 1996. *Le français, langue commune. Enjeu de la société québécoise. Bilan de la situation de la langue française au Québec en 1995.* Québec : Éditeur officiel du Québec.

CLANET, Claude. 1990. *L'Interculturel. Introduction aux approches interculturelles en éducation et en sciences humaines.* Toulouse : Presses universitaires du Mirail.

CLAPIN, Sylva. 1974 [1894]. *Dictionnaire canadien-français.* Québec : Presses de l'Université Laval.

CLARET, Philippe. 1998. *La Personnalité collective des Nations. Théories anglo-saxonnes et conceptions françaises du caractère national.* Bruxelles : Bruylant.

CLASS, André. 1976. *Bibliographie des chroniques de langage publiées dans la presse au Canada.* Volume 2 : 1879-1949. Montréal : Université de Montréal.

CLASS, André. 1975. *Bibliographie des chroniques de langage publiées dans la presse au Canada*. Volume 1 : 1950-1970. Montréal : Université de Montréal.

COLLINS, Matthew. 2002. *Across Canada with the boys and three grannies*. Match.

CONRICK, Maeve. 2002a. « Language policy and gender issues in contemporary French ». Kamal Salhi (dir.). *French in and out of France. Language Policies, Intercultural Antagonisms and Dialogue*. Berne : Peter Lang. 206-235.

CONRICK, Maeve. 2002b. « French in the Americas ». Kamal Salhi (dir.). *French in and out of France. Language policies, intercultural antagonisms and dialogue*. Berne : Peter Lang. 237-263.

CORBETT, Noël (dir.). 1990. *Langue et identité. Le français et les Francophones d'Amérique du Nord. Textes et points de vue*. Québec : Presses de l'Université Laval.

CORBEIL, Jean-Claude. 1976. « Origine historique de la situation linguistique québécoise ». *Langue française* 31, 6-19.

CORMIER, Yves. 1999. *Dictionnaire du français acadien*. Montréal : Fidès.

COURTOIS, Luc et Brigitte CAULIER. 2006. *Une langue, deux cultures ? Québec-Wallonie. Dynamiques des espaces et expériences francophones*. Québec : Presses de l'Université Laval.

COVENEY, Aidan. 2003. « Anything *you* can do, *tu* can do better. *Tu* and *vous* as substitutes for indefinite *on* in French ». *Journal of Sociolinguistics* 7, 164-191.

CRAWFORD, James. 2000. *At War with Diversity. US Language Policy in an Age of Anxiety*. Clevedon : Multilingual Matters.

CUCHE, Denys. 2004. *La Notion de culture dans les sciences sociales*. Paris : La Découverte.

CYPIONKA, Marion. 1994. *Französische "Pseudoanglizismen" Lehnformationenzwischen Entlehnung*. Wortbildung, Form- und Bedeutungswandel. Tübingen : Narr.

DAMOURETTE, Jacques et Édouard PICHON. 1940. *Des mots à la pensée. Essai de grammaire de la langue française*. 8 tomes. Paris : D'Artrey.

DANBLON, Emmanuelle, Bernard de CLERCK et Jean-Pierre van NOPPEN. 2005. « Politeness in Belgium. Face, distance and sincerity in service-exchange rituals ». Leo Hickey et Miranda Stewart (dirs). *Politeness in Europe*. Clevedon : Multilingual Matters. 45-57.

D'ANGLEJAN, Alison et Richard W. TUCKER. 1973. « Sociolinguistic Correlates of Speech Style in Quebec ». Roger W. Shuy et Ralph W. Fasold (dirs.). *Language Attitudes. Current Trends and Prospects*. Washington : Georgetown University Press. 1-27.

DANTEC, Maurice. 2000. *Le Théâtre des opérations. Journal métaphysique et polémique*. Paris : Gallimard.

DARBELNET, Jean. 1976. *Le français en contact avec l'anglais en Amérique du Nord*. Québec : Presses de l'Université Laval.

DE KONINCK, Marie-Charlotte (dir.). 1999. *France-Québec : images et mirages*. Montréal : Fidès.

DELISLE Jean. 20032. *La Traduction raisonnée*. Ottawa : Les Presses de l'Université d'Ottawa.

DELISLE, Jean. 1980. *L'Analyse du discours comme méthode de traduction*. Ottawa : Presses de l'Université d'Ottawa.

DERVIN, Fred et Eija SUOMELA-SALMI (dirs). 2006. *Communication et éducation interculturelles. Perspectives finlandaises*. Berne : Peter Lang.

DESBIENS, Jean-Paul. 1960. *Les Insolences du Frère Untel*. Montréal : de l'Homme.

DESHAIES, Denise, Isabelle GUAÏTELLA et Claude PARADIS. 1994. « La Perception de l'accent en français du Québec et en français de France ». *Actes des XXe Journées d'étude sur la parole*, 1-3 juin 1994, Lannion. Groupement TSS et France Télécom CNET/LAA. 81-87.

DESLANDES, Jeanne. 2005. « L'Embargo français VDF. Doublage cinématographique et télévisuel en version française ». *Nouvelles vues sur le cinéma québécois* 3. Disponible à http://cinema-quebecois.net.

DEWAELE, Jean-Marc. 2004a. « Emotional force of swearwords and taboo words ». *Journal of Multicultural and Multilingual Development* 25, 2/3, 204-22.

DEWAELE, Jean-Marc. 2004b. « *Vous* or *tu*? Native and non-native speakers of French ». *International Review of Applied Linguistics* 42, 383-402.

DICKINSON, John A. et Brian YOUNG. 1995. *Brève histoire socio-économique du Québec*. Sillery : Septentrion.

DIKAMBA, Kamvidie-Marguerite. 1998. *Attitudes des Congolais immigrés au Québec à l'égard du français québécois et de l'anglais*. Mémoire de maîtrise, Université du Québec à Montréal.

DILUZIO, Aldo, Susanne GÜNTHNER et Franca ORLETTI. 2001. *Culture in Communication. Analyses of intercultural situations*. Amsterdam et Philadelphie : Benjamins.

DION, Robert. 1988. « La France et nous après la Seconde Guerre mondiale. Analyse d'une crise ». *Érudit* 13,2, 292-303.

DIONNE, Narcisse-Eutrope. 1974 [1909]. *Le Parler populaire des Canadiens-français*. Québec : Presses de l'Université Laval.

DISTER, Anne et Marie-Louise Moreau. 2006. « "Dis-moi comment tu féminises, je te dirai pour qui tu votes." Les dénominations des candidates dans les élections européennes de 1989 et de 2004 en Belgique et en France ». *Langage et Société* 115, 5-45.

DOR, Georges. 1998. *Les Qui qui et les que que ou le français torturé à la télé*. Outremont : Lanctôt.

DOR, Georges. 1997. *Ta mé tu là ? (Ta mère est-elle là ?)*. Outremont : Lanctôt.

DOR, Georges. 1996. *Anna braillé une shot (Elle a beaucoup pleuré). Essai sur le langage parlé des Québécois*. Outremont : Lanctôt.

DRAKE, David. 1998. « Hop Off You Frogs. Francophobia and *The Sun* ». *Europa* 2,2.

DUBOIS, Elfriede. 1992. « Words in cross-Chanel traffic. Successive fashions of anglicisms and gallicisms ». Claudia Blank (dir.). *Language and civilization. A concerted profusion of essays and studies in honour of Otto Hietsch*. Volume 1. Francfort : Peter Lang. 626-640.

DUBOIS, Sylvie. 2004. « Creole and Cajun identities : Ethnicities in Louisiana ». Communication présentée à la conférence *The French Language and Questions of Identity*, 7-8 juillet 2004, University of Cambridge.

DUCHÊNE, Alexandre et Monica HELLER. 2007. *Discourses of Endangerment. Ideology and interest in the defence of languages*. Londres : Continuum.

DUFOUR, Christian. 2006. *Le Défi français. Regards croisés sur la France et le Québec.* Sillery : Septentrion.

DULONG, Gaston. 1966. *Bibliographie linguistique du Canada français.* Québec et Paris : Presses de l'Université Laval et Klincksieck.

DULONG, Gaston et Gaston BERGERON. 1980. *Le Parler populaire du Québec et de ses régions voisines. Atlas linguistique de l'Est du Canada.* Québec : Gouvernement du Québec.

DUMAS, Denis. 1987. *Nos Façons de parler. Les Prononciations en français québécois.* Sillery : Presses de l'Université du Québec.

DUNN, Oscar. 1976 [1880]. *Glossaire franco-canadien.* Québec : Presses de l'Université Laval.

DÜRRER, Sylvie. 2002. « Les femmes et le langage selon Charles Bally. "Des moments de décevante inadvertance" ? » *Linguistik online.* Disponible à http://Linguistik-online.de/11_02/durrer.html

ENGH, Jan. 2007. *Norwegian Examples in International Linguistics Literature. An Inventory of defective documentation.* Munich : Lincom.

ETHNOLOGUE. http://www.ethnologue.com/.

ÉTIEMBLE, René. 1964. *Parlez-vous franglais ?* Paris : Gallimard.

EVANS, Betsy E. 2002. « Attitudes of Montreal students towards varieties of French ». Daniel Long et Dennis R. Preston (dirs). *Handbook of Perceptual Dialectology.* Volume 2. Amsterdam et Philadelphie : Benjamins. 73-95.

FERRARO, Gary P. 1998. *The Cultural dimension of international business.* New Jersey : Prenctice Hall.

FEYRI, Monique. 1973. « L'Anglomanie dans les marques de fabrique et les raisons sociales françaises ». *La Banque des mots* 5, 123-132.

FILIMONOVA, Elena (dir.). 2005. *Clusivity. Typology and case studies of the inclusive/exclusive.* Amsterdam et Philadelphia : Benjamins.

FINDLAY, Bill. 2004. *Frae Ither Tongues. Essays on Modern Translation into Scots.* Clevedon : Multilingual Matters.

FISKE, Susan, Amy CUDDY, Peter GLICK et Jun XU. 2002. « A Model of (often mixed) stereotype content : Competence and warmth respectively follow from perceived status and competition ». *Journal of Personality and Social Psychology* 82,6, 878-902.

FLAHAULT, François. 1978. *La Parole intermédiaire*. Paris : Seuil.

FLEISCHER, Astrid. 2007. *The Politics of Language in Quebec. Language Policy and Language Ideologies in a Pluriethnic Society*. Thèse de doctorat, Georgetown University.

FLEISCHMAN, Suzanne. 1997. « The Battle of feminism and *Bon usage*. Instituting nonsexist usage in French ». *The French Review* 70, 6, 834-844.

FOREST, Jean. 1999. *Anatomie du parler québécois*. Montréal : Triptyque.

FORTIN, Jean-Claude. 2000. *La France et le Québec. Des noms de lieux en partage*. Sainte-Foy et Paris : Publications du Québec et Association française pour l'information géographique.

FOUCHEREAUX, J. 1995. « Traduire/trahir Le vrai monde ? de Michel Tremblay : The Real World ? ». *Quebec Studies* 20, 86-93.

FRANCARD, Michel. 2001. « Le français de référence : formes, normes et identités ». *Cahiers de l'Institut de Linguistique de Louvain* 27,1/2, 223-240.

FRANCARD, Michel. 1998. « La légitimité linguistique passe-t-elle par la reconnaissance du statut de variété nationale ? Le cas de la Communauté française Wallonie-Bruxelles ». *Revue québécoise de linguistique* 26,2, 13-23.

FRANCARD, Michel et Gabriele FRANKE. 2005. « France et Belgique francophone. Deux pays qu'une même langue sépare ? » Yves Bridel, Beïda Chikhi, François-Xavier Cuche et Marc Quaghebeur (dirs). *L'Europe et les Francophonies. Langue, littérature, histoire, image*. Berne : Peter Lang.

FRANCARD, Michel, Geneviève GÉRON et Régine WILMET (dirs). 1994. « L'insécurité linguistique dans les communautés francophones périphériques ». *Cahiers de l'Institut Linguistique de Louvain* 20,1/2.

FRANCARD, Michel, Geneviève GÉRON et Régine WILMET (dirs). 1993. « L'insécurité linguistique dans les communautés francophones périphériques ». *Cahiers de l'Institut Linguistique de Louvain* 19,3/4.

FRANCO, Barbara. 1995. *Les immigrants hispanophones et leurs attitudes par rapport aux deux langues officielles.* Mémoire de maîtrise, Université du Québec à Montréal.
FRANTEXT. http://atilf.atilf.fr/frantext.htm.
FRIGERIO, Vittorio. 2002. « La littérature romande – un tour d'horizon ». Vittorio Frigerio et Corine Renevey (dirs). *Dans le palais des glaces de la littérature romande.* Amsterdam et New York : Rodopi. 5-11.
GAGNON, Chantal. 2007. *La Traduction des discours politiques au Canada.* Thèse de doctorat, Aston University.
GAGNON, Chantal. 2003. « Le Shakespeare québécois des années 1990 ». *Recherche théâtrale au Canada*, 24,1-2, 58-75.
GALARNEAU, Annie et Claude VERREAULT. 2003. « L'Inclusion des particularismes extra-hexagonaux dans les dictionnaires français. Réalité et mirage de la francophonie ». *Actes de la Journée des dictionnaires*, Université de Cergy-Pontoise, 22 mars 2002. Paris : Champion.
GALATANU, Olga. 2007. *Pour une approche sémantico-discursive du stéréotypage à l'interface de la sémantique théorique et de l'analyse du discours.* MS, Université de Nantes. 10 pages.
GARDAPHÉ, Fred. 2006. « Language in Fiction ». Norman Fairclough, Giuseppina Cortese et Patrizia Ardizzone (dirs). *Discourse and Contemporary Social Change.* Bern : Peter Lang.
GARDNER, Robert C. et Wallace E. LAMBERT. 1972. « Student's stereotypes of French-speaking people ». Robert C. Gardner et Wallace E. Lambert (dirs.). *Attitudes and Motivation in Second-Language Learning.* Rowley : Newbury. 97-104.
GASS, Susan M. et Joyce NEU (dirs). 1996. *Speech acts across cultures. Challenges to communication in a second language.* Berlin : de Gruyter.
GAUVIN, Lise. 2004. *La Fabrique de la langue.* Paris : Seuil.
GAUVIN, Lise. 2000. *Langagement. L'Écrivain et la langue au Québec.* Montréal : Boréal.
GAUVIN, Lise. 1997. *L'Écrivain francophone à la croisée des langues.* Paris : Karthala.
GEBHARDT, Karl. 1975. « Gallizismen im Englischen, Anglizismen im Französischen ; Ein statistischer Vergleich ». *Zeitschrift für romanische Philologie* 91, 292-309.

GENDRON, Jean-Denis. 1986. « Aperçu historique sur le développement de la conscience linguistique des Québécois ». *Québec français* 61, 82-89.

GENDRON, Jean-Denis. 1966. *Tendances phonétiques du français parlé au Canada*. Québec : Presses de l'Université Laval.

GENDRON, Jean-Denis et Georges STRAKA. 1967. *Études de linguistique franco-canadienne*. Paris et Québec : Klincksieck et Presses de l'Université Laval.

GENESEE, Fred et Naomi HOLOBOW. 1989. « Change and Stability in Intergroup Perceptions ». *Journal of Language and Social Psychology* 8,1, 17-38.

GEORGEAULT, Pierre et Michel PAGÉ (dirs). 2006. *Le français, langue de la diversité québécoise*. Montréal : Québec Amérique.

GERVAIS Marie-Marthe. 2002. « *Le Monde* et la féminisation des titres : études comparatives 1997-1998 » Nigel Armstrong, Cécile Bauvois et Kate Beeching (dirs). *la Langue française au féminin*. Paris : L'Harmattan.151-166.

GILES, Howard et Nikolas COUPLAND. 1991. *Language. Contexts and consequences*. Pacific Grove : Brooks & Cole.

GILES, Howard et Kathryn FERRAR. 1979. « Some Behavioural Consequences of Speech and Dress Styles ». *British Journal of Social and Clinical Psychology* 18, 209-210.

GIRARD, Denise. 1997. « Les Débuts dans la jeunesse bourgeoise montréalaise (1920-1940) ». Gérard Bouchard et Martine Segalen (dirs). *Une langue, deux cultures. Rites et symboles en France et au Québec*. Québec et Paris : Presses de l'Université Laval et La Découverte. 249-263.

GILLIÉRON, Jules et Edmond EDMONT. 1904. *Atlas linguistique de la France*. Paris : Champion.

GIVÓN, Talmy. 2003. *Bio-Linguistics, The Santa Barbara lectures*. Philadelphie : Benjamins.

GODDARD, Cliff. 2005. « The Lexical Semantics of culture ». *Language Sciences* 27, 51-73.

GŒTSCHEL, Pascale et Emmanuelle LOYER. 1994. *Histoire intellectuelle et culturelle de la France au XXe siècle*. Paris : Armand Colin.

GOFFMAN, Erwin.1974. *Les Rites d'interaction*. Paris : Minuit.

GÖRLACH, Manfred. 2003. *English words abroad*. Amsterdam et Philadelphie : Benjamins.

GÖRLACH, Manfred. 2002. *An Annotated bibliography of European anglicisms*. Amsterdam et Philadelphie : Benjamins. Alain Goulet (dir.). 1994. *Le stéréotype. Crises et transformations*. Caen : Presses universitaires de Caen.

GOVAERT-GAUTHIER, Suzanne. 1979. « Attitudes de vingt-huit Montréalais francophones sur le français parlé au Québec ». Pierrette Thibault (dir.). *Le français parlé. Études sociolinguistiques*. Edmonton : Linguistic Research Inc. 145-152.

GRESCŒ, Taras. 2000. *Sacré Blues. An Unsentimental Journey through Quebec*. Toronto : Macfarlane Walter & Ross.

GRIGNON, Claude et Jean-Claude PASSERON. 1989. *Le Savant et le populaire. Misérabilisme et populisme en sociologie et en littérature*. Paris : Gallimard.

GRUÈRE, Jean-Pierre et Pierre MOREL. 1991. *Cadres français et communications interculturelles*. Paris : Eyrolles.

GUILBERT, Louis. 1959. « Anglomanie et vocabulaire technique ». *Le Français moderne* 27, 272-295.

GUILLAUME, Pierre et Laurier TURGEON. 2007. *Regards croisés sur le Canada et la France. Voyages et relations du XVIe au XXe siècles*. Québec : Presses de l'Université Laval.

GUILLOT, Marie-Noëlle. 2005. « Revisiting the methodological debate on interruptions. From measurement to classification in the annotation of data for cross-cultural research ». *Pragmatics* 15,1, 25-47.

GUIRDHAM, Maureen. 1999. *Communicating across cultures*. Basingstoke : Palgrave.

GUAÏTELLA, Isabelle, Denise DESHAIES et Claude PARADIS. 1997. « Production et perception de syllabes accentuées dans les variétés de français du Québec et de France. Étude de deux phénomènes ». *Actes du 4e Congrès français d'acoustique*. Marseille : Teknea. 445-448.

GUMPERZ, John J. 1982. « Sociocultural knowledge in conversational inference ». *Discourse strategies*. Cambridge : Cambridge University Press. 153-171.

GUMPERZ, John J., Tom JUPP et Celia ROBERTS. 1979. *Crosstalk. A Study of cross-cultural communication.* Londres : BBC.

HABERMAS, Jürgen. 1987. *Théorie de l'agir communicationnel.* Paris : Fayard.

HAGÈGE, Claude. 1987. *Le français à travers les siècles.* Paris : Odile Jacob.

HAMBYE, Philippe. 2005. *La Prononciation du français contemporain en Belgique. Variation, normes et identités.* Thèse de doctorat, Université de Louvain.

HAMPDEN-TURNER, Charles et Fons TROMPENAARS. 2000. *Building cross-cultural competence. How to create wealth from conflicting values.* Chichester : Wiley.

HARRIS, Catherine L., Ayse AYÇIÇEGI et Jean BERKO GLEASON. 2003. « Taboo words and reprimands elicit greater autonomic reactivity in a first language than in a second language ». *Applied Psycholinguistics* 24, 561-579.

HARRIS, Catherine L., Jean BERKO GLEASON et Ayse AYCICEGI. 2006. « When is a First language more emotional ? Psychophysiological evidence from bilingual speakers ». Anna Pavlenko (dir.). *Languages and emotions of multilingual speakers.* Clevedon : Multilingual Matters.

HART, William B. 1996. *A Brief history of Intercultural Communication. A Paradigmatic approach.* Disponible à http://www.unm.edu/wbhart/histicc2.htm

HARVIE, Jennifer. 1995. « The Real nation ? Michel Tremblay, Scotland, and translatability ». *Recherches théâtrales au Canada* 16,1/2, 5-25.

HAVU, Eva. 2007. « Quand les Français tutoient-ils ? », MS, Université d'Helsinki. 12 pages.

HAYNE, David M. 1965. « Les Grandes options de la littérature canadienne-française ». *Études françaises* 1,1, 68-89.

HELD, Gudrur. 1996. « Two polite speech acts in contrastive view. Aspects of the realization of requestive and thanking in French and Italian ». M. Hellinger et U. Ammon (dirs). *Contrastive Linguistics.* Berlin : de Gruyter. 363-384.

HELGUERA, Pablo. 2004. *Los del Este / EastEnders (A modest proposal)..* Disponible à http://www.cca.rca.ac.uk/losdeleste.

HELLER, Monica. 2004. « Langue et identité comme biens d'échange au Canada français ». Communication présentée à la conférence The French Language and Questions of Identity, 7-8 juillet 2004, University of Cambridge.

HELLER, Monica. 1994. *Crosswords. Language, education and ethnicity in French Ontario.* Berlin : de Gruyter.

HELLER, Monica et Normand LABRIE (dirs). 2003. *Discours et identités. La francité canadienne entre modernité et mondialisation.* Cortil-Wodon : Éditions modulaires européennes.

HELLER, Monica, Jean-Paul BARTHOLOMOT, Laurette LÉVY et Luc OSTIGUY. 1982. *Le Processus de francisation dans une entreprise montréalaise. Une analyse sociolinguistique.* Québec : Office de la langue française.

HEWSON, John. 2000. *The French Language in Canada.* Munich : Lincom.

HLADONY, Orsolya. 2004. « *Je me souviens* ou bien le mythe du passé à travers trois romans du terroir ». Robert Laliberté et Denis Monière (dirs). *Le Québec au miroir de l'Europe.* Québec : Association internationale des études québécoises. 46-52.

HOFSTEDE, Geert. 2001. *Culture's consequences. Comparing values, behaviours, institutions, and organizations across Nations.* Londres : Sage.

HOFSTEDE, Geert. 1991. *Cultures and organizations. Software of the mind.* Londres : Harper et Collins.

HOFF, Jadwiga. 1997. « Image des Français dans les mémoires et les manuels de savoir-vivre polonais ». A. Montandon (dir.). *Mœurs et images. Études d'imagologie européenne.* Clermont-Ferrand. 23-26.

HOLLIDAY, Adrian, Martin HYDE et John KULLMAN. 2004. *Intercultural communication. An advanced resource book.* Londres : Routledge.

HONG, Wei. 2002. *Request Patterns in Chinese and German. A Cross-cultural Study.* Munich : Lincom Europa.

HOUDEBINE-GRAVAUD, Anne-Marie (dir.). 1998. *La Féminisation des noms de métier en français et dans d'autres langues.* Paris : L'Harmattan.

HOUDEBINE-GRAVAUD, Anne-Marie. 1994. « Des femmes et de leurs noms. À propos de représentations et de désignations ». *Présence Francophone* 45, 23-28.

HOUDEBINE, Anne-Marie. 1989. « La féminisation des noms de métier en français contemporain ». *Contrastes*, 39-72.

HOUDEBINE, Anne-Marie. 1987. « Le français au féminin ». *La Linguistique* 23, 13-34.

HOWARD, Martin. 2004. « La variation linguistique en France et au Québec. Une comparaison quantitative du français parlé des médias et de leur public ». Communication présentée à la conférence *The French Language and Questions of Identity*, 7-8 juillet 2004, University of Cambridge.

HUME, Elizabeth, Dominique LEPICQ et Richard BOURHIS. 1993. « Attitudes des étudiants canadiens-anglais face aux accents des professeurs de français en Ontario ». *La Revue canadienne des langues vivantes* 49,2, 209-235.

HYMES, Dell. (1972). « On communicative competence ». John B. Pride et Janet Holmes (dirs). *Sociolinguistics*. Harmonsworth, Middx : Penguin.

JAMIN, Mikaël, Cyril TRIMAILLE et Médéric GASQUET-CYRUS. 2006. « De la convergence dans la divergence. Le Cas des quartiers pluri-ethniques en France ». *Journal of French Language Studies* 16, 335-356.

JANDT, Fred E. 2001. *Intercultural communication. An introduction.* Londres : Sage.

JENSON, Jane. 1993. « Naming nations : Making nationalist claims in Canadian public discourse ». *The Canadian Review of Sociology and Anthropology* 30,3, 337-358.

JOSEPH, John E. 2004. *Language and identity. National, ethnic and religious.* Basingstoke : Palgrave.

JUDGE, Anne. 2002. « Contemporary issues in French linguistic policies ». Kamal Salhi (dir.). *French in and out of France. Language policies, intercultural antagonisms and dialogue.* Berne : Peter Lang. 35-72.

JUDGE, Stephen. 2002. « Language as a human right : A Legal problem for France ». Kamal Salhi (dir.). *French in and out of France. Language policies, intercultural antagonisms and dialogue.* Berne : Peter Lang. 73-106.

JUNEAU, Marcel. 1977. *Problèmes de lexicologie québécoise. Prolégomènes à un Trésor de la langue française au Québec.* Québec : Presses de l'Université Laval.

JUNEAU, Marcel. 1972. *Contribution à l'histoire de la prononciation française au Québec. Étude des graphies des documents d'archives.* Québec : Presses de l'Université Laval.

JUNEAU, Marcel. 1969. « Les plus anciens anglicismes lexicaux en franco-canadien ». *Bulletin des jeunes romanistes* 16, 33-39.

JUPPÉ, Alain. 2006. *France, mon pays. Lettres d'un voyageur.* Paris : Robert Laffont.

KARLIN, Daniel. 2005. *Proust's English.* Oxford : Oxford University Press.

KASPER, Gabriele et Shoshana BLUM-KULKA. 1993. *Interlanguage pragmatics.* New York : Oxford University Press.

KENWARD, Ben, C. RUTZ, A. A. S. WEIR et A. KACELNIK. 2005. « Behavioural ecology. Tool manufacturing by naive juvenile crows ». *Nature* 443, 121.

KERBRAT-ORECCHIONI, Catherine. 2005. « Politeness in France. How to buy bread politely ». Leo Hickey et Miranda Stewart (dirs). *Politeness in Europe.* Clevedon : Multilingual Matters. 29-44.

KERBRAT-ORECCHIONI, Catherine. 2002. « Politesse en deçà des Pyrénées, impolitesse au-delà. Retour sur la question de l'universalité de la (théorie de la) politesse ». *Marges linguistiques.*

KILANI-SCHOCH, M., N. ALAMZAD, P. AYLLON, C. HAUERT et A. OSEI-BONSU. 1992. « *Il fait beau aujourd'hui.* Contribution à l'étude linguistique des malentendus interculturels ». *Cahiers de l'ILSL* 2, 127-154.

KINLOCH, David. 2000. « Le Chant de la flûte en os. Traductions en écossais des pièces de Michel Tremblay ». David Kinloch et Richard Price. *La Nouvelle alliance. Influences francophones sur la littérature écossaise moderne.* Grenoble : Ellug.

KIRCHER, Ruth. 2007. « Québec French vs. European French – an investigation of language attitudes ». Communication aux *Romance Linguistic Seminars XXXV,* 4-5 janvier 2007, University of Cambridge.

KLINKENBERG, Jean-Marie. 2001. *La Langue et le citoyen. Pour une autre politique de la langue française.* Paris : Presses universitaires de France.

KLINKENBERG, Jean-Marie. 1999. « La Francophonie septentrionale. Belgique francophone, Suisse romande, Québec. Les français vernaculaires hors de France ». Jacques Chauraud (dir). *Nouvelle histoire de la langue française*. Paris : Seuil. 507-546.

KLINKENBERG, Jean-Marie et Lise GAUVIN. 1991. *L'écrivain francophone et ses publics*. Paris et Montréal : Créaphis et V.L.B.

KLINKENBERG, Jean-Marie et Lise GAUVIN. 1985. *Trajectoires. Littérature et institutions au Québec et en Belgique francophone*. Montréal et Bruxelles : Presses de l'Université de Montréal et Labor.

KLINKENBERG, Jean-Marie, D. LATIN et G. CONNOLLY. 1981. *Langages et collectivités. Le Cas du Québec*. Montréal : Leméac.

KNECHT, Pierre. 1979. « Le français en Suisse romande. Aspects linguistiques et sociolinguistiques ». Albert Valdman (dir.). *Le français hors de France*. Paris : Champion. 249-258.

KOSTKIEWICZ, Teresa. 1997. « Caractère des Français. L'image des Français dans le roman et la presse polonaise de la deuxième moitié du XVIIIe siècle ». A. Montandon (dir.). *Mœurs et images. Études d'imagologie européenne*. Clermont-Ferrand. 27-30.

KRŒBER, Alfred L. et Clyde KLUCKHOHN. 1952. *Culture. A Critical review of concepts and definitions*. New York : Krusche.

KYMLICKA, Will. 2003. « Being Canadian ». *Government and Opposition* 38,3, 357-385.

LABBÉ, Dominique et Denis MONIÈRE. 2003. *Le Discours gouvernemental. Canada, Québec, France, 1945-2000*. Paris : Champion.

LABELLE, Jacques. 1995. « Lexique-grammaire et variation en français ». Jacques Labelle et Christian Leclère (dirs.). *Lexiques-grammaires comparés en français*. Amsterdam et Philadelphie : Benjamins. 13-28.

LABERGE, Suzanne et Michèle CHIASSON-LAVOIE. 1971. « Attitudes face au français parlé à Montréal et degrés de conscience de variables linguistiques ». Regna Darnell (dir). *Diversity in Canadian society*. Edmondton : Linguistic Research. 89-126.

LABOV, William. 1976. *Sociolinguistique*. Paris : Minuit.

LABRIE, Normand et Gilles FORLOT. 1999. *L'Enjeu de la langue en Ontario français*. Sudbury : Prise de parole.

LABROSSE, Céline. 1996. *Pour une grammaire non sexiste*. Montréal : Remue-Ménage.

LAFONT, Robert. 1978. *Le Travail et la langue*. Paris : Flammarion.

LAFONTAINE, Dominique. 1986. *Le Parti pris des mots. Normes et attitudes linguistiques*. Bruxelles : Mardaga.

LAFONTAINE, Dominique. 1988. « Le Parfum et la couleur des accents ». *Le Français moderne* 1,2, 60-72.

LAFOREST, Marty. 2002. « Scenes of family life – complaining in everyday conversation ». *Journal of Pragmatics* 34,10, 1595-1620.

LAFOREST, Marty et Diane VINCENT. 2004. « La qualification péjorative dans tous ses états ». *Langue française* 144, 59-81.

LAFOREST, Marty *et alii*. 1997. *États d'âme, états de langue. Essai sur le français parlé au Québec*. Québec : Nuit Blanche.

LAGORGETTE, Dominique et Pierre LARRIVÉE (dirs). 2004, « Les insultes : approches sémantiques et pragmatiques ». *Langue française* 144.

LAGUEUX, Paul-André. 2004. « La part de la néologie allogène dans la variété du français québécois ». Jane S. Smith (dir.). *Actes du vingt-huitième colloque annuel de l'Association de linguistique des provinces atlantiques*. Orono : University of Maine. 15-22

LAGUEUX, Paul-André. 1988. *La Part des emprunts à l'anglais dans la création néologique en France et au Québec*. Paris : Didier Érudition.

LAKOFF, Robin. 1975 (2005). *Language and woman's place*. New York : Harper & Row.

LALONDE, Michèle. 1973. *Défense et illustration de la langue québécoise*. Paris : Seghers.

LAMBERT, Wallace E. et Carol A. ELLEN. 1969. « Ethnic identification and personality adjustments of Canadian adolescents of mixed English-French parentage ». Wallace E. Lambert (dir.). *Language, psychology and culture*. Stanford : Stanford University Press. 265-289.

LAMBERT, Wallace E., R. C. HODGSON, Robert C. GARDNER et S. FILLENBAUM. 1960. « Evaluational reactions to spoken language ». *Journal of Abnormal and Social Psychology* 60,1, 44-51.

LAMBERT, Wallace E., Hannah FRANKEL et Richard W. TUCKER. 1966. « Judging personality through speech : A French-Canadian example ». *Journal of Communication* 16,4, 305-321.

LAMONDE, D. 1998. *Le Maquignon et son joual. L'aménagement du français québécois.* Saint-Laurent : Liber.

LAMOTHE, Jacqueline. 2002. « Les mots masculins désignent-ils aussi des femmes ? Les effets sur la langue de la culture et de la politique au Québec et en Belgique ». Nigel Armstrong, Cécile Bauvois et Kate Beeching (dirs). 2002. *La Langue française au féminin.* Paris : L'Harmattan.167-185.

LAPIERRE, André, Patricia SMART, Pierre SAVARD (dirs). 1996. *Langues, cultures et valeurs au Canada à l'aube du XXIe siècle.* Ottawa : International Council for Canadian Studies.

LAPIERRE, André. 1995. « À propos du discours lexicographique québécois ». Dieter Kremer et Alf Monjour (dirs). *Mélanges de linguistique et d'onomastique sardes et romanes offerts à Heinz Jürgen Wolf.* Paris : Klincksieck. 233-246.

LARRIVÉE, Pierre. 2007. « Asking for symbolic recognition. Acadia, Quebec, and each other's French ». Martin Howard (dir.). *Focus on language issues in Canada. Multidisciplinary Perspectives.* Cambridge : Cambridge Scholars Press. 86-103.

LARRIVÉE, Pierre. 2006. « Les Normes sociolinguistiques et leur changement ». *Langage et Société* 115, 103-127.

LARRIVÉE, Pierre. 2003a. *Linguistic Conflict and Language Laws. Understanding the Quebec Question.* Basingstoke : Palgrave.

LARRIVÉE, Pierre. 2003b. « La Contingence des faits linguistiques. Réflexions sur la variation et le changement ». Cognition, Représentation, Langages. Disponible à http://193.52.220.104/Consult/Index/Index.asp

LAUR, Elke. 2002a. « La qualité, le statut et la perception du français au Québec ». 25 ans d'application de la Charte de la langue française. Disponible à http://www.oqlf.gouv.qc.ca/ressources/bibliotheque/ouvrages/amenagement_hs/ral01/charte/Laur_vf_1.pdf

LAUR, Elke, 2002b. « Espaces linguistiques à Montréal ». *Marges linguistiques* 3.

LAUR, Elke. 2001. *Perceptions linguistiques à Montréal.* Thèse de doctorat, Université de Montréal.

LAUR, Elke. 1994. « À la recherche d'une notion perdue : les attitudes à la québécoise... ». *Culture* 14,2, 195-208.

LAURENDEAU, Paul. 2004. « Avoir un méchant langage ». Communication présentée à la conférence *The French Language and Questions of Identity*, 7-8 juillet 2004, University of Cambridge. Document d'accompagnement, 19 pages.

LAVOIE, Judith. 1999. « La Traduction jeunesse France-Québec : le cas de Huckleberry Finn de Mark Twain ». Jean-Pierre Bardet et René Durocher (dirs). *Français et Québécois : le regard de l'autre*. Paris : Presses de l'Université de Paris-Sorbonne.

LAVOIE, Thomas. 1995. « Le français québécois ». Pierre Gauthier et Thomas Lavoie (dirs). *Français de France et français du Canada. Les Parlers de l'Ouest de la France, du Québec et de l'Acadie*. Paris : Klincksieck. 345-398.

LÉARD, Jean-Marcel. 1995. *Grammaire québécoise d'aujourd'hui*. Montréal : Guérin.

LE BERRE, Yves et Jean LE DÛ. 1993. « États d'insécurité ». Michel Francard, Geneviève Géron et Régine Wilmet (dirs). « L'insécurité linguistique dans les communautés francophones périphériques ». *Cahiers de l'Institut Linguistique de Louvain* 19,3/4, 81-86.

LEBLANC, Jacques. 1993. *Problèmes sémantiques et sociolinguistiques de la traduction des textes politiques au Québec*. Thèse de doctorat, Université Laval.

LECLÈRE, Christian, Éric LAPORTE, Mireille PIOT et Max SILBERZTEIN (dirs). 2004. *Lexique, Syntaxe et Lexique-Grammaire*. Amsterdam et Philadelphie : Benjamins.

LEECH, Geoffrey. 1983. *Principles of Pragmatics*. Londres et New York : Longman.

LÉGARÉ, Anne. 2003. *Le Québec otage de ses alliés. Les Relations du Québec avec la France et les États-Unis*. Montréal : VLB.

LÉON, Pierre R. 1974. « Attitudes et comportements linguistiques, problèmes d'acculturation et d'identité ». *Études de linguistique appliquée* 15, 87-102.

LEPICQ, Dominique et Richard BOURHIS. 1995. « Aménagement linguistique et normes langagières au Québec ». *Lynx* 33, 2, 109-128.

L'EPLATTENIER-SAUGY, Caroline. 2002. « A Perceptual dialectal study of French in Switzerland ». Daniel Long et Dennis R. Preston (dirs.). *Handbook of Perceptual Dialectology*. Volume 2. Amsterdam et Philadelphie : Benjamins. 351-365.

LESTEL, Dominique. 2003. *Les Origines animales de la culture*. Paris : Flammarion.

LEVASSEUR, Jean. 2000. « La Réception de la littérature acadienne au Québec depuis 1970 ». Fernand Harvey et Gérard Beaulieu (dirs). *Les relations entre le Québec et l'Acadie. De la tradition à la modernité*. Saint-Foy et Moncton : Institut québécois de recherche sur la culture et d'Acadie. 237-259.

LEWIS, Richard D. 1996. *When cultures collide. Managing successfully across cultures*. Londres : Brealey.

LIPOU, Antoine. 2001. « Normes et pratiques scripturales africaines ». *Diversité culturelle et linguistique : quelles normes pour le français ?* Paris : AUF. 129-143.

LODGE, Anthony R. 2004. *A Sociolinguistic history of Parisian French*. Cambridge : Cambridge University Press.

LODGE, Anthony R. 1997. « The Pragmatics of slang ». *Web Journal of Modern Language Linguistics* 2. Disponible à http://wjmll.ncl.ac.uk/issue02/lodge.htm

LOUDER, Dean R. et Éric WADDEL. 1985. *Du Continent perdu à l'archipel retrouvé*. Québec : Presses de l'université Laval.

LUSTIG, Myron W. et Jolene KŒSTER. 1993. *Intercultural competence. Interpersonal communication across cultures*. New York : Longman.

MACKENZIE, Fraser. 1939. *Les Relations de l'Angleterre et de la France d'après le vocabulaire*. 2 volumes. Paris : Droz.

MACLURE, Jocelyn. 2000. *Récits identitaires. Le Québec à l'épreuve du pluralisme*. Montréal : Québec Amérique.

MAHER, Gérald B. 1955. *L'Anglomanie en France au XVIIIe siècle*. Québec : Presses de l'Université Laval.

MANEVA, Blagovesta et Gabrielle KONOPCZYNSKI. 2001. « L'Intégration de la structuration rythmique regionale dans le babil ». *Parole* 20, 263-286.

MANNO, Giuseppe. 2005. « Politeness in Switzerland : Between Respect and Acceptance ». Leo Hickey et Miranda Stewart (dirs). *Politeness in Europe*. Clevedon : Multilingual Matters.

MARCEL, Jean. 1973. *Le Joual de Troie*. Montréal : du Jour.
MARCELLESI, Jean-Baptiste, Thierry BULOT et Philippe BLANCHET. 2003. *Sociolinguistique. Épistémologie, langues régionales, polynomie*. Paris : L'Harmattan.
MARCHAL, A. 1981. *Les Sons et la parole*. Montréal : Guérin.
MARESCHAL, Geneviève. 1992. « L'Influence comparée de l'anglais sur le français dans différentes aires géographiques francophones ». *Revue de l'association canadienne de linguistique appliquée* 14,2, 107-120.
MARESCHAL, Geneviève. 1988. « Contribution à l'étude comparée de l'anglicisation en Europe francophone et au Québec ». Maurice Pergnier (dir.). *Le français en contact avec l'anglais. En hommage à Jean Darbelnet*. Paris : Didier. 67-78.
MARGARITO, M. 1985. « Les Italianismes : une machine à faire rêver ». Sylvain Auroux, Jean-Claude Chevalier, N. Jacques Chaquin, Christiane Marchello-Nizia (dirs). *La Linguistique fantastique*. Paris : Denoël. 260-268.
MÁRQUEZ-REITER, Raquel. 2000. *Linguistic politeness in Britain and Uruguay. A Contrastive study of requests and apologies*. Amsterdam : Benjamins.
MAR-MOLINERO, Clare et Patrick STEVENSON (dirs). 2006. *Language ideologies, policies and practices. Language and the future of Europe*. Basingstoke : Palgrave.
MARTEL, Pierre. 2001. « Le français de référence et l'aménagement linguistique ». *Cahiers de l'Institut de Linguistique de Louvain* 27,1-2, 123-139.
MARTEL, Pierre et CAJOLET-LAGANIÈRE, Hélène. 2000. « Quelle langue pour l'avenir ? ». Michel Plourde (dir.). *Le français au Québec. 400 ans d'histoire et de vie*. Montréal : Fidès. 379-389.
MARTEL, Pierre et Hélène CAJOLET-LAGANIÈRE. 1996. *Le français québécois. Usages, standard et aménagement*. Québec : Institut québécois de recherche sur la culture.
MARTEL, Pierre et Hélène CAJOLET-LAGANIÈRE. 1995. *La Qualité de la langue au Québec*. Québec : Institut québécois de recherche sur la culture.
MARTEL, Pierre et Hélène CAJOLET-LAGANIÈRE (dirs). 1994. *Actes du colloque sur les anglicismes et leur traitement lexicographique*. Québec : Office de la langue française.

MARTEL, Pierre et Sylvie THIBOUTOT. 1995. « La Perception des marques d'usage de quelques mots en français du Québec ». Jacques Labelle et Christian Leclère (dirs.). *Lexiques-grammaires comparés en français*. Amsterdam et Philadelphie : Benjamins, 189-198.

MATSUMOTO, David. 1996. *Cultures and Psychology*. Pacific Grove : Brooks et Cole.

MAURAIS, Jacques. 1999. *La Qualité de la langue : un projet de société*. Conseil de la langue française. Disponible à http://www.cslf.gouv.qc.ca\slashPublications\slashPubB147\slashB147.pd.

MEAR-CRINE, Annie et Thérèse LECLERC. 1976. « Attitudes des adolescents canadiens-français vis-à-vis du franco-québécois et du français académique ». *Cahiers de linguistique* 6, 155-170.

MEDINA, José. 2004. « Anthropologism, naturalism, and the pragmatic study of language ». *Journal of Pragmatics* 36, 549-573.

MEIZOZ, Jérôme. 2001. *L'Âge du roman parlant, 1919-1939*. Genève : Droz.

MEIZOZ, Jérôme. 2000. *Un Lieu de parole. Notes sur quelques écrivains du Valais (XXe siècle)*. Saint-Maurice : Pillet.

MEIZOZ, Jérôme. 1998. *Le Droit de mal écrire. Quand les écrivains francophones déjouent le français de Paris*. Genève : Zoé.

MEIZOZ, Jérôme. 1996. *La Littérature se fait dans la bouche. La Représentation de la langue parlée dans les littératures romanes (XXe siècle)*. Paris et Genève : Champion et Slatkine. Numéro spécial de *Versants* 30.

MENEY, Lionel. 1999. *Dictionnaire québécois-français. Pour mieux se comprendre entre Francophones*. Montréal : Guérin.

MENEY, Lionel. 1994. « Pour une typologie des anglicismes en français du Canada ». *The French Review* 67,6, 930-943.

MERCIER, Louis. 2000. « La Difficile cohabitation des points de vue européen et nord-américain dans les dictionnaires du français. Le cas du vocabulaire ornithologique ». Marie-Rose Simoni-Aurembou (dir.). *Français du Canada-français de France. Actes du cinquième Colloque international de Bellême, du 3 au 7 juin 1997*. Tübingen : Niemeyer. 291-305.

MERCIER, Louis et Claude VERREAULT. 2002. « Opposer français standard et français québécois pour mieux se comprendre entre Francophones ? Le cas du Dictionnaire québécois français ». *Le français moderne* 70,1, 87-108.

MERLE, Pierre. 2005. *L'Élève humilié. L'École : un espace de non droit ?* Paris : Presses universitaires de France.

MERIN, Arthur. 1999. « Information, relevance, and social decisionmaking. principles and results of decision-theoretic semantics ». Lawrence Moss, Jonathan Ginzburg et Maarten de Rijke (dirs). *Logic, language, and computation.* Stanford : Center for the Study of Language and Information. 179-221.

MILROY, Lesley. 1980. *Language and social networks.* Oxford : Blackwell.

MIRAGLIA, Anne Marie. 2006. « La Place de l'italiese dans la traduction du joual en Italie et au Canada ». Nigel Armstrong et Federico M. Federici (dirs). *Translating voices translating regions.* Rome : Aracne. 409-421.

MODENESI, Marco, 2003. « L'Inscription du français et du québécois dans le roman. Remarques sociolinguistiques en marge du texte narratif ». Jean-Pierre Bertrand et Lise Gauvin (dirs). *Littératures mineures en langue majeure.* Montréal et Bruxelles : Presses de l'Université de Montéal et Peter Lang. 281-293.

MONIÈRE, Denis. 2002. *Internet et la démocratie.* Monière et Wollank Éditeurs.

MONIÈRE, Denis. 1999. *Démocratie médiatique et représentation politique.* Montréal : Presses de l'Université de Montréal.

MOREAU, Marie-Louise. 2001. « Usages et fonctions de la norme ». *Diversité culturelle et linguistique : quelles normes pour le français ?* Paris : AUF. 85-95.

MOREAU, Marie-Louise. 2001. « La Norme : quelle fonction ? ». *Langues et sociétés* 39, 11-24.

MOREAU, Marie-Louise, Huguette BRICHARD et Claude DUPAL. 1999. *Les Belges et la norme. Analyse d'un concept linguistique.* Louvain-la-Neuve : Duculot.

MOTAPANYANE, Virginia et David JORY. 1996. *Acadian French. A Grammatical sketch.* Munich : Lincom.

MOUGEON, Françoise. 2007. « Geographical motivation for stylistic variation in French. A Comparison of French speakers in France, Quebec and Ontario ». Martin Howard (dir.). *Focus on Language Issues in Canada. Multidisciplinary Perspectives.* Cambridge : Cambridge Scholars Press. 142-155.

MOUGEON, Raymond et Édouard BÉNIAK. 1994. *Les Origines du français québécois.* Québec : Presses de l'Université Laval.

MOUGEON, Raymond et Édouard BÉNIAK. 1989. *Le français canadien parlé hors Québec. Aperçu sociolinguistique.* Québec : Presses de l'Université Laval.

MULLAN, Kerry. 2006. *Cultural differences in the expression of opinion. A Comparison of interactional strategies in French and Australian English discourse.* Thèse de doctorat, La Trobe University.

MÜLLER, Simone. 2005. *Discourse markers in native and non-native English discourse.* Amsterdam et Philadelphie : Benjamins.

NADEAU, Jean-Benoît. 2002. *Les Français aussi ont un accent.* Paris : Payot.

NAKOS, Dorothy. 1991. « Les Syntagmes terminologiques dans le domaine de l'informatique. Étude comparée du français et de l'anglais ». *Contrastes* 20/21, 31-37.

NEWTON, Michael. 2003. *Savage girls and wild boys. A History of feral children.* Londres : Faber.

NGOM, Fallou. 2006. *Lexical Borrowings as Sociolinguistic Variables in Saint-Louis, Senegal.* Munich : Lincom.

NIEDEREHE, Hans-Josef. 1996. *Langues du Canada et identité nationale. Perspectives européennes.* Ottawa : International Council for Canadian Studies.

NIQUETTE, Sophie. 2002. *Québec-France : portrait d'une relation en mouvement.* Québec : Ministère des Relations internationales du Québec. Disponible à http://www.mri.gouv.qc.ca/pdf/Quebec_France.pdf

NOËL, Danièle. 1980. *Le français parlé. Analyse des attitudes des adolescents de la ville de Québec selon les classes sociales.* Québec : Centre international de recherche sur le bilinguisme.

NUNBERG, Geoffrey. 2004. *Going nucular. Language, politics and culture in confrontational times.* New York : PublicAffairs.

OAKES, Leigh. 2001. *Language and national identity. Comparing France and Sweden.* Amsterdam et Philadelphie : Benjamins.

OAKES, Leigh et Jane WARREN. 2006. *Language, citizenship and identity. Meeting the pluralist challenge in Quebec.* Basingstoke : Palgrave.

ORY, Pascale. 1989. *L'Aventure culturelle française, 1945-1989.* Paris : Flammarion.

OSTIGUY, Luc et Claude TOUSIGNANT. 1993. *Le français québécois. Normes et usages.* Montréal : Guérin.

PAN, Yuling, Suzanne WONG-SCOLLON et Ronald SCOLLON. 2002. *Professional communication in international settings.* Oxford : Blackwell.

PAQUOT, Annette. 1998. « Les Canadiens, les Belges, leurs mots et leurs dictionnaires ». Yves Duhoux (dir.). *Langue et langues. Hommage à Albert Maniet.* Louvain : Peeters. 181-195.

PAQUOT, Annette. 1988. *Les Québécois et leurs mots. Étude sémiologique et sociolinguistique des régionalismes lexicaux au Québec.* Québec : Presses de l'Université Laval.

PARKER, Gabriel. 2002. « The Fifth Republic and the Francophone Project ». Kamal Salhi (dir.). *French in and out of France. Language policies, intercultural antagonisms and dialogue.* Berne : Peter Lang. 11-34.

PARRIS, David L. 2004. « Quand la littérature canadienne-française s'affranchit de la tutelle de Paris ». Robert Laliberté et Denis Monière (dirs). *Le Québec au miroir de l'Europe.* Québec : Association internationale des études québécoises. 74-80.

PASCUAL, A.-S. 1997. « Le Sujet comme processus inachevé ». Guy Bajoit et Emmanuel Belin (dirs). *Contribution à une sociologie du sujet.* Paris : L'Harmattan. 95-112.

PASTOUREAU, Michel. 2001. *Les Emblèmes de la France.* Paris : Bonneton.

PATRY, André. 1999. *Considérations sur le langage.* Montréal : Fides.

PATRY, André. 1980. *Le Québec dans le monde.* Montréal : Léméac.

PAVEL, Maria. 2004. « Guerre et paix des langues au Québec ». Robert Laliberté et Denis Monière (dirs). *Le Québec au miroir de l'Europe.* Québec : Association internationale des études québécoises. 115-123.

PAVLENKO, Aneta. 2006. *Emotions and multilingualism. Studies in emotion and social interaction.* Cambridge : Cambridge University Press.

PAVLENKO, Aneta. 2004. « Stop doing that ! la Komu Skazala ! Language choice and emotions in parent-child communication ». *Journal of Multicultural and Multilingual Development* 25, 2/3, 179-203.

PEETERS, Bert. 2004. « *Tu* ou *vous ?* » *Zeitschrift für Französische Sprache und Literatur* 114,1, 1-17.

PEETERS, Bert. 2003. « Le Transculturel : sémantique, pragmatique, axiologie ». *La Linguistique* 39,1, 119-133.

PEETERS, Bert. 2002. « La Métalangue sémantique naturelle au service de l'étude du transculturel ». Pierre Larrivée (dir.). « La Notion d'invariant sémantique ». *Travaux de linguistique* 45, 82-101.

PEETERS, Bert. 2000. « *S'engager* vs. *To Show Restraint* ». Susanne Niemeier et René Dirven (dirs).*Evidence for linguistic relativity.* Amsterdam et Philadelphie : Benjamins. 193-222.

PEETERS, Bert. 1999. « Salut ! Ça va ? Vous avez passé un bon weekend ? » *Journal of French language studies* 9, 239-257.

PÉLOQUIN-FARE, Louise. 1984. « Les Attitudes des Franco-Américains envers la langue française ». *The French Review* 57,5, 657-668.

PÉPIN, Nicolas. 2007. *Éléments pour une grammaire de l'identité.* Berne : Peter Lang.

PERGNIER, Maurice. 1989. *Les Anglicismes : danger ou enrichissement pour la langue française ?* Paris : Presses universitaires de France.

PÉRONNET, Louise. 1995. *Le français acadien. Français de France et français du Canada. Les parlers de l'Ouest de la France, du Québec et de l'Acadie.* Lyon : Université Jean Moulin.

PETITJEAN, Cécile. 2008. « Représentations linguistiques et accents régionaux du français ». *Journal of Language Contact* 1, 29-51.

PHILIPPS, Hosea. 1979. « Le français parlé de la Louisiane ». Albert Valdman (dir.). *Le français hors de France.* Paris : Champion. 93-110.

PICONE, Michael David. 2002. « Meta-Constraints and constraint ranking in relation to the representation of nasality and palatality across French dialects ». Jan Berns et Jaap van Marle (dirs). *Present-day dialectology. Problems and findings*. Berlin : de Gruyter. 283-300.

PICONE, Michael David. 1996. *Anglicisms, neologisms and dynamic French*. Amsterdam et Philadelphie : Benjamins.

PICONE, Michael David. 1988. *De l'anglicisme et de la dynamique de la langue française*. Thèse de doctorat, Paris IV – Sorbonne nouvelle.

PIEROZAK, Isabelle. 2000. « Approche sociolinguistique des pratiques discursives en français sur internet : *ge fé dais fotes si je vœux* ». *Revue française de linguistique appliquée* V,1, 89-104.

de PIETRO, Jean-François et Marinette MATHEY. 1993. « "Comme Suisse romands, on emploie déjà tellement de germanismes sans s'en rendre compte..." Entre insécurité et identité linguistique. Le cas du français à Neuchâtel ». Michel Francard, Geneviève Géron et Régine Wilmet (dirs). « L'insécurité linguistique dans les communautés francophones périphériques ». *Cahiers de l'Institut Linguistique de Louvain* 19,3/4, 121-136.

PLOURDE, Michel (dir.). 2000. *Le français au Québec. 400 ans d'histoire et de vie*. Montréal : Fidès.

POHL, Jacques. 1986. « Une Parenté belgo-suisse archaïsante ». *La Linguistique* 22,2, 133-136.

POIRIER, Claude. 2001. « Vers une nouvelle pratique de la lexicographie du français (EFF) ». *Diversité culturelle et linguistique. Quelles normes pour le français ?* Paris : AUF. 19-39.

POIRIER, Claude. 2000. « Le français de référence et la lexicographie differentielle au Québec ». *Cahiers de l'Institut de Linguistique de Louvain* 26,1-4, 139-155.

POIRIER, Claude (dir.). 1998. *Dictionnaire historique du français québécois. Monographies lexicographiques de québécismes*. Québec : Presses de l'Université Laval.

POIRIER, Claude. 1995. « Les Variantes topolectales du lexique français. Propositions de classement à partir d'exemples québécois ». Michel Francard et Danièle Latin (dirs). *Le Régionalisme lexical*. Louvain-la-Neuve : Duculot. 13-56.

POIRIER, Claude (dir.). 1985. *Dictionnaire du français québécois*. Québec : Presses de l'Université Laval.

POIRIER, Claude. 1980. « Le lexique québécois. Son évolution, ses composantes ». *Stanford French Review*, Spring-Fall, 43-80.

POIRIER, Claude. 1978. « L'anglicisme au Québec et l'héritage français ». *Travaux de linguistique québécoise* 2. Québec : Presses de l'Université Laval. 43-106.

POIRIER, Claude et Gabrielle SAINT-YVES. 2006. « Quête identitaire du peuple québécois à travers la lexicographie. La place centrale de la Société du Parler Français au Canada ». Claude Verreault, Louis Mercier et Thomas Lavoie (dirs). *La Société du parler français au Canada cent ans après sa fondation. Mise en valeur d'un patrimoine culturel*. Québec : Presses de l'Université Laval. 141-173.

POLL, Bernard. 2001. *Francophonies périphériques. Histoire, statut et profil des principales variétés de français hors de France*. Paris : L'Harmattan.

PONTIER, Jean-Marie. 1997. *Droit de la langue française*. Paris : Dalloz.

PRESTON, Dennis R. 2003. « Language with an attitude ». John K. Chambers, Peter Trudgill, et Natalie Schilling-Estes (dirs). *Handbook of language variation and change*. Oxford : Blackwell. 40-66.

PRESTON, Malcolm S. 1963. *Evaluational reactions to English, Canadian French and European French voice*. Mémoire de maîtrise, Université McGill.

PRÉVOST, Geneviève. 1998. « Des Québécois en France. Six points de vue d'auteurs sur la variation linguistique ». *Revue québécoise de linguistique* 26,2, 81-94.

PRUVOST, Jean. 2001. « À la recherche de la norme : sa représentation lexicographique et dictionnairique chez Larousse et Robert et la triple investigation ». *Langues et sociétés* 39, 139-170.

QUILLARD, Geneviève. 2000. « Publicités et pratiques culturelles françaises, canadiennes-françaises et nord-américaines ». *La Traduction. Diversité linguistique et pratiques courantes*. Tunis : Centre d'études et de recherches économiques et sociales. 159-175.

QUILLARD, Geneviève et Suzanne PONS-RIDLER. 1996. « Rôle argumentatif des négations et marqueurs prosodiques dans la publicité française et québécoise ». *Interface* 11,1, 35-45.

RAKOTONŒLINA, Florimond. 2006. « Interroger et expliquer dans les forums de discussion français et anglo-américain ». Présentation à la conférence internationale *Pragmatique comparée à la croisée des chemins. Cadres du discours et perceptions culturelles*, 3-4 novembre 2006, University of East Anglia. Document d'accompagnement, 7 pages.

RASTIER, François. 2001. *Arts et sciences du texte*. Paris : Presses universitaires de France.

RAZAFIMANDIMBIMANANA, Elatiana. 2005. *Français, franglais, québé-quoi ? Les jeunes Québécois et la langue française. Enquête socioliguistique*. Paris : L'Harmattan.

REINKE, Kristin et Luc OSTIGUY. 2005. *La Langue à la télévision québécoise. Aspects sociophonétiques*. Québec : Office québécois de la langue française.

REMYSEN, Wim. 2004. « Le Recours au stéréotype dans le discours sur la langue française et l'identité québécoise. Une étude de cas dans la région de Québec ». Denise Deshaies et Diane Vincent (dirs). *Discours et construction identitaire*. Québec : Presses de l'Université Laval. 95-122.

RENOUF, Antoinette. 2004. « Shall we hors d'œuvres ? Uses and Misuses of Gallicisms in English ». Christian Leclère, Éric Laporte, Mireille Piot et Max Silberztein (dirs). *Lexique, Syntaxe et Lexique-Grammaire*. Amsterdam et Philadelphie : Benjamins. 527-549.

REY-DEBOVE, Josette. 1987. « Incidence des emprunts lexicaux à l'anglais sur la morphologie française ». *Cahiers de lexicologie* 51, 257-265.

REY-DEBOVE, Josette et Gilberte GAGNON. 1980. *Dictionnaire des anglicismes. Les Mots anglais et américains en français*. Paris : Robert.

RICHARDS, Keith. 2006. *Language and professional identity. Aspects of collaborative interaction*. Basingstoke : Palgrave.

ROBITAILLE, Louis-Bernard. 1995. *Et Dieu créa les Français*. Westmount : Robert Davies.

ROBY, Yves. 1990. *Les Franco-américains de la Nouvelle-Angleterre*. Sillery : Septentrion.

RONOWICZ, Eddie et Colin YALLOP (dirs). 2007. *One language, different cultures*. Londres : Continuum.

ROUDAUT, C. 2004. *L'Entente glaciale. Français-Anglais. Les Raisons de la discorde.* Paris : Alban.

ROULET, Eddy, Antoine AUCHLIN, M. SCHELLING, Jacques MŒSCHLER et Chistian RUBATTEL. 1985. *L'Articulation du discours en français contemporain.* Berne : Peter Lang.

ROY, Marie-Josée. 1991. « La Minimalité dans l'adaptation phonologique d'emprunts ». *Proceedings of the Canadian Linguistics Association.* Toronto : University of Toronto Press. 271-283.

SABIO, Frédéric. 2004. « Les Compléments de lieu réalisés par *y*. Description des usages ». *Recherches sur le francais parlé* 18, 43-62.

SACHDEV, Itesh et Richard BOURHIS. 1991. « Power and status differentials in minority and majority group relations ». *European Journal of Social Psychology* 21, 1-24.

SAÏD, Edward. 1995 [1978]. *Orientalism.* Londres : Penguins.

SAÏD, Edward. 1993. *Culture and Imperialism.* New York : Vintage.

SALHI, Kamal (dir.). 2002. *French in and out of France. Language policies, intercultural antagonisms and dialogue.* Berne : Peter Lang.

SALIEN, Jean-Marie. 1998. « Quebec French. Attitudes and pedagogical perspectives ». *The Modern Language Journal* 82, 95-102.

SANAKER, John KRISTIAN, Karin HOLTER et Ingse SKATTUM. 2006. *La Francophonie. Une Introduction critique.* Oslo : Oslo Academic Press

van SCHAIK, Carel P., Marc ANCRENAZ, Gwendolyn BORGEN, Birute GALDIKAS, Cheryl D. KNOTT, Ian SINGLETON, Akira SUZUKI, Sri SUCI Utami, Michelle MERRILL. 2003. « Orangutan cultures and the evolution of material culture ». *Science* 299,5603, 102-105.

SCHNEIDER, Susan et Jean-Louis BARSOUX. 2003. *Managing across cultures.* Harlow : Prentice Hall.

SCHOCH, Marianne. 1978. « Problèmes de sociolinguistique des pronoms d'allocution *tu* et *vous*. Enquête à Lausanne ». *La Linguistique* 14,1, 55-73.

SCOLLON, Ron and Suzanne WONG SCOLLON. 2001. *Intercultural communication. A Discourse approach.* Oxford : Blackwell.

SECAIL-TRAQUES, Claire. 2000. *L'Image des Français dans le Sun, 1964-1995.* Mémoire de maîtrise, Université de Versailles.

SÉGUIN, Philippe. 2000. *Plus français que moi tu meurs. France-Québec, des idées fausses à l'espérance partagée*. Montréal et Paris : VLB et Albin Michel.

SEYFARTH, R. M., D. L. CHENEY et P. MARLER. 1980. « Monkey responses to three different alarm calls. Evidence of predator classification and semantic communication ». *Science* 14,210, 801-3.

SHIATY, A. E. (dir.). 1988. *Dictionnaire du français plus à l'usage des Francophones d'Amérique*. Montréal : Centre Éducatif et Culturel.

SINGY, Pascale. 1998. *Les Femmes et la langue. L'Insécurité linguistique en question*. Paris et Lausanne : Delachaux et Niestlé. 177-194.

SINGY, Pascal. 1996. *L'Image du français en Suisse romande. Une enquête sociolinguistique en Pays de Vaud*. Paris : L'Harmattan.

SINGY, Pascal. 1993. « L'Ambivalence des Romands face à leur régiolecte. Le Cas des Vaudois ». Michel Francard, Geneviève Géron et Régine Wilmet (dirs). « L'insécurité linguistique dans les communautés francophones périphériques ». *Cahiers de l'Institut Linguistique de Louvain* 19,3/4, 109-120.

SMITH, May. 2007. *The Influence of French on Eighteenth-century Literary Russian. Semantic and phraseological calques*. Berne : Peter Lang.

SMITH, Peter B. et Michael H. BOND. 1998. *Social Psychology across cultures*. Londres : Prentice Hall.

SOCIÉTÉ DU PARLER FRANÇAIS AU CANADA. 1968 [1930]. *Glossaire du parler français au Canada*. Québec : Action sociale.

SOL, Antoinette Marie. 1997. « Un Double miroir. L'image des Français dans les romans de Frances Burney ». A. Montandon (dir.). *Le Même et l'autre. Regards Européens*. Clermont-Ferrand. 211-232.

SPENCE, Nicole C. W. 1989. « Qu'est-ce qu'un anglicisme ? ». *Revue de linguistique romane* 53, 323-334.

SPENCER-OATEY, Helen. *Introduction : What is culture?* MS, 18 pages. Disponible à http://209.15.42.137/ic.org.uk/publications/

SPENCER-OATEY, Helen. 2000. *Culturally speaking. Managing rapport through talk across cultures*. Londres : Continuum.

SPENDER, Dale. 1980. *Man Made Language.* Londres : Routledge & Kegan Paul.

STEFANOWITSCH, Anatol. 1999. « Sum : Pseudo-loanwords ». *Linguistlist* 10,1388.

STONE, Glyn et Alan SHARP. 2000. *Franco-British relations in the twentieth century.* Londres : Routledge.

TAAVITSAINEN, Irma et Andrea H. JUCKER (dirs). 2003. *Diachronic perspective on address term systems.* Amsterdam et Philadelphie : Benjamins.

TAJFEL, Henri. 1959. « A Note on Lambert's Evaluational Reactions to Spoken Languages ». *Canadian Journal of Psychology* 13, 86-92.

TANGUAY, Daniel. 1999. « France-Québec : regard sur un éternel malentendu ». *Argument* 1,2.

TANNEN, Deborah. 1993. *Gender and conversational interaction.* New York : Oxford University Press.

TAYLOR, Donald M. et Lise Simard. 1981. *Les Relations intergroupes au Québec et la loi 101. Les Réactions des Francophones et des Anglophones.* Québec : Office de la langue française.

TAYLOR, Edward. 1870. *Primitive culture. Researches into the development of mythology, philosophy, religion, art and custom.* Gloucester : Smith.

TÊTU, Michel. 1997. *Qu'est-ce que la Francophonie ?* Paris : Hachette.

THÉVENOT, Jean. 1976. *Hé ! La France, ton français fout le camp !* Gembloux : Duculot.

TINARD, Yves. 2001. *L'Exception française.* Paris : Maxima.

TODOROV, Tzvetan. 1991. *La Conquête de l'Amérique.* Paris : Seuil.

TOMALIN, Barry et Susan STEMPLESKI. 1993. *Cultural awareness.* New York : Oxford University Press.

TOMASELLO, Michael et Klaus ZUBERBÜHLER. 2003, « Primate vocal and gestural communication », Marc Bekoff, Colin Allen et Gordon M. Burghardt (dirs). *The Cognitive animal.* Cambridge : MIT Press. 293-299.

TOMBS, Robert et Isabelle TOMBS. 2006. *That Sweet ennemy. The French and the British from the Sun King to the present.* Londres : Heinemann.

TORESSI, Ira. 2007. « Quick Temper, Hot Blood : The Filmic Representation of Italian American Speech and Rhetorical Strategies ». Norman Fairclough, Giuseppina Cortese et Patrizia Ardizzone (dirs). *Discourse and Contemporary Social Change*. Berne : Peter Lang.

TOURNIER, Jean. 1997. *Les Mots anglais du français*. Paris : Belin.

TRAN, Giao Quynh. 2006. *The Nature and conditions of pragmatic and discourse transfer investigated through naturalized role-play*. Munich : Lincom.

TRAVERSO, Véronique (dir.). 1999. *Perspectives interculturelles sur l'interaction*. Lyon : Presses de l'université de Lyon.

TRIANDIS, Harry C. 1994. *Culture and social behaviour*. New York : McGraw Hill.

TROGNON, Alain et Janine LARUE. 1988. « Les représentations sociales dans la conversation ». *Connexions* 51, 51-70.

TROMPENAARS, Fons et Charles HAMPDEN-TURNER. 1997. *Riding the waves of culture. Understanding cultural diversity in business*. Londres : Nicholas Brealey.

ULLMAN, Stephen. 1952. *Précis de sémantique française*. Berne : Francke S.A.

VACHON-L'HEUREUX, Pierrette. 2004. « Féminisation des titres et des textes ». *Correspondance* 10, 2. Disponible à http://www.ccdmd.qc.ca/correspo/Corr10-2/index.html

VACHON-L'HEUREUX, Pierrette et Louise GUÉNETTE. 2007. *Avoir bon genre à l'écrit. Guide de rédaction épicène*. Québec : Publications du Québec.

VALDMAN, Albert, Julie AUGER et Deborah PISTON-HATLEN (dirs). 2005. *Le français en Amérique du Nord. État présent*. Québec : Presses de l'Université Laval.

VAN HECKE, Tine. 2003. « Cultural scripts for French and Romanian thanking behaviour ». K. M. Jaszszolt et Ken Turner (dirs). *Meaning through language contrast*. Volume 2. Amsterdam et Philadelphie : Benjamins. 237-250.

VAROUXAKIS, Georgios. 2002. *Victorian political thought on France and the French*. Basingstoke : Palgrave.

VAROUXAKIS, Georgios. 1999. « How cosmopolitan can patriotism be ? » *The ASEN Bulletin* 16, 3-8.

VERREAULT, Claude. 2006. « Conception du français au Canada selon Adjutor Rivard, principal artisan de la Société du parler français au Canada ». Claude Verreault, Louis Mercier et Thomas Lavoie (dirs). *La Société du parler français au Canada cent ans après sa fondation. Mise en valeur d'un patrimoine culturel.* Québec : Presses de l'Université Laval. 29-54.

VERREAULT, Claude. 2000. « Français international, français québécois ou joual : quelle langue parlent donc les Québécois ? » Andrée Fortin (dir.). *Produire la culture, produire l'identité ?* Québec : Presses de l'université Laval. 119-131.

VERREAULT, Claude. 1999. « L'Enseignement du français en contexte québécois : de quelle langue est-il question ? » *Terminogramme* 91/92, 21-40.

VERREAULT, Claude et Louis MERCIER (dirs). 1998. « Représentation de la langue et légitimité linguistique. Le français et ses variétés nationales ». *Revue québécoise de linguistique* 26,2.

VERREAULT, Claude et Thomas LAVOIE. 2003. « Le vocabulaire des ustensiles de cuisine dans les parlers ruraux de l'Est du Canada ». Catherine Bougy, Stéphane Laîné et Pierre Boissel (dirs). *À l'Ouest d'oïl, des mots et des choses.* Caen : Presses universitaires de Caen. 133-147.

VICO, Giambatista. 2001 [1752]. *La Science nouvelle.* Paris : Fayard.

de VILLERS, Marie-Éva. 2005. *Le Vif désir de durer.* Montréal : Québec Amérique.

VINANT, Jean. 1985. *De Jacques Cartier à Péchiney. Historique des relations économiques franco-canadiennes.* Paris : Chotard.

VINAY, Jean-Paul. 1973. « Le français en Amérique du Nord : problèmes et réalisations ». Thomas A. Sebeok (dir.). *Current Trends in Linguistics.* Volume 10. Paris et La Haie : Mouton. 323-463.

VINAY, Jean-Paul et Jean DARBELNET. 1958. *Stylistique comparée du français et de l'anglais.* Montréal : Beauchemin.

VINCENT, Diane. 2005. « Analyse conversationnelle, analyse du discours et interprétation des discours sociaux. Le cas de la trash radio ». *Marges linguistiques* 9.

VINCENT, Diane. 2001. « Remarques sur le tutoiement et le vouvoiement en français parlé au Québec ». *La Journée du Québec.* Copenhague : Institut d'Études Romanes.

VINCENT, Diane. 2000. « L'Argumentation et les discours identitaires ». Guylaine Martel (dir.). *Autour de l'argumentation. Rationaliser l'expérience quotidienne.* Québec : Nota bene. 127-154.

VINCENT, Diane et Marty LAFOREST. 2001. « Débat ou règlement de compte ? La Perception de l'agressivité dans une rencontre télévisuelle ». Communication présentée au colloque ORAGE, Université d'Aix-en-Provence.

VINET, Marie-Thérèse. 1995. « La Syntaxe du québécois et les emprunts à l'anglais ». *Revue québécoise de linguistique* 3,3, 221-242.

VOIROL, Michel. 1989 et 1997. *Anglicismes et anglomanie.* 2 volumes. Paris : Victoire.

de WAAL, Frans. 2000. *Chimpanzee politics. Power and sex among apes.* Baltimore et Londres : Johns Hopkins University Press.

WAITES, Neville H. (dir.). 1971. *Troubled neighbours. Franco-British relations in the twentieth century.* Londres : Weidenfeld et Nicholson.

WALKER, Douglas C. 1983. « La nasale vélaire /n/ : un phonème du français ? » *Langue française* 60, 14-29.

WALKER, Douglas C. 1984. *The pronunciation of Canadian French.* Ottawa : University of Ottawa Press.

WALKER, James. 1998. *Les Attitudes envers les anglicismes. Une étude sociolinguistique des emprunts dans différentes communautés francophones.* Thèse de doctorat, Université de Paris III – Sorbonne nouvelle.

WALTER, Henriette. 2001. *Honni soit qui mal y pense. L'incroyable histoire d'amour entre le français et l'anglais.* Paris : Robert Laffont.

WARREN, Jean-Philippe. 2003. « The History of Quebec in the perspective of the French Language ». Pierre Larrivée (dir.). *Linguistic Conflict and Language Laws. Understanding the Quebec Question.* Basingstoke : Palgrave. 57-86.

WATTS, Richard J. 2003. *Politeness.* Cambridge : Cambridge University Press.

WEBER, Max. 2003 [1905]. *L'Éthique protestante et l'esprit du capitalisme.* Paris : Gallimard.

WEBER, Max. 2003 [1916]. *Hindouisme et bouddhisme*. Paris : Flammarion.

WEBER, Max. 2000 [1916]. *Confucianisme et taoïsme*. Paris : Gallimard.

WEBER, Max. 1970 [1918]. *Le Judaïsme antique*. Paris : Plon.

WEINMANN, Heinz et Roger CHAMBERLAND. 1996. *Littérature québécoise. Des origines à nos jours*. Montréal : Hurtubise.

WIELAND, Molly. 1995. « Complimenting behaviour in French / American cross-cultural dinner conversations ». *The French Review* 68, 796-812.

WIELAND, Molly. 1991. « Turn-taking structure as a source of misunderstanding in French-American cross-cultural conversation ». Lawrence Bouton et Yamuna Kachru (dirs). *Pragmatics and Language Learning*. Volume 2. Urbana : University of Illinois Press. 101-118.

WIERZBICKA, Anna. 2003 [1991]. *Cross-Cultural Pragmatics*. Berlin : Mouton de Gruyter.

WODAK, Ruth. 2005. « Understanding and explaining social change. Déjà-vu experiences ». *International Journal of Applied Linguistics* 15,2, 240-244.

WŒHRLING, José. 2005. « L'évolution du cadre juridique et conceptuel de la législation linguistique du Québec ». Alexandre Stefanescu et Pierre Georgeault (dirs). *Le français au Québec. Les Nouveaux défis*. Québec : Conseil supérieur de la langue. 253-356.

WRAY, Alison. 2002. *Formulaic language and the lexicon*. Cambridge : Cambridge University Press.

YAGUELLO, Marina. 1998. « Madame la Ministre ». *Petits faits de langue*. Paris : Seuil. 118-139.

YAGUELLO, Marina. 1989. « L'Élargissement du Capitaine Prieur ». *Contrastes*, 73-78. Publié par le Seuil en 1991 dans *En écoutant parler la langue*, pp. 18-25.

YAGUELLO, Marina. 1988. *Catalogue des idées reçues sur la langue*. Paris : Seuil.

YAGUELLO, Marina. 1978. *Les Mots et les femmes, essai d'approche socio-linguistique de la condition féminine*. Paris : Payot.

ZENTELLA, Ana Celia. 2003. « José, can you see ? Latino responses to racist discourse ». Doris Sommer (dir.). *Bilingual Games*. New York : Palgrave. 51-67.

TABLE DES MATIÈRES

Introduction   **7**

1   Langue et culture   **13**
    Introduction   13
    La notion de culture   14
    Conclusion   36

2   Parcours historiques et variétés de langues   **39**
    Introduction   39
    L'extension d'une langue des élites   40
    De la survie à l'affirmation d'une langue d'un peuple   47
    En fin de compte : identités et rapport à la norme . .   58

3   Vive la différence !   **67**
    Introduction   67
    Les discours sur la langue de l'autre   68
    Intercompréhension et accent   77
    Différences lexicales et grammaticales   102
    Jurons et autres marqueurs d'énonciation   116
    Conclusion   131

4   Les anglicismes   **133**
    Introduction   133
    La définition de l'anglicisme   133
    Les anglicismes gallicans   141
    Les anglicismes québécois   147
    Les anglicismes de l'autre   153
    Conclusion   160

5	**La féminisation**	**163**
	Introduction	163
	Les politiques du genre	163
	Discours officiels sur la féminisation	171
	Conclusion	177
6	**L'art de la conversation**	**179**
	Introduction	179
	Faire valoir son point de vue	180
	Conclusion	193

Conclusion — **197**

Bibliographie — **201**

L'HARMATTAN, ITALIA
Via Degli Artisti 15 ; 10124 Torino

L'HARMATTAN HONGRIE
Könyvesbolt ; Kossuth L. u. 14-16
1053 Budapest

L'HARMATTAN BURKINA FASO
Rue 15.167 Route du Pô Patte d'oie
12 BP 226
Ouagadougou 12
(00226) 50 37 54 36

ESPACE L'HARMATTAN KINSHASA
Faculté des Sciences Sociales,
Politiques et Administratives
BP243, KIN XI ; Université de Kinshasa

L'HARMATTAN GUINEE
Almamya Rue KA 028
En face du restaurant le cèdre
OKB agency BP 3470 Conakry
(00224) 60 20 85 08
harmattanguinee@yahoo.fr

L'HARMATTAN COTE D'IVOIRE
M. Etien N'dah Ahmon
Résidence Karl / cité des arts
Abidjan-Cocody 03 BP 1588 Abidjan 03
(00225) 05 77 87 31

L'HARMATTAN MAURITANIE
Espace El Kettab du livre francophone
N° 472 avenue Palais des Congrès
BP 316 Nouakchott
(00222) 63 25 980

L'HARMATTAN CAMEROUN
BP 11486
Yaoundé
(00237) 458 67 00
(00237) 976 61 66
harmattancam@yahoo.fr

652358 - Mai 2016
Achevé d'imprimer par